Social
Chemistry

社交算法

Decoding the Patterns of Human Connection

解码人际关系的底层逻辑

[美] 玛丽萨·金 (Marissa King) ——著　纪一鹏　王珏欣——译

中信出版集团 | 北京

图书在版编目（CIP）数据

社交算法 /（美）玛丽萨·金著；纪一鹏，王珏欣
译 . -- 北京：中信出版社，2022.6
书名原文：Social Chemistry: Decoding the
Patterns of Human Connection
ISBN 978-7-5217-3504-8

Ⅰ . ①社… Ⅱ . ①玛… ②纪… ③王… Ⅲ . ①人际关
系－社交礼仪 Ⅳ . ① C912.12

中国版本图书馆 CIP 数据核字（2021）第 244880 号

社交算法
著者： 　[美]玛丽萨·金
译者： 　纪一鹏　王珏欣
出版发行：中信出版集团股份有限公司
　　　　（北京市朝阳区惠新东街甲 4 号富盛大厦 2 座　邮编　100029）
承印者： 　嘉业印刷（天津）有限公司

开本：880mm×1230mm　1/32　　印张：12.5　　字数：236 千字
版次：2022 年 6 月第 1 版　　　　印次：2022 年 6 月第 1 次印刷
京权图字：01-2021-4634　　　　　书号：ISBN 978-7-5217-3504-8
　　　　　　　　　　　　定价：68.00 元

目录

第
十
章

六度分离： ——●——
每个人都有
联系

第一章
无形力量：
社会关系如何改变人生

在亚拉巴马州的蒙哥马利，罗莎·帕克斯①在乘坐公交车时拒绝让座。此前不久，迪波夫大学年轻的大二学生弗农·乔丹刚刚通过美国大陆保险公司销售实习生岗位的面试，招聘人员向乔丹发出了工作意向书，通知他暑期开始时到公司的亚特兰大办事处报到。当他身着自己最好的西装，出现在公司，告诉前台接待员自己是来入职时，问题出现了。接待员慌忙给实习生的负责人打了个电话，请他过来。

乔丹如此描述接下来发生的事[1]。

一位主管走了出来，他个头很高，看上去35岁左右。

---

① 罗莎·帕克斯（1913—2005），被称为"现代民权运动之母"。在美国仍实施种族隔离政策时期，1955年12月1日，帕克斯因为拒绝给白人让座而被捕，进而引发了蒙哥马利公交车抵制运动。——译者注

我做了自我介绍:"我叫弗农·乔丹,贵公司招我做暑期实习生。"

这位主管的反应和接待员的差不多,但他很快镇定下来,把我带进他的办公室。尴尬过后,他开了口:"他们没跟我们说。"

"他们没跟你们说什么?"我问道,尽管我猜到了他接下来要说什么。

"他们没跟我们说你是有色人种。"他回答。在那个年代,我们还不被称为"黑人"。"你知道,"他继续说,"你不能在这里工作。这是不可能的,你就是不能。"

于是乔丹就没能在保险公司工作。随着学校假期的流逝,找到一份工作的机会很快就会变得十分渺茫,但眼下失去工作的乔丹还是决心再次寻求暑期实习。最后,他终于谋得了一份工作,给80多岁的亚特兰大市前市长罗伯特·马多克斯当司机。

乔丹自己的80岁生日宴会在马撒葡萄园岛举行。长期以来,岛上散落的别墅备受贵族人士青睐。宴会上,比尔·克林顿和希拉里·克林顿伴着黑人音乐翩翩起舞。时任总统奥巴马、演员摩根·弗里曼、哈佛大学教授小亨利·路易斯·盖茨和美国运通公司CEO(首席执行官)肯尼斯·切诺尔特都出席了宴会,为这位闻名遐迩的民权领袖和权力掮客送上生日祝福。

历经数十年，弗农·乔丹已成为总统们的密友，《纽约时报》称他为"第一朋友"。他还在商界建立了令人羡慕的人际网——在道琼斯、施乐和卡拉威高尔夫等9家公司的董事会任职。正如美国莎莉集团前CEO约翰·布赖恩所说："在美国，乔丹所认识的公司高管的人数估计是最多的。"[2]批评者们绞尽脑汁，他们认为，乔丹体现了华尔街和白宫的安逸所带来的种种问题。针对这种说法，乔丹反驳道："靠近华尔街不是一种犯罪……作为一名政治家，必须与各种各样的公司保持联系。"[3]

　　乔丹位于"核心集团"的中心。[4]"核心集团"这个名字是由沃顿商学院教授迈克尔·尤西姆提出的，用来描述商业精英所创企业之间的联系。若把标普500指数成分公司彼此联系起来，最快的途径就是弗农·乔丹。芝加哥大学布斯商学院的约翰·朱说："在整个20世纪，这种人际网保持着高度联系，并作为一种快速传播信息和实践方法的机制，加强了精英间的凝聚力。"[5]

　　乔丹同时体现着人际网带来的优势及问题。作为一名佃农的孙子，无与伦比的交际能力使他成为"人脉最广的美国人之一"和民权运动的形象大使。[6]小亨利·路易斯·盖茨曾预言："将来，历史学家们会把弗农·乔丹比作华尔街的罗莎·帕克斯。"[7]但许多人也发现，他的职业生涯建立于暗箱操作之上，这种做法或许存在道德争议。

　　弗农·乔丹究竟是如何成为商界和政界精英们的绝对中心

的？他在纽约菲尔德斯顿文化伦理学院 2012 年的毕业典礼演讲中引用了美国作家梅尔维尔的格言，以此给予我们提示：

> 人活着不能只为了自己，
>
> 千万条隐形的丝线让我们的生命彼此相连，
>
> 沿着这些千丝万缕的联系，
>
> 我们的行为之"因"同时也作为"果"反作用于我们自身。[8]

弗农·乔丹编织起了千万条隐形的丝线。我们只有对其加以追溯，才能理解他的人生转变。

看清隐形的丝线

乔丹引用梅尔维尔的格言不仅富有启发性，还提供了一种全新的视角，我们可以把它应用到人际网的概念中。一个人的人际网就是一张地图，描绘了他迄今为止的生活轨迹，以及他未来的路。作为人际网分析人员、社会学家、耶鲁大学管理学院的组织行为学教授，我在过去的 15 年里一直致力于研究人们的人际网如何发展，呈现什么分布，在事业成功、健康快乐、个人成就等方面发挥着怎样的作用。弗农·乔丹的人际网既罕见又特殊，要掌握其特性，我们必须首先了解一些更为常见的基础组成部分。

社会联系的最底层共同点是二方组，即我们与单个人形成的一对一的关系。随着时间的推移，这些关系会自然而然地形成人际网。我们都听过这个词，但"人际网"到底是什么？人际网是由相互联系的人组成的群体，一个人际网和其他人际网之间可能存在或不存在交集。通过人际网，我们可以让我们的人际关系加倍发挥出比很多二方组加在一起更强大的作用，即让 $1 + 1 = 3$，该结果十分确切。著名社会学家詹姆斯·S.科尔曼曾解释，社会资本使得"实现某些既定目标成为可能，这些目标若没有它就无法实现"[9]。

在不同情况下，实现目标的可能性有高有低。大多数人的人际网可表示为三种简单的拓扑结构。

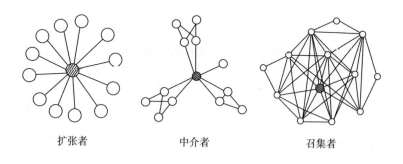

扩张者　　　　　中介者　　　　　召集者

在扩张者、中介者和召集者的人际网图里，每个小圆点表示一个人。该人际网属于中间的黑色圆点所表示的人，线表示的是他与朋友们之间的关系，以及这些朋友之间的联系。也许你没有发现其实3张图里的人数相同，但你能发现的是，为了形成并维持这些关系所付出的努力有着各种各样的形式。中介者与7个人直接联系，但总共可以接触到12个人，他们拥有互不相同的观点、经历和信息源；而相比中介者，召集者的朋友们彼此之间成为朋友的可能性更高，因此召集者维持9个关系所获得的信息是相同的。

我的同事尼古拉斯·克里斯塔基斯经常用一个比喻阐述不同的人际网结构是如何具备不同性质的。[10]石墨和钻石由同一种元素构成：碳。石墨质软、深灰色、随处可见，6岁小孩的书包里就有；而钻石坚硬、清澈、稀有，可以说是地球上最昂贵的身份象征之一。

石墨与钻石的区别在于碳原子的排列方式。石墨中，碳原子呈层状结构；钻石中，碳原子呈四面体结构。不同的结构和排列方式会产生不同的性质。

与碳的情况非常相似，由同样的人组成的同一张社会关系网，因结构不同会产生截然不同的结果。假设两个团队由相同的人组成。其中一个团队中，所有人在一起工作，每个人都与其他人协作；另一个团队中，人员保持不变，但团队划分成多个专业的子团队，一个人负责居中联络。尽管人员相同，但两个团队各自拥有截然不同的优势，个人的人际网也是如此。

在人际网语境中，扩张者、中介者和召集者在社会和职业方面，各自具备不同的优势和劣势。

- 扩张者的人际网非常广泛，用一种不可思议的能力四处结交他人，这众所周知。然而，当他们需要维持社会关系时，当他们利用社会关系为自己或他人创造价值时，经常会遇到困难。
- 中介者将来自不同社会圈子、平常互不联系的各方撮合在一起，以此创造价值。这样的重新整合产生了大多数的新思路，因此他们的人际网具有巨大的信息优势和高度的创新性。
- 召集者建立了紧密的人际网，他的朋友们彼此之间也是朋友。这种人际网的信任优势和声誉优势特别突出。

弗农·乔丹是哪一种？事实上，他在三者之间做到了教科书式的平衡：一是召集式的高度信任，二是用中介式的方法为其人际网中的每个人创造信息价值，三是和他人维持着数量惊人的联系。[11]

然而，在代表英国国家肖像馆采访乔丹时，前馆长马克·帕赫特着重提到一处显而易见的矛盾："你有时形容自己是一个孤独的人，还会把这种说法诉诸笔端……而你又是这个世界上的活跃分子，有很多朋友，有很多社会关系，理解友谊，理解这一切。这些是你在这世上最重要的东西，你却说自己是一个孤独的人。"[12]

乔丹回答："其实，生活中的大部分事情，你都得自己搞定。你可以和一小群朋友分享，但这也是建立在信任、信心和友谊的基础上的，而我从来都不是一个愿意敞开心扉的人。所以我觉得'孤独的人'这个说法可能太过了，我只是尊重你的隐私，我也会藏好自己的隐私。"

召集者的信任价值给乔丹带来了诸多好处，他在商界和政界之间、不同种族的人之间所扮演的关键的中介者角色同样促成了他的成功。乔丹在阐述他的中介者角色时是这么说的："当你身处圈子之外，并且像我一样与各个不同圈子都有所联系时，你就懂了。"[13]

同弗农·乔丹一样，我们自己的人际网的特征和结构有时由我们的生活环境决定，比如拥有什么样的工作、办公室是否挨着电梯、房子是否在一条路的尽头、是否去教堂、是否加入俱乐部、是否成为家长教师协会的志愿者，等等。我们所做的选择——是否要孩子、是否转换就业行业、是否参加周五的会议——都会对我们的人际网产生强烈的影响。

我们还确立或重新确立了我们的人际网，实验方法精确到了秒级。英格丽德·内姆哈德和我使用可穿戴传感器对个体的社交活动进行跟踪研究，发现在一次谈话中，你聆听的时长、你打断的频率、你的音调高低都与你的人际网类型密切相关。召集者是很好的聆听者；扩张者往往比其他人说话更大声、更频繁，很少被打断。[14]

从他们的行为来看，扩张者似乎更具备外向型人格。但令人惊讶的是，覆盖上千人的人格和人际网的共计138项研究的综合分析表明，外向性对一个人的人际网所产生的影响微乎其微。[15]

在人格特征方面，心理学家称之为自我监控，这是一种类似变色龙的行为。多项研究发现，自我监控最能有效地预知你会形成什么样的人际网。中介者往往是变色龙，很容易融入新的社会环境。他们凭直觉就知道，何时应该配合会议的正式气氛而保持安静，何时应该放声大笑。

在过去40年里，社会科学家们一直在研究人际网的结构。你的人际网的形成（有意识或无意识）方式，对于你达成不同的个人成就和职业成就具有重大意义。你的社会关系的强度、质量、排列方式，都深刻地影响着你的人生经历、情感情绪、个人成就和职业成就。

本书的主要内容是讲解人际网：社会结构的基本元素以及伴随它们的心理倾向如何塑造我们的生活。

人际网是如何运作的

你第一次获知工作机会的信息来自哪里？如果你跟大多数人一样，那么你是从朋友、同事、熟人、邻居或与你有私人关系的人那里获知的。

弗农·乔丹就是极好的例子。他说："我要说一件你们很难相信的事。自从我申请成为芝加哥交通管理局的公交司机以来，我就再没有应聘过工作了。"[16]乔丹的人际网有足够的影响力和信任度，使他从芝加哥交通管理局的公交司机做到美国城市联盟的主席，再到一家投资银行的董事总经理和美国运通公司的董事会成员。

40多年前，斯坦福大学教授、社会学家马克·格兰诺维特在马萨诸塞州牛顿市，首次探究了职场人士是如何找到工作的。[17]格兰诺维特采访并调查了数百名近期更换工作的职场人士，其中超过一半（56%）的人表示，他们是通过个人关系找到工作的。在收入最高的人群中，有3/4的人是通过他们自己的人际网找到工作的。

然而，令格兰诺维特吃惊的是，受访者们在对话中反复说："不，不，不，不是朋友，只是一个'熟人'。"[18]受访者从很少见面的人那里获知自己工作机会的可能性，是从亲密朋友或家人那里获知的可能性的两倍。格兰诺维特据此完成的论文《弱关系优势》首次向人际网运作的传统观念提出了挑战。[19]

他的研究成果经受住了时间的考验。尽管自他完成那篇文章以来，招聘行业已经发生了翻天覆地的变化——领英、Glassdoor 及其他线上求职网站陆续出现，但仍有半数以上的求职者利用他们自己的人际网寻找工作。[20] 那些通过个人关系来寻找下一份工作的人，花费的时间更少[21]，而且最终工作的收入[22]和地位更高。[23]

我们需要理解人际网是如何运作的，才能懂得为什么我们更容易通过熟人或者说弱关系获知工作机会，才能懂得为什么在求职时人际网比线上的职位搜索更有效。弱关系优势理论能够解释为什么召集者更容易得到认同，[24] 为什么中介者的思路更好，[25]为什么扩张者更有可能黔驴技穷。

大众媒体不断告诉我们，人际网的规模很重要：你认识多少人？这一假设还是多数社交媒体平台赖以生存的基础。它们告诉我们要多与人交往，催促我们扩展人脉，鼓励我们参加社交活动（一般参加活动的都是和我们相似的人）。每年，美国有 2 亿多人参加各种派对和大型会议，为此花费超过 2 800 亿美元。[26]

大多数人参加这种活动的理由是什么？结交一些新朋友。人们相信，只要认识越来越多的人，就会化腐朽为神奇。但是认识更多的人，尤其是那些和你非常相似的人，并不能带来更多的价值：它只带来了更多的结交成本。

几十年的研究表明，目光短浅地只关注人际网规模的做法让人们误入歧途。你的社会关系的质量（而非数量）能够非常有效地预知你未来的认知能力、工作复原力和工作敬业度。此外，你的人际关系的结构——无论你是扩张者、中介者还是召集者——有助于解释从你的薪酬到你的思维水平等一切问题。[27]

除了工作，社会关系还严重影响着你的健康和幸福。基于70项研究的综述表明，孤独会使早逝的概率提高26%，它与肥胖或每天抽15支烟同样致命。[28]美国卫生总署负责人警告说，中年男性健康的最大威胁不是心脏病或肥胖，而是"孤独的大流行"。[29]

芝加哥大学教授、社会神经科学专家约翰·卡乔波称，多达80%的年轻人和40%的老年人都经历过孤独。除了身体健康状况恶化，孤独还会导致抑郁、人格障碍、精神病，甚至自杀。[30]6 000万美国人——约占美国总人口的1/5——因为孤独而深受影响。[31]

如今存在一个悖论。我们之间的联系比以往任何时候都更加紧密，这种深层孤独感反而浮出水面。脸书月活用户达到20亿人，市值超过挪威的国内生产总值。[32~34]2017年，人们每天花在移动设备上的时间约为4小时，但实际通话时间只有约20分钟。[35]

昨晚，我和丈夫难得不带孩子，享受只有我们两个人的晚餐。在等候他的时候，我快速扫视餐厅，发现大多数人的餐桌上都放着手机，超过 1/3 的人都在刷手机，即使吃饭时也不离手。

对从小就随身携带 iPhone（苹果手机）的青少年来说，这种现象更为严重。高三学生雅典娜向简·M. 腾格描述她的暑假生活，相关内容刊登在《大西洋月刊》上："我玩手机的时间比和真正的人在一起的时间还多……我的身体就像长在了床上。"[36] 过去的 15 年，每天与朋友见面的青少年人数下降了至少 40%。当我们与朋友们面对面时，能真切地见到这些实实在在的人，而不仅仅是他们在社交媒体上的图片。积极的社会互动——眼神接触、彼此倾听、把手放在对方肩膀上——可以刺激人体内的生理反应，从而减轻我们的压力。[37] 另一方面，社交媒体上那些脱离现实的图片引发了社会比较现象，青少年抑郁、焦虑和自杀的比率急剧上升，这并非巧合。[38]

人际网解决了什么问题？芝加哥伊利诺伊大学心理学家约瑟夫·斯托克斯通过一系列研究，检查了一些人们认为可以预知孤独的因素：有多广的人际网，有多少亲密朋友，与亲戚相处得怎么样，以及与其他人之间的联系有多紧密。[39] 在所有的预测因素中，人们的人际网与召集者的人际网越相似，越能保护他们远离孤独。他们作为召集者，也会更快乐，对生活更满意。[40] 但是同样的人际网结构并不能让我们从工作中感到更快乐，因为工作中的人际关系更为复杂。中介者更看重工作的工具层面，召集者则更看重工作的社会层面，而只有中介者才能更好地掌握工作与生活之间的平衡。[41]

慢慢改变你的人际网，或者选择一个伙伴加入你的人际网，通过这种方式将多种类型的人际网风格混合，可以在最小化缺点的同时，最大化这些人际网的优点。不过，混合风格自身也带来了一些挑战。

这不同于人们通常理解的社交方式——到处结交他人或收集名片，且有目的地处理关系可能会让一些人感到不快。为什么？因为人们很容易把人际网和交际相混淆。

搞关系产生的肮脏感

亚当·鲁本的第二个儿子出生时，他的妻子在脸书上发布了一张照片，照片中是一个戴着白色婴儿帽的十分可爱的新生儿。评论区内充满了祝贺之词，但有一条评论特别碍眼："哈哈，这只小兔崽子。"这本是一个美好的时刻，但这条来自陌生人的评论减少了儿子降生带来的喜悦。鲁本不禁问自己："我到底为什么要接受一个素未谋面的人的好友请求，致使这个家伙能恶意评论我妻子发的照片？"

"有一个词揭晓了这个问题的答案，而且它也是很多人一直告诉我们要做到的，但说出这个词让我更像是一位冷酷无情的野心家。这个词就是搞关系。"[42]

"我讨厌搞关系的概念，就是觉得恶心。你与陌生人闲聊，巧妙地炫耀自己，还不能太过明显。'我很厉害，'你跟他们说，'不过，你知道，我不是那种会吹自己很厉害的人。'"他继续讲，"你'联系'那些你不感兴趣的人。你在'建立关系'，而实际上你对此并不感兴趣。你就像杰克罗素短腿狗一样练习怎么好好握手。"

鲁本并非个例。管理学教授本·本绍和他的同事们开展了一项研究，实验对象是数十名刚刚晋升的审计师和咨询师等职业人士。该研究发现，对于运用策略思维处理社会关系的方式，持暧昧态度和完全反对态度的人占 2/3。[43] 根据实验结果，他们将这些人分为三类：忠实型选手（35%）、选择型选手（46%）和对搞关系持怀疑态度（好听点儿说）的纯粹主义者（19%）。一位纯粹主义者表达了反对立场，并讲述了他间接失去的一段关系："他是我的一个合作伙伴，对我来说当然很重要。但我认为人际网不需要人为干预，而是自然而然形成的，所以我没有真的努力留下他。"[44]

在讲授 MBA（工商管理硕士）课程和高管课时，我发现只要一提到人际网，有一些学生就听不下去了。约 1/3 的学生明显感觉浑身不自在，他们环抱双臂，转移视线，翻动书本。人们只是不愿以一种带有功利的方式来思考他们生活中遇到的人。

请花点儿时间考虑以下问题：你认为，你的关系对你的个人幸福有多重要？对你的事业成功又有多重要？现在请反思你花了多少时间来有目地发展和维护你的关系。大多数人都没能把两者有机地结合起来。

造成这种结果的理由之一是他们觉得时间不够用。关系通常不会立即带来回报，它是一种长期投资，短期内很容易被忽视。当你要一边做饭一边照顾围栏里的婴儿时，当你埋头于一项大型工作方案时，当你从待办列表中终于勾掉持续了几个月的事项时，你也许很难拿起电话，打给那些你早就该联系的老朋友。你会说："打，这周末再打。"

还有一个理由是，人们经常将有目的地维持关系与鲁本所说的那种"交际"相混淆。他们觉得自己不具备建立人际网所需的技能、性格或魅力。对某些人来说，连人际网这个词都让他们反胃。

当然，这是有道理的。我们与家人、朋友、导师、同事之间的关系，都是亲密的个人关系。它们是无价的，不该被策略化或商品化。从道德上，功利地处理关系令人感到不安。

然而，并非所有带有目的的追求都让我们感到不适。对浪漫爱情的追求一直是人类最爱的情节之一，一次偶然的邂逅似乎也不太会让我们觉得困扰。所以让人觉得尤其虚情假意的，其实是交际的思考方式。

看一看下列单词并填空：w_sh、sh__er和s__p。如果你喜欢付出，而且没被领英的好友请求骚扰过，你就可能会填出wish（希望）、sharer（分享者）和step（脚步）。蒂齐亚纳·卡夏罗、弗朗西斯卡·吉诺和玛丽亚姆·柯查基的研究另辟蹊径，他们发现了一种特别的互动方式——面向职业的工具性交往，这可能会让你产生不同看法。[45]

在实验室里进行的一项受控实验中，研究人员让参与者回忆并写下他们的一段经历，他们要么有过面向职业的自发性交往（比如一场婚礼上碰巧有人提供了一个工作机会），要么有过面向职业的工具性交往（比如带有明确的目的去参加派对，试图寻求职业上的帮助）。不同于 wish、sharer 和 step 等日常用词，工具性交往参与者填出了 wash（清洗）、shower（淋浴）和 soap（肥皂）等浴室用词，其可能性是自发性交往参与者填出这些词汇的两倍。

在第二项实验中，研究人员要求参与者（包括自发性交往参与者和工具性交往参与者）思考相同的场景，然后对一组浴室用品（如肥皂和牙膏）和日常用品（如便利贴和果汁）的期望度进行评价。你猜对了——相较于自发性交往的参与者，工具性交往的参与者更看重浴室用品的价值。

当感到自己心思功利时，我们就觉得有必要洗去自己的罪恶。我们与他人的关系是神圣的，而潜意识里，有目的地从关系中获取利益的想法将我们带入了金钱和禁忌的领域，因此我们会心生厌恶并抽身远离。尽管你对这件事无所谓，但正和你交谈的很多人可能并不这么想。

保持联系是很难的

和陌生人交谈时，焦虑、不真实和不自在的感觉屡见不鲜。哈佛商学院教授弗朗西斯卡·吉诺和她的同事进行了一项参照"肮脏感"研究的类比实验，但这项实验有一处关键差异。[46] 他们没有让人们回忆交际经历，而是让参与者回忆他们某一次对态度、情感或观点的表达，这次表达与他们内心的感受可能一致，也可能不一致。和交际案例相同，真实性经历回忆的参与者填出浴室用词的可能性极低，而且与不真实性经历回忆的参与者相比，他们对浴室用品的满意度更低。也许真实性是应对人际网病症的一剂解药？

一个人如果觉得自己不够真诚，很可能就会避免去建立新的关系，当然也就不会主动寻求这种机会。就算他还没有完全脱离社会，对自我形象的管理也会增加焦虑、情感耗竭和自我意识，从而使得他的社会互动更加尴尬、更加低效。[47]

我经历过那段艰难时期才知道，教学评估可以从很多角度体现教师在课上与学生沟通的好坏。第一次走上 MBA 课堂的讲台让我无比紧张。回想起来，有人曾给过我一个糟糕的建议——尝试模仿别人的教学风格。我尝试这么做，其结果是灾难性的。年底教学评估结果公布，我是最差的，不是倒数第二或倒数第三，是倒数第一。讲课时，我表现出了显而易见的不自在感和不真实感，学生们也这么说。多数时候，我的姿势就像一块"倾斜的双圈饼干"：面朝学生，双腿交叉，双臂紧紧环抱胸前，上半身向后稍微倾斜。这很快引起了恶性循环，我不断尝试模仿各种风格——严肃的数学家、懒散的"酷"教授，更多的负面效果随之而来。后来，我的教学评估惨不忍睹，我失去了自信，变得越来越焦虑。我上了一门沟通课程，确信更有力的开场白、更多的眼神交流和明确的行为召唤能够改善问题。然而事情却并没有好转，而且问题要比缺乏沟通技巧更为严重，我从对学生的惧怕到产生了一种自我保护意识下的敌意。到了第三年，我得服用 β 受体阻滞剂才能站上讲台，不久后就坚持不下去了。我放弃了模仿他人风格的教学方法，开始向我的同事求助。我开始在课上讲一些我自己相信的东西，尽管未必是学生想听的。和他人交谈时，我渐渐找回了自己的声音。一旦敞开心扉，恐惧就不复存在，我再也不怕受大众瞩目了。

华盛顿大学布鲁斯·阿沃利奥在真实型领导领域的一项研究中提到，自我觉知、自我接纳、行为和信念的一致性、关系中的坦诚度是真实性的核心。[48]

要变得更具真实性，我们首先需要具备更多的自我觉知。首先是注意你在不同的社会互动中的感觉。什么时候、和谁在一起让你感觉很舒服？什么时候你会心跳加速，浑身起鸡皮疙瘩？什么时候你觉得需要强装笑脸或闭口不谈？什么时候你只是单纯地想要夺门而出？有了自我觉知，你就可以开始接受并挑战自己。这有什么好怕的？

人既非真实的，也非不真实的。有时，我们会（感谢上天）进行自我呈现。老实说，我不希望我的同事们把真实的自我带到工作中。在许多场合，我们必须要适应环境。作为老板，我的工作是放下自己的负面情绪，帮助那些需要帮助的人。我的负面情绪与他们无关，他们不需要知道或看到，他们需要的是获得帮助。

对真实性的误解会让人产生自满情绪。"当我们把真实性视为一种坚定不移的自我认识时，我们就很难接受新的挑战或扮演更重要的角色。"伦敦商学院教授埃米尼亚·伊瓦拉表示，"事实是，人们是通过经历来学习和改变自己的。"[49]但是，难道这种改变很容易吗？

就算没有道德上的排斥，结交陌生人依然是一件令人焦虑的事。想象一下，你正处于尴尬的社交场合——手握酒杯、身子紧贴高脚桌、无数次假装看手机、目光所至没有一个你认识的人。为了分散自己的注意力，你试着猜测房间另一头的一位蓝裙女子是否会找陌生人搭讪。

只要知道她是否羞怯，你就能清楚地判断出她对陌生人的吸引力有多大。但是，知道她是否羞怯，以及她这种羞怯的性格是否会改变，可以让你的判断更精确。

拥有固定心态的人往往赞同这样的说法："我的性格就是如此，我无能为力。"[50] 他们会给自己下定论：合群、不合群，或善于交流、不善于交流。这一现象符合斯坦福大学心理学教授卡罗尔·德韦克对固定心态的定义。[51] 而拥有成长心态的人，认为自己的性格会随着时间和场合的变化而改变，相信自己可以克服羞怯的难题。

　　性格羞怯的人总是比性格活泼的人更少参与社交，这并不令人意外。但得克萨斯大学心理学教授珍妮弗·比尔的一系列研究发现，同样是性格羞怯的人，那些拥有成长心态的人比拥有固定心态的人更有可能与陌生人搭讪。

　　作为研究环节的一部分，研究人员选择一批人作为观察员，观察员事先不知道性格羞怯的参与者是如何评价自己的，比如拥有固定心态还是成长心态。观察员观看社会互动的视频，评价这些接受实验的参与者的社会技能、别人对他们的好感度以及他们在"增进了解"交谈中的享受程度。该"增进了解"交谈进行多次，每次 5 分钟。实验表明，同时具有固定心态和羞怯性格的人不太讨人喜欢，也不太擅长社交。但是，随着时间的推移，同时具有成长心态和羞怯性格的人，与那些具有活泼性格的人，他们的行为会越来越趋于一致。[52]

　　这种规律在社交商上同样适用。从广义上讲，社交商是一组人际能力，它影响你与他人相处及在社会互动中游刃有余的能力。

正如《情商2》的作者丹尼尔·戈尔曼所写："我这里提出的社交商，其组成可以分为两大类：社交意识，即我们对他人的感知；社交技能，即我们利用这种意识做些什么。"[53] 社交商（如羞怯）和智商，也可分为固定的和成长的。

对自己的社交商抱有固定心态的人不大会参与社交活动，因为他们觉得社交活动带来的回报十分有限，而且社交活动让那些具备社交天赋的人如鱼得水，他们认为这并不公平。[54] 但就像羞怯一样，社交商也并非固定不变。

现在，假设之前那位蓝裙女子朝你走来。你们聊了几分钟天气，然后你无意中发现她认识一个人，恰巧你很想见这个人，而她也十分乐意帮你介绍。交谈过后，人们常爱琢磨之前的对话。"我是不是说得太多了？""唉，我真希望我没讲这句话。"或者是，"噢，真尴尬，我们都没什么可聊的。"

振作起来——交谈进行得比你想象的大概要好得多。研究人员进行了包含5项研究的一系列实验，实验对象既有耶鲁大学的学生，也有"如何与陌生人交谈"研讨会的英国参会者。研究人员如此描述该研究的发现："别人比我们所知的更喜欢我们。"[55] 埃丽卡·布思比和格斯·库尼为首的这项研究再次将陌生人配对，再次进行增进了解的交谈。在这项研究中，研究人员并没有观察事态如何发展，而是让每个人先评价与之配对的对方，再猜测对方对他的评价。

一直以来，人们都低估了对方喜欢交谈的程度，研究人员将这种现象称为喜欢偏差。

无论交谈时长是 2 分钟还是 45 分钟，哪怕是交谈时间较长的参与者比交谈时间较短的参与者更兴奋，喜欢偏差也一直都存在。而且在关系中，这种错觉还会持续存在。研究人员发现，人们所认为的别人对自己的喜欢程度，与他们对自己的真正喜欢程度，这二者之间的偏差能够持续存在 5 个月。

研究小组得出结论："对自己在交谈中的表现，人们似乎会异常悲观。"[56] 在生活的大部分领域，人们都以最积极的眼光看待自己，他们倾向于自己比别人更聪明、更有创造力、更值得信赖、更快乐、更健康。[57] 该倾向被心理学家称为中等偏上效应，在与陌生人的交谈中却不存在。

研究人员假定，这是因为人们在交谈中太过全神贯注，担心给对方留下不好的印象，结果缺少了微笑、放声大笑和身体前倾等动作，以至没能将享受交谈的信号传递给对方。

人们经常会对自己的社交生活持有一种自我贬低和失败主义的态度。这种现象不仅仅存在于初次见面中，一直以来，人们都觉得自己的社交生活不如他人的精彩。在塞巴斯蒂安·德里、沙伊·戴维达和托马斯·吉洛维奇所做的 11 项研究中，研究人员寻找了 3 293 名参与者，包括逛街的人、学生、可作为美国人收入代表性样本的人士，询问他们自己与其他人的社交生活相比如何。

⁵⁸受访者认为，其他人参加的派对更多、拥有的朋友更多、外出就餐的次数更多、活动的社交圈更多、与大家庭团聚的次数更多。受访者的年龄、教育背景、收入和政治观点各不相同，但结论相同。

三名研究人员认为，这是因为人们很自然地拿自己去对比了朋友之中最喜欢社交的人——扩张者。正如他们所写："看上去，外向的人、社交达人比内向的人或居家的人更容易在他人的脑海中浮现。所以，如果使用如此严格的标准进行比较，人们就会得出自己的社交生活质量低于标准的结论。这种比较方式，让他们不但觉得自己的社交能力不如别人，还会从总体上更不满意自己的生活。"⁵⁹当研究人员让他们与圈子里那些不善社交的人进行对比，这种现象就消失了。

把你自己和你圈子里的弗农·乔丹相对比，或者拥有固定心态，这两者都会使你的感觉产生偏差，包括对人际网的能力、效力和自立程度的认识，从而让交际显得徒劳无用。这种无用感阻碍了人们对自己的人际网进行有意识的反思。欧洲工商管理学院教授桑原科的研究反过来表明，这些感觉还会使人际网更小、更单一化。⁶⁰

事实是，别人比我们所以为的更喜欢我们。但是，与陌生人交谈的尴尬感会让你很难获得真实性。不真实性就像交际一样，会让人觉得对方心思不纯，进而转身远离。

想想你能付出什么

关于交际肮脏感的研究表明，有一类群体被保护起来，远离了恶心的交际经历——有权力的人。当然，我们可以简单地解释这一现象，因为有权力的人更善于交际，这也让他们越发拥有更大的权力。他们或许还更为自信，所以不必像其他人那样纠结于无用感或真实感。

然而，研究人员发现，当实验操纵让人们更有权力感时，上述效应会持续下去，这并非只取决于他们在组织阶层中的地位。[61]研究人员因而得出结论："这是说得通的。当人们相信自己可以为他人提供很多东西，比如明智的建议、指导、渠道和资源时，人们会感觉交际更轻松，也不显得那么自私了。"

社会关系的基本组成部分是互惠，它是支撑社会交换的流通货币。著名社会学家霍华德·贝克尔据此提出，人类物种应该被重新命名为互惠人。[62]假设在一次社会交换中，我们只想着从交换中得到什么，而不是付出什么，那么交换的平等性就无法成立。

这是亚当·格兰特所著《沃顿商学院最受欢迎的成功课》一书的关键内容，沃顿商学院教授格兰特认为，付出者能够构建和利用极其丰富的人际网；凭借他们与其他人在人际网中的互动，付出者缔造了一种原则，即创造价值，而非榨取价值或交易价值；

他们把蛋糕做大，让所有人都能从中获益。[63] 从长远来看，付出是一种很好的战略，因为它会使得人际网中的价值更大、互惠更多。

从短期来看，付出也是克服建立人际网困难的有效方法，因为它能激发积极的道德情感。付出会让人内心感到温暖或兴奋。功能性磁共振成像显示，付出会激活我们大脑的奖赏加工区域，吃冰激凌或收取金钱同样会激活这一区域。[64] 这些积极情绪可以覆盖交际肮脏感的消极情绪。除此之外，这还是一种更好的社交手段。

你能付出什么？作为风险投资家，同时也是硅谷人脉最广的女性之一，海蒂·罗伊森经常被问到这个问题。她回答："你总有东西可以付出，每个人都有东西可以付出。我的天，你完全可以来找我，一边说话一边帮忙照看孩子。我和一名私人健身教练就做过这样的交换：我跟他谈谈他的生意，他帮助我锻炼身体。"[65]

当开始投身事业时，当转变职业角色时，当刚刚加入新社区时，你通常很难找到自己能付出什么。[66] 在《影响力》一书中，艾伦·科恩和大卫·布拉德福特将资源进行了分类，从而开阔你的视野，让你知道自己能付出什么。其中一类资源是与工作任务相关的，如信息、技术或资金，这些往往是人们默认会付出的东西；还有一类资源是与见识、声望或介绍相关的，包括感恩、拥有或安慰，以及为他人提供的意义感、道德感或控制感，人们常常忽视这些可以潜在付出的东西。很多时候，求助甚至可以说是一种馈赠，它允许别人为你服务。这正如弗农·乔丹在引用梅尔维尔的格言时所提到的重点："人活着不能只为了自己。"[67]

评估你的人际网类型

总盯着自己往往不利于发展更有益的关系。过于担心交谈的内容，会让我们低估相遇本身的价值；过于关注关系中的功利性，会让我们产生不道德感。把注意力转移到其他方面可以解决这些问题。

心理偏差会阻碍我们对社会现实的理解。举个例子，想象你独自参加一次社交活动，你进入房间，眼前人头攒动。扩张者会觉得游刃有余。要是换成我，在刚工作的头几年，我就直接转身出去了。我们当中比较勇敢的人会径直走向这个酒吧的避风港区域，而你则越来越忐忑，该去哪儿呢？

有一种认知框架可以改变这种体验：人们之间几乎总是以成对的方式进行互动——典型的两两组合方式。无论是生理上，还是社会上，我们都是如此。我们的两只眼睛望向某一个方向，我们的听觉加工系统让我们专心聆听某一种声音，这种现象被称为鸡尾酒会效应。[68]

下次你再走进那个房间时，不要再盯着人群，而是去留意那些由一撮人组成的小群体。他们就像一座座小岛，常位于家具旁边，他们总是存在的。现在，找出这么一座小岛，且里面的人数是奇数——1个、3个、5个……你马上就能找到你的交谈对象，因为你的加入形成了数字上的平衡。刚才那位蓝裙女子独自一人，所以很可能想找个人聊聊。我基于社会互动最基本的原则之一——二方组，给出了这个十分简单的建议，它有助于人们减轻焦虑，似乎还能提高社交商。

如果我们花点儿时间，更好地理解我们自己的关系和联系的本质，我们就有能力改变它们，这对我们、我们的联系人、我们联系人的联系人都有潜在的好处。

这里有三项简单的测试，它们可以帮你弄清楚你成为扩张者、中介者或召集者的潜力。你可以访问 www.assessyournetwork.com，获取更加完整的人际网图。

扩张者

首先，让我们估计一下你的人际网的活跃规模，看看你是一个扩张者的可能性有多大。看看以下四个名字：

张伟

王伟

王芳

李娜

你认识多少叫这四个名字的人？在本语境中，我们这样定义"认识"：（1）你可以通过看到他们的脸或名字认出他们；（2）不用搜索他们的电子邮件地址，也不用社交媒体上的好友联络功能，你仍然可以联系到他们；（3）在过去两年里，你用电话、信件、面对面的方式联系过他们。[69]不要想太多（这项测试并不是考试），在以上每个名字旁边写下你认识的人数。

现在看看你所写的，如果你认识：张伟1个、王伟1个、王芳1个、李娜1个，那么你的人际网大概有900人。哥伦比亚大学教授郑甜、安德鲁·格尔曼和普林斯顿大学教授马修·萨尔加尼克通过这种方法，使用更多的名字进行统计，发现平均每个人的人际网包含610个人。[70]据引用数据，90%左右的人的人际网有250~1 700人。如果你在这四个名字旁边看到一个大于1的数字，那么你很可能是一个扩张者——处于该统计分布图的头部。对我们大多数人来说，这一列应该至少有一个或两个0。[71]

召集者

除了人际网的规模以外，我们真正关心的是人际网的结构。

只要把人际网图画好，你就可以着手评估了，看你是更像扩张者还是更像召集者。

回顾过去的六个月，你和哪些人讨论过重要问题？在下图的圆圈中写下 5 个人的名字，你和他们就重要问题讨论得最多，或者从他们那里得到过精神支持。例如，尼克曾和戴夫、盖伊、肖恩、格雷斯、悉尼讨论过重要问题。

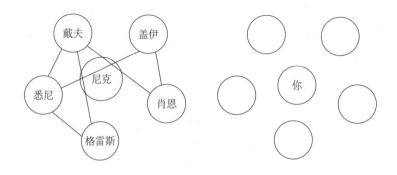

现在，我们要着手了解这些知心朋友彼此之间存在的关系。在你的人际网中，你要把互相亲近的两个人之间用线连起来。例如，盖伊和悉尼是同事；肖恩和盖伊是高中时的老朋友，经常坐在一起喝酒。这些人都是你的朋友，除此之外，如果两人只是互相见过，却没有任何真正的关系，你就不要在他们之间画线了。还有，你自己和人际网里的任何人之间不必连线，这样可以看起来更干净。

你的人际网中有多少条线？大多数人的人际网中有 5 条线。[72]

如果所有人都与其他人关系密切，那么最多有 10 条线。你的线越接近 10 条，你就越有可能成为一个召集者。

中介者

看完了扩张式人际网和召集式人际网，让我们用戴维·奥布斯特费尔德的测量法来评估一下中介式人际网。[73]

对于下表中的每一句话，你要确定你对这句话的感觉，并用数字标出答案。1= 非常不同意，2= 不同意，3= 有点儿不同意，4= 无所谓，5= 有点儿同意，6= 同意，7= 非常同意。

	非常 不同意						非常 同意
1. 我把可能有共同工作兴趣的人们介绍给彼此认识	1	2	3	4	5	6	7
2. 我试着用能吸引所有人的方式陈述一个问题	1	2	3	4	5	6	7
3. 我能发现人与人之间合作的机会	1	2	3	4	5	6	7
4. 我能指出持有不同观点的人在某一问题上的共同点	1	2	3	4	5	6	7

资料来源：David Obstfeld, "Social Networks, the Tertius Iungens Orientation, and Involvement in Innovation." *Administrative Science Quarterly* 50, no. 1（March 2005）: 100–30.

在全部 6 个问题的调查中，人们的平均得分在 4.5 分左右。

如果你的得分为 6~7 分，你可能就是一个中介者，但是不一定是结构型中介者。总之，人们不太擅长评估自己的人际网类型，在后文中我们将提到中介者的分类。

假如你还不确定自己属于哪一种类型，也不必担心。我们作为人类，并非总能被完美地归到哪一类别。我们可能更像一个中介者，但在某些时候扮演着召集者的角色。

我们的人际网也在不断发展。同样的人际网，对于寻找前期投资者的创业者很有用处，但对于近年出现的空巢老人没什么帮助。我们的职业生涯在进步，我们的家庭和友谊关系在转变，我们的人际网也随之变化。在不同的时刻，不同的人际网类型拥有不同的优势。当你前进的时候，你通常更关注目前的人际网类型。但深入了解其他不同的人际网类型以及身边其他人的心理模型更有益处。

本书的目标是帮助你看到人与人之间那条"隐形的丝线"，弗农·乔丹认为这一概念非常有启发性。[74] 这些线构成了社会结构的基本元素，在人生很多方面发挥着重要作用，例如谁能得到一份梦寐以求的工作、你有多幸福、孩子们能否感受到父母的支持等。

尽管交际这个词可以激发道德情感——弗农·乔丹就是一个典型的例子——但人际网本身只是简单的结构。它们是社会生活产生的轨迹，并预示着未来可能发生的事情。然而，人际网内部发生什么，我们对人际网有怎样的认识，这两者之间是存在必然关联的。正如梅尔维尔所写：“我们的行为之‘因’同时也作为‘果’反作用于我们自身。”

事实是，你不能仅凭行为来理解人际网对生活的影响。例如，你的朋友是否彼此之间也是朋友，这件事对你是否值得信赖有着巨大的影响。除了你的生活，这些人际网结构还可以解释很多问题，比如哪些团队在包容化和多样化的组织里会成功，民权运动等社会运动是否能够发展壮大。

生于罗马尼亚的心理治疗师雅各布·莫雷诺在80多年前创立了社会测量法，即我们今天仍在使用的绘制人际网图的方法。[75]他想探究社会结构和心理健康之间的关系，当时他对《纽约时报》的记者说：“如果我们有一天要绘制整个城市或整个国家的人际网图，我们就会得到……一幅太阳系般浩瀚的图画，它有着无形的结构，其行为拥有强大的影响力，就像万有引力一样。这种无形的结构构成了社会的基础，并影响着整个社会的行为。”近年来，人际网分析、物理学、工程学、社会学和计算机科学的发展使这一做法成为可能。莫雷诺研究了纽约北部一所女子教养院内部的社交规律，并据此创建了基础结构。他当时没有料到的是，该基础结构成为理解社会如何运作的关键。这些人际网结构——中介式、召集式和扩张式——可以用来不分昼夜地观察这些无形的力量，无论是在工作中、居家生活中，还是在外出度假中。它们是本书的核心内容。

第二章

社交本质：
人际网的认知与算法

把戴维·洛克菲勒名片盒中的每一张名片首尾相接，可以绵延近 26 千米。他的人际网堪称传奇，其中有超过 10 万名联系人，包括纳尔逊·曼德拉、巴勃罗·毕加索、西格蒙德·弗洛伊德、比尔·盖茨等。[1]

尽管与国家元首、知识分子、明星名人、企业高管和商界子弟来往频繁，但他依然记录下了与"自 20 世纪 40 年代以来我见过的大多数人"的交往。他并非草草写下对方的姓名和偶遇的日期，相反，他对每个人都做了详尽记录，从素不相识的陌生人到他最亲密的朋友，甚至是从前的约会对象。

亨利·基辛格既是理查德·尼克松时期备受争议的国务卿，同时他还是洛克菲勒认识最久、关系最密切的朋友之一。1938 年，基辛格及家人逃离纳粹的魔掌来到了美国，他的移民同化故事被反映在了 35 张卡片上。戴维·洛克菲勒在这些卡片上详细记录了他和基辛格自 1955 年以来的数百次会面。[2] 洛克菲勒去世的几年前，他们在位于哈得孙山谷的大庄园里共进午餐时，洛克菲勒将这些卡片的复印件送给了基辛格。基辛格记得当时这样对洛克菲勒说："这让我惊讶不已，我们见面居然如此之频繁。"

洛克菲勒的名片盒中有这么一个不算特别出名的人，此人描述了洛克菲勒的社交手腕："他的社交往来不计其数。如果你有幸成为一位'不起眼的旁听者'，你就会听到他询问客人们生活的细枝末节，比如孩子的芭蕾舞表演、父母最近的健康问题。这并非假模假式或哗众取宠，他这样的做法总能让客人们感到身心愉悦。洛克菲勒的身边都是一些杰出人物，但他的社交手段永远是潜移默化的，而非唯利是图的。"[3]

有些人觉得这些卡片记录得太过精细，他的社交手段也令人厌恶。洛克菲勒意识到了这一点，并为自己的做法辩护，他说："可能有人觉得这些技巧显得有些无所顾忌，又好像在操纵他人。我不赞同。这些方法让我认识了对实现目标有用的人，也让我有机会建立长久的友谊。"[4]

不管你对洛克菲勒的名片盒看法如何，他在社交方面的确非常敏锐。这些卡片强烈地提醒着我们，人类是有局限性的。我们无法做到，在建立起一个庞大的人际网的同时，又牢牢维持住已有的人际关系。

又或许，我们可以做到？戴维·洛克菲勒就很了解限制人际网规模的认知约束，并试图突破它们。

他可以说是世界上人脉最广的人之一，但小时候的他很羞怯，缺乏安全感。甚至在刚刚进入哈佛大学时，他"觉得自己格格不入，也不懂社交技能"[5]。这与他的哥哥纳尔逊·洛克菲勒的情况形成了鲜明对比，后者"善于社交、性格活泼、乐于成为视线的焦点"[6]。戴维·洛克菲勒宁可把时间花在收集甲虫上，也不愿去结交朋友。他对甲虫的嗜好一直持续到他去世——他把一生收集的150 000种不同的甲虫标本捐给了哈佛大学。

他在二战期间曾担任情报官，这段经历让他明白了人际关系的重要性。尽管他天生羞怯，但正如他所写的，这让他认识到"建立一个拥有可靠信息和影响力的人际网"很有必要。[7]

后来有人指责他，作为美国大通银行CEO，他在人际交往上花费了太多时间，从而分散了对正职工作的注意力。即便如此，他仍然坚持不懈地扩大自己在国际上的个人关系。尽管在他任职期间，公司在美国国内的表现逊于其竞争对手，但是正如他所说的，他的个人关系提升了公司在国际上的利润和声誉，这一点不可否认。他将西方银行业和精打细算的投资理念带到了埃及、苏联和中国。这些成就直接受洛克菲勒广泛的人际关系所赐。

我们的人际网规模

虽说有少数杰出人物拥有着成千上万的人脉，但实际上我们大多数人的人际网更接近人类的正常规模。事实上，我们人际网的大小——从我们有多少亲密好友到我们要给多少人发送节日贺卡——很大程度上符合一个相对可预知的规律。

用来衡量人际网规模的最著名的数字叫作邓巴数，它的值是150。这个神奇数字是我们能够维持稳定联系的人数。[8] 或者如邓巴所说："如果你在酒吧里碰巧遇见一群人，那么即使你不请自来，和他们坐在一起喝酒也不会尴尬。"邓巴数就是这群人的人数。

这个以人类学家罗宾·邓巴的名字命名的数字，是在不经意间被发现的。20世纪80年代，灵长类动物学家对社会脑假说产生了广泛的兴趣。支持这一假说的观点是，灵长类动物的大脑之所以进化，可能是为了满足社交需要，而非扩张领地等环境需要。而支持这一观点的依据是，灵长类动物社群的大小是与其大脑的大小强相关的。更具体地讲，其与一个比值强相关，这个值等于大脑的新皮质面积与大脑其余部分面积之比。

对于长臂猿，该比值约为2∶1，它们的社群规模为15只左右；对于黑猩猩，该比值更大，为3∶1，邓巴认为它们的社群规模为65只。研究人员从而得出结论，灵长类动物的大脑进化可能是为了更好地应对社交的复杂性。在研究灵长类动物的梳毛习惯的时候，邓巴意识到他的团队也有关于人类的数据。有了这些数据，他应该就能够通过人类的新皮质比值来估测人类群体的平均规模。对于人类，该比值为 4 : 1。邓巴计算并预测出，人类社会群体的平均规模应为 150 人。[9]

邓巴倾其一生探索这个数字的界限——它到底意味着什么，社交媒体是否改变了它。邓巴给出的"数字"范围实际上为 100~200，这个数字区间无论在哪个时代都具有意义。[10] 现代游牧民族，从博茨瓦纳的昆申人到印度尼西亚的鲁胡阿·努阿卢人，其村庄里的平均群体人口数为 148.4。在新石器时代，美索不达米亚村庄的人口大致相同，为 150~200 人。无论是 16 世纪的西班牙还是 20 世纪的美国，每支陆军连都有大约 150 名士兵。

令人惊讶的是，科技和社交媒体几乎没有改变这一基础数字。虽然脸书上的每个用户平均有几百个好友，但一项针对脸书的大规模研究发现，只有不到 5% 的用户通过该平台联系过 100 人以上。[11] 与此相似，一项针对 170 万名推特用户的研究发现，每名用户维持着 100~200 段稳定关系。[12] 他们在社交媒体上花费的时间越多，线上的人际网就变得越大，但他们线下的人际网没有因此变大；[13] 从情感上，他们也不觉得和自己线上人际网里的人更亲近。社交媒体并没有帮我们结交更多好友，也没有让彼此更亲密，它只是让我们从最外层片面地了解到老朋友的一些情况。它已经成为我们的洛克菲勒名片盒。

你的人际网可以用层层嵌套的同心圆描绘出来。[14] 当你随着同心圆向外层移动时，你的情绪强度会逐渐降低。经过几十年的研究，邓巴和他的同事们揭晓了规律：我们社交圈的规模大概以3为倍数逐层向外扩张。[15]

同心圆的最内层，代表了我们在遇到严重的情感问题和经济问题时会去求助的人，一般为2~5个人。与之紧挨的下一层，邓巴称之为共情圈，由情感上亲近的15个人组成，我们通常每个月都会和他们联系。接下来的一层，代表了你的50个亲密朋友，你很乐于邀请他们去吃烧烤，但未必会向他们透露你内心深处的秘密。在此之外的一层，出现了最著名的邓巴数——150，即我们的普通朋友或稳定联系人，互惠和责任到此为止。

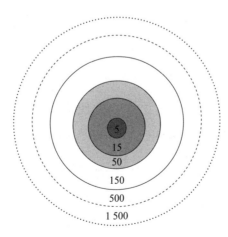

用邓巴数乘以3，就得到了我们的熟人规模，通常为450~600人，我们在过去几年里见过这些人但不怎么联系。最外层边缘代表了仅与我们有一面之缘的人，大约为1 500人。

社交媒体恰恰是在人际网的这些外层边缘发挥了作用。它可以让你知道你大学室友的高中好友在周末做了什么，它可以让你联络到派对中一位健谈的药剂师。但你几乎不会去接触他们中的任何人。

虽然每个人建立和维持人际关系的本事都差不多，但是人们常常把不同的精力投入社会关系的不同层次中去。把我们的社会关系看作某种形式的社会资本，在这方面很有帮助。因为它提醒我们，关系是需要投资的，需要在成本和收益之间加以权衡。正如邓巴所说："你拥有的社会资本总额是相当固定的……这涉及时间投入。随着你与人们建立的联系越来越多，把固定的社会资本总额分摊过后，每一份上的社会资本将会变得越来越少。"[16]

我们的人际网规模有这样的局限性，某种程度上是因为我们的认知能力和情感能力是有限的。此外还有时间因素，我们花在人际关系上的时间也是有限的。当你在位于同心圆最内层的关系上投入的时间越多，你和普通朋友在一起的时间就越少；如果你花大量时间与熟人见面，你就很难建立一个关系密切的共情圈。

我们很多人都感觉活在一个时光飞逝的年代。大多数成年人每天花在社交上的时间不足 40 分钟——在过去的 10 年里，这个数字下降了 10%。[17]普通人每天在志愿服务、宗教和公民参与活动上多花的 18 分钟（包括路上的时间），并不能以时间的形式造福于社交圈。如今，我们花在关系上的时间似乎比上一辈更少。

当然，通过投入更多的时间和精力，你也有可能让你的人际网扩大甚至超越邓巴数的上限，戴维·洛克菲勒正是这么做的。但我们愿意投入如此多的时间吗？

为了帮助你理解中介式、召集式或扩张式人际网——或它们的混合——是否适合你，我们有必要探讨一下重要的时间和认知约束之间的权衡。扩张者、中介者和召集者均以不同手段，应对时间、人性和情感带来的约束和限制。有些时候，这可能是有意识的选择；而在其他时候，这可能根本不像是选择。通过详细研究这些权衡及其后果，我们可以理解一个人如何成为或可能成为一个中介者、召集者、扩张者，或他们的混合体。

朋友与熟人的核心区别

朋友和熟人有什么不同？关系优势是区别二者的核心。你可以认为强关系指的是你最亲密的朋友，弱关系指的是熟人。你把最多的时间和注意力投入邓巴同心圆的哪一层？我们可以像扩张者那样，拥有大量的弱关系；我们也可以像召集者那样，拥有少量的强关系。但是，如果在强关系中投入大量时间、情感和精力，那么大多数人都无法维持住太多深厚的关系。

一段关系的优势部分——绝不是全部——取决于你在这段关系中投入的时间。[18] 堪萨斯大学的杰弗里·哈勒最近的一项研究发现，从熟人发展到普通朋友共需要 50 个小时左右，要成为"真正"的朋友再需要 40 个小时，成为亲密朋友可能需要 200 个小时以上。[19]

然而，仅仅在关系上投入更多的时间并不一定能把熟人变成朋友、支持者或盟友。试想，一个性情暴躁的老板和你在一起的时间可能超过 200 个小时，但他不见得能成为你的亲密朋友。一个人你认识得再早、联系得再多，也未必会形成关系优势。斯坦福大学社会学家马克·格兰诺维特首次发现了人们更有可能通过弱关系找到工作。他凭直觉认为，关系优势可能是在一段关系中投入的时间、情绪强度、亲密程度和互惠程度的组合。[20]

诗人玛雅·安吉洛曾有力地指出："熟人和朋友之间有明显区别。大多数人都不会成为真正的朋友，他们会成为关系深厚、正经相处的熟人。"[21] 安吉洛这种出于本能的认识在过去几十年的研究中已经得到证实：亲密度是关系优势的基础。[22]

人们可能对亲密的关系感到畏惧，因为如果我们与某个人越亲近，遭遇背叛时我们失去的就越多。然而，我们需要深厚的关系，甚至在一些看似不太可能的地方也是如此，例如职场。一位银行员工和她的经理之间的关系就是很好的例子，当时经理的父亲被诊断患有癌症："这是她最艰难的时刻，我哭了，她也哭了。她向我敞开心扉，我也坦诚相待……你和同事在一起的时间比和家人在一起的时间还要多，因此会和他们同甘共苦。"[23]

在过去的两年里，你和每天见面的同事之间的关系与其说是朋友，不如说是熟人，原因就是缺少亲密度——你对他们并不是特别了解，也没有向他们透露太多自己的事情。这也是为什么你在脸书上的大多数所谓"好友"并不是真正的朋友。我们在社交媒体上传的图片、单薄的人际关系、一成不变的互动，几乎没有办法形成更强的关系。

何谓强关系与弱关系

强关系中有很高的亲密度和喜爱度，它带来的精神支持可以防止抑郁、提升幸福感。[24] 同时，你最有可能从强关系中获得友谊和小恩小惠。然而，我们获得的经济支持却很少来自最亲密的朋友，只来自家人。[25]

组成强关系的是这么一群人：当我们面临失业危机或离婚困境时，求他们帮忙渡过难关。他们出现在医院，陪伴我们挺过化疗，陪伴我们迎接宝宝降生。

然而，强关系也会成为束缚。强关系优势的一部分基础是互惠原则：如果我为你做了一些事，那么你反过来也要为我做一些。虽然这是强关系优势的重要来源，但是在不确定的将来，当你能够帮助或愿意帮助他人时，所付出的情感成本和经济成本也许会非常高昂。你和亲密朋友在一起拥有长久的共同经历，你往往很难拒绝他们的求助，即使这些请求太困难、太频繁，让你非常想拒绝。[26]

拒绝朋友不仅让我们感觉困难，这种困难还会强化我们的行为，无论是消极的还是积极的。[27]如果你最好的朋友也吸烟，你就会发现戒烟很难。就算他不递烟给你，但当他去门外抽烟而你独自一人坐在沙发上时，你也会感到尴尬。同样的道理也适用于喝酒、改变饮食，甚至购物。但从另一方面讲，强关系也可以从积极角度强化我们的行为，使我们更能做出成功的改变并坚持下来。

虽然熟人不太会在帮我们做出重大改变这种事上起到关键作用，但这种弱关系很可能会给我们带来下一个伟大想法或商业机会，让我们的社交圈拥有新的未来。

我们极其频繁地向熟人求助，讨论我们生活中的重要问题。哈佛大学社会学教授马里奥·斯莫尔做了一项研究，他调查了2 000名成年人，询问他们在考虑职业、金钱、健康和幸福等重要问题时经常向谁咨询。受访者认为45%以上的谈话对象都不重要。在某种程度上，这是因为我们常从有经验的或有专业知识的人那里寻求建议，而不是从我们感觉亲近的人那里。[28] 如果我发现自己患有高血压，那么我可能会向患有多年高血压的同事或熟人医生咨询。通常，我们也会向"因为就在眼前"这样的人寻求建议。例如，在斯莫尔教授针对一家托育中心的研究中，母亲们经常向其他父母征求有关孩子的建议，不是因为她们觉得与这些父母很亲近，而是因为在接送孩子路上经常会遇到他们。[29] 还有类似的报告提到，大学生们遇到论文撰写或室友相处等问题时会选择找他人求助，约有 1/5 的情况是被求助的这些人有空。[30]

弱关系何时能够创造价值是无法预知的。熟人很难知道他的信息是否对你有用，同样你也很难知道谁的信息可以帮到你。弱关系的价值是随机产生的，但也因此，这些价值难以人为地创造出来。

为了了解强关系和弱关系如何影响我们的生活，让我们走进丹的世界。丹既是一位保险推销员，也是一位帆船爱好者。人到中年，他刚刚度过了一个具有里程碑意义的生日。虽然自以为身体还行，但考虑到如今的年纪，又经不起妻子的劝说，他还是尝试去健身了。在健身房的第一天可谓惨不忍睹，事实证明，他的身体比自以为的要糟糕得多。而且，由于他把更多时间用来健身，不得不把更多的家务甩给了妻子。幸运的是，他的妻子非常乐意分担，一方面是她希望丹能多锻炼身体，另一方面是丹在家里时而惹她生气，所以丹在外面反而会让她轻松许多。丹工作中的亲密朋友蒂姆是一个健身狂，在一次丹向他寻求安慰后，他成为丹的健身伙伴，并很愿意帮助丹锻炼。想到在一天的疲惫工作之后还要举重，丹就有所畏惧，即使如此他也不愿意放蒂姆的鸽子，所以每次都会出现在健身房。几周后，坚持不懈的锻炼开始有了效果。丹瘦了6斤多，可以一口气爬五层楼梯到办公室了。他甚至在椭圆机上取得了业绩领先，原来健身房是个卖人寿保险的好地方。

丹的案例相当典型。他的强关系提供了精神支持，强化了他的积极行为；同时他改变原有日常生活方式又产生了新的弱关系，从而带来了新的信息和资源。

我们最内层圈子的人数最能够体现出我们的人际网有多么强烈的依恋现象。每个美国人平均有两个知己[31]，40%以上的电话打给3个固定的朋友。[32]证据表明，我们的亲密朋友数量被限制在5个左右——拥有更多数量的人极少。[33]如果你的亲密朋友在5个以上，那么你可能在有些方面的表现十分突出。

依恋理论

为什么有些人更喜欢亲密的关系，而有些人则满足于短暂的邂逅？

人们已经提出了许多模型——从弗洛伊德的观点到进化理

论——来解答这一谜题，但依恋理论可以说得到了最广泛的研究和支持。

英国心理学家约翰·鲍尔比主要由保姆抚养长大，他早在50多年前就提出了依恋理论。他建模解释了孩子与主要抚养者之间关系的本质，以及这如何影响孩子们一生的社交、情感和认知发展。[34] 根据这一理论，如果一个人在婴儿时期得到了有求必应的持续照顾，未来他就期望别人继续用这种方式对待他，这种期望还决定了他在一段亲密关系中如何对待其他人。[35] 研究人员相信，人的依恋类型早在一岁时就形成了，它对个人发展的影响要比智商、气质、社会阶层和养育方式更加重要。[36]

根据特点，绝大多数人可分为三种依恋类型：安全型、焦虑型和回避型。[37]

安全型依恋者喜欢亲密和相互依赖的关系，相信别人会回应他们的需求，相信自我价值。他们更赞同"我觉得有人可以依靠"、"我觉得其他人关心我"和"我觉得我可以信任我身边的人"这样的说法。[38]

焦虑型依恋者会对自我价值产生怀疑，对人与人的亲密度有很深的需求，但又常常害怕被抛弃、被拒绝。[39] 他们会与"我想与某人分享我的感受"、"我希望身边的人现在能看看我"和"我现在真的需要被爱的感觉"这样的说法产生共鸣。伊丽莎白就是一个典型的例子，她的一个朋友对另一个也认识伊丽莎白的人说:"她是一个'爱到发疯的'、'无可救药的'浪漫主义者"。听到这,她回忆道:"我感到双颊发烫,但我咽下苦果假装毫不在乎。我知道我的朋友并没有恶意——朋友以为自己只是在陈述一件显而易见的事情,但不知何故,这仍然刺痛了我……我想我一直在担心自己有点儿像'疯狂的前任女友'。任何了解我的人都会告诉你,我会要求我的朋友和爱人保持绝对忠诚,我也会嫉妒和报复。"这个黏人的前任女友就是典型的焦虑型依恋者。

最后一种是回避型依恋者,他们极度警觉,确保没人靠得太近。当别人第一次向他们表现出过于亲密的举止时,他们要么表现木纳,要么逃避。回避型的人不信任他人、不接受亲密行为,而是更愿意我行我素、自力更生。或者说得更好听点儿,他们"极度独立"。然而事实上,他们和焦虑型依恋者有着相同的需求。

回避型依恋者拥有的强关系自然更少,然而焦虑型依恋者也是如此。奥马里·吉拉斯和他的同事最近进行了一系列研究,探究了依恋类型和个人人际网特点之间的关系。他们在三项研究中一致发现焦虑型依恋者和回避型依恋者都与弱关系有关。[40]

这两种非安全型依恋者的人际网中缺少强关系,而已有关系也会越来越淡化。对回避型依恋者来说,他们并非不去和别人建立关系并让其加入自己的内层圈子,但他们会疏远这些关系以免变得太亲密。回避型依恋者更关注伴侣的缺点——"她配不上我""他很失败"，以此来制造距离。

对焦虑型依恋者来说，对亲密度的渴求会反过来使其人际网里全是弱关系。对潜在损失的焦虑会让他们先发制人，主动结束一段关系；或者四处去伤害朋友的感情，以至他们的朋友不得不疏远他们。

以布里塔妮·赖特为例。这个迷人、风趣、活泼的南卡罗来纳人哀叹道：

> 如果你浏览过我的 Instagram（照片墙）、脸书或推特，你就会看到我好像有很多亲密朋友，但事实是，与我所认识的人相比，我是最孤独的人之一。
>
> 我没有重要的另一半，也没有很多朋友。我的周末通常是一个人狂刷网飞，和我的奶奶聊聊八卦。
>
> 这并不是说我讨厌别人，或者说我是个糟糕的人——至少我不希望如此，我只是很难建立深厚持久的友谊。[41]

赖特从小被母亲灌输独立自主的重要性。她承认自己做得太过分了，正如她所说："我拒绝任何人的帮助，但我用向别人发火来结束这一切，这实际上是我自己的错。"她不甘示弱，又不相信他人，最终导致了她的一段最亲密友谊的终结。当她认为这段关系很肤浅时，她就不再回对方的电话和短信。一切结束后，她终于意识到这是她的错。

　　最终，我必须让自己变得脆弱。我只需要相信在我遇到困难的时候有人会支持我。我要让他们看到我所有的缺点——优柔寡断、废话连篇、有时还带点儿自私——我希望他们能爱我，无论如何都能留在我身边。

　　赖特并非个例，很多人都是非安全型依恋者。阿米尔·莱文和蕾切尔·赫尔勒在《关系的重建》一书中写道："大约20%的人是焦虑型的，25%的人是回避型的，还有……3%~5%的人两者都是。"[42]

　　男性和女性成为安全型依恋者和非安全型依恋者的概率是相同的。但是当他们是非安全型依恋者时，尚有争议的有限证据表明，男性更可能是回避型的，而女性更可能是焦虑型的。[43]而与性别差异不同的是，童年时期的贫困会极大地增加非安全型依恋的风险。[44]

　　依恋类型曾经被认为是相对固定不变的。但是最近的研究发现，人为加以干预、发现自我破坏的心理倾向、人际关系中的积极经历，以及简单地回忆起曾有过的安全感，这些都可以改变人的依恋类型。"在有爱、安慰和支持的情况下……"，联想起"亲密的个人关系"的焦虑型依恋者比另一对照组的实验者更容易维持关系。[45] 回避型依恋者也是如此。从本质上讲，这种研究思路旨在用近期的积极经历覆盖早期的消极经历。另一方面，这也会增加发展强关系的可能性。

中介式、扩张式和召集式人际网有一处关键区别，就是它们具有不同的强关系和弱关系。召集者更喜欢强关系，而扩张者则利用已有的关系优势争取更多的弱关系。考虑到强关系需要情感和认知上的投入，人不可能在拥有一个庞大人际网的同时，还拥有大量的强关系。

但并非每一段关系都能够是或应该是亲密的。熟人和普通朋友在大多数人的社交圈中其实扮演着重要角色。这就引出了一个问题，那些熟人我们最初是如何认识的？好像通常是偶然认识的，还有些时候似乎是命中注定的。

临近法则

人类像植物一样，都是可以预知的。如果我知道你在过去几周内在做些什么，那么就可以非常确定地预知明天下午 4 点你将在哪里——准确率在 90% 以上。[46]

物理学教授艾伯特-拉斯洛·巴拉巴西对 5 万个手机用户的使用习惯进行了研究，在描述研究结果时，他写道："人群之中，大量的个体严重缺乏自发性。尽管彼此之间的使用习惯存在明显差异，但我们发现大多数人都是一样可预知的。"[47] 如果所有人都可预知，那么你可能与之交互的个体集合就会相当有限——这就使得那些处于你人际网外层的人也是可预知的。除非你有意识地自发行动，否则你的人际网会和荒废的农田一样遭受相同的命运——生产力下降。

空间对我们的社交习惯施加的作用如此明显，于是就有了一个过于复杂的名字——临近法则。这一法则——两个人交流的概率与他们之间的物理距离成反比——是由詹姆斯·博萨德在研究了 20 世纪 30 年代费城的 5 000 段婚姻后首次提出的。1/3 以上的夫妻，彼此的婚前住所相距不到五个街区。博萨德对此打趣道："丘比特也许有翅膀，但显然不适合长途飞行。"[48]

利昂·费斯廷格和他的同事为该观点提供了进一步的论据，他们研究了波士顿麻省理工学院西门住宅区中友谊的形成规律。这些家庭所住的房间是随机分配的，他们更容易和隔壁邻居成为朋友。[49] 事实上，这些关系当中，41% 住在隔壁，22% 相隔一间，10% 位于走廊两端。

座位的分配也有类似的现象。马里兰州立警察学院的马迪·西格尔教授研究了学员之间的友谊是如何形成的。他发现，姓氏首字母相同的学员之间更容易建立友谊，这完全是因为学校的座位是按字母表顺序排列的。[50] 与宗教、年龄、爱好和婚姻状况等因素相比，彼此靠近的座位更容易产生友谊。

自博萨德和费斯廷格时代以来，科技的进步极大地降低了通信成本，但地理位置仍然决定了我们人际网的雏形。有一项研究通过可穿戴传感器调查了两家公司的员工之间的交互规律，证实了临近法则有多么明显的效果——这些交互里，大约50%发生在座位彼此紧挨的员工之间，还有30%发生在同一排的员工之间，而其他则多数发生在同一楼层之中，这里面既有电子邮件的形式也有面对面的形式。[51]尽管这个世界越发变得全球化，但我们的社交生活仍然极为本土化。

无论在家中还是在工作中，空间都对我们的人际关系有很大的影响。如果在安排办公室、桌椅、团队、临时小组的位置时漫不经心，我们的朋友关系、生产力和幸福感就都会向不好的方向发展。

造成这种效应的原因之一是简单的概率——我们接触他人的机会变少了，但还有一个原因，一种被称为纯粹曝光效应的心理现象。我们仅仅是与一些人、物和观念有所接触，就会对它们产生偏爱。心理学家罗伯特·扎伊翁茨在20世纪60年代研究了这一效应，他给人们看一些素未谋面的面孔、胡编乱造的单词和不知所云的汉字，发现人们看得越多就越喜欢它们。[52]

在扎伊翁茨的研究中，研究人员从大学毕业相册里选取了很多白人男性的照片，向被试展示。有的照片只展示1次，还有的照片则展示多达25次。然后，研究人员让每个被试评价若见到照片中的真人，他们对这个人好感如何。与只看过1次的人相比，被试对看了10次的人的好感多了30%。[53] 在扎伊翁茨首次研究之后的几十年间，有200多项研究得出了相同的结论。

你要去哪里

花点儿时间思考一下你自己的人际网。再次回想五六个对你最重要的人，这次回忆一下你是在哪里遇到他们的。对大多数人来说，两三个地方（例如单位和学校）构成了绝大部分的人际关系。但当我们琢磨去哪里工作、在哪里居住、到哪张办公桌前就座时，我们很少考虑这些地方会如何塑造我们的人际网。

罗伯特·索洛和保罗·萨缪尔森曾单独获得过诺贝尔奖。以他们的事迹为例，索洛教授回忆他们偶然在同一处办公："萨缪尔森和我离得很近，只要我们其中一个人吭声，另一个人就能听到……我们一整天都在来来回回地说：'我有一个问题。'接着我们就会讨论这个问题。"他继续说："事实是，它可能在某种程度上改变了我的人生……办公室的摆放位置让我们如此喜欢对方，以至对我的职业方向产生了重大影响。"[54]

很多公司之所以使用开放式空间办公，是因为他们相信更多的社会互动会带来更多的创新，故而接近70%的办公室都采用了开放式布局。[55] 在脸书总部，2 800名员工在世界上最大的开放式办公空间中工作。[56] Zappos（美捷步）的 CEO 谢家华试图改造拉斯维加斯的中心市区，他的意图是增加每英亩[①]每小时可能产生的交互次数。但是在很多人看来，这些努力还没有达到工程师和设计师所期望的效果。

走进世界各地的开放式办公室，你会看到有些人戴着耳机，有些人躲在老旧电话亭似的小隔间里。虽然开放式办公室可以让人感觉彼此更为团结，感觉在向共同的目标奋斗，但组织心理学家马修·戴维斯和他的同事们在一篇关于办公室设计的评论文章中提到，与传统式办公室的员工相比，开放式办公室的员工的生产力、创造力、积极性反而更为低下。开放式办公室还会给人制造更大的压力，使人更不快乐。[57]

仅仅靠拉近彼此距离而增加交互次数，并不能提升工作的满意度和创造力。你还需要通过重复不断的交互、人与人之间的信任和多样化的沟通手段来达到目的。

你该去哪里

如果你想在工作中维护人际关系，最好的座位就是洗手间、休息室对面的办公室，因为每人每天通常至少经过这里一次。与

---

① 1 英亩 ≈4 047 平方米。——编者注

开放式办公室不同的是，这里的人走来走去又经常扎堆——你可以关上你的门。

在办公室里，走廊尽头是社交的终点；而在邻里关系里，尽头路①是社交的宝藏。小托马斯·霍克希尔德做了一项研究，比较了人们住在不同地方的社会凝聚力，包括尽头路、死胡同或者康涅狄格州多地都有的笔直大街。研究发现，在尽头路安家的人更容易和自己的邻居结为朋友，朋友之间的来往也比住在死胡同里或大街旁的人更频繁。"择圆而居"有一种惊人的力量。[58]

卡伦如此形容她住在尽头路的田园式生活："每年，这条街上的女士们都会聚在一起组织街头派对，男人们在路的中间摆好野餐桌……吃完饭后，我们把野餐桌移开，一起踢足球、打排球。我们已经这么做了将近20年——哇，我不敢相信都那么久了。"[59]住在死胡同里的居民不如住在尽头路的人那么善于社交，但他们的孩子仍爱聚在一起，而且比住在大街旁的居民拥有更强的归属感。

就像披头士在其流行歌曲《埃莉诺·里格比》中所唱的那样，我们可能会想：这些寂寞的人，他们属于何处？没有了踢球的空地，没有了邻间的烧烤，没有了隔着白色篱栅的闲聊，城市的居住环境似乎妨碍了社交生活。对城市异化现象的生动描述比比皆

---

① 在欧美国家，尽头路是指有些道路只有一端可以通行，在道路无法通行的另一端，有一个可供车辆掉头的环岛，房子围绕环岛而建。——译者注

是。在描述纽约时，马克·吐温写道："我住了几个月，终于认定它是一片壮丽的荒漠——高楼耸立的孤独之地。在这里，陌生人身处上百万同种族的人中间，却分外孤独。"[60]

还有一个故事。38岁的乔伊丝·卡萝尔·文森特死在了她伦敦的公寓里，直到两年以后她的尸体才被人发现。[61]

尽管城市生活中经常出现令人唏嘘的画面，但与农村居民相比，城市居民与其邻居之间的联系更为密切。[62]在城市里，住在大型公寓里的人最有可能与他们的邻居打成一片。不要过分迷信所谓的城市孤独症，这不是真相。

如果你想了解一个人，那么你需要近距离接触。我们生活的地点对我们的人际网有着巨大的影响。然而，很少有人——如扩张者——的人际网能够自发地扩大社交范围。很多时候，做着同一份工作、待在同一个家里或者同为一个社交俱乐部的终身会员，召集者的人际网就产生了。

当人们在考虑如何建立人际网时，他们往往关注的是认识的人。大众媒体常常建议我们去寻找与关键人物的联系，试着去认识那些将为我们开启事业成功或变为生活伴侣的神奇人物。这是错误的。一个更有用处的角度是思考你该去哪里。考虑在社交空间中如何分配自己的时间——你是坐在长桌边还是角落的双人桌边，是住在尽头路还是住在高楼之中——能为建立最强大的人际网铺平道路。你认识谁并不重要，重要的是你该去哪里。

虽然我们对自己进出的空间（无论是空地还是建筑）拥有相当大的控制权，但我们在其中会与谁建立关系非常不明朗。传奇社会科学家乔治·霍曼斯因此将社会行为形容为"熟悉的混乱"。他写道："对人类来说，没有什么比他们自己在社会上的日常举止更为熟悉的了。"[63] 但是，尽管我们的社会生活很平凡、很熟悉、很容易预知，但我们的社会关系仍然存在一种难以预知的混乱。当我们意图和某个特定的人建立关系时，这种混乱将使结果难以捉摸。相反，如果你把自己放在恰当的空间里，你就有机会遇到你的贵人。

结交、维持还是终止

对大多数人来说，我们的人际网规模在 25 岁时达到顶峰。[64] 人在高中和大学时很容易交到朋友，学校负责组织俱乐部和派对，我们只需参与就天然拥有了共同话题。总之，人们掌握了结交好友的所有必要元素：近距离、反复的社交互动，以及让人产生自然归属感的环境。在 25 岁时，你的空闲时间有很多，家庭和工作通常还没有最大限度地占用你的时间。

在处于人生 1/4 节点的社交巅峰时，我们通常在一个月里和近 20 个人联系。这之后，我们人际网中的核心圈子会变得越来越小。[65] 40 岁的时候，这个圈子的人数会减少到 15 人以下。65

岁的时候减少到 10 人左右。我们的人际网构成也随着时间的推移而变化，注意力越来越多地转移到家庭上。

我们的人际网不仅会萎缩，其中的人际关系还会不断交替。花点儿时间想想那些和你有大量业务往来的同事，你认为一年之后，其中有多少仍处于你工作的中心？1/2？1/3？

正常情况下，一年后仍处于你工作的中心的人数只有 1/4 左右。两年后，这一比例将减少到 1/10。[66]

我们都知道"一日为友，终身为友"这句谚语并不靠谱，但社交关系的变化比工作关系还是要慢一点儿的。大约两年后，我们家庭以外的一半社交关系将不复存在。青少年的人际网中甚至存在频繁的新陈代谢——1/3 的青少年每六个月就会换一批新朋友。他们之间，只有 15% 以下的友谊能维持多年。[67]

在某种程度上，这些人际网的变化反映了我们社交空间的变化——搬家、换工作、加入俱乐部，但它们同时也反映了我们生活的变化——结婚、离婚、生子、退休。除了人生节点，不同的性格、性别和处理关系的方式也决定了我们在一段关系是否要结交、维持或终止等问题上关注到何种程度。以上这些因素共同影响着我们的成功和幸福。

考虑以下说法：（1）我经常与不同部门的同事保持联系，（2）我利用公司活动建立新的联系。一项研究对 279 名员工进行了为期两年的跟踪调查，以了解他们对职业成功的预期，[68] 研究发现，对任何一种说法的认同都能明确地判断出员工的当前薪酬、未来两年的薪酬增长曲线和职业满意度。然而，认同第一种说法，即关注于维持人际网，可以判断出近一半人的薪酬增长和职业满意度的变化。认同第二种说法，即关注于结交新朋友，就不那么重要了。

工作之外，是新朋友而不是老朋友使我们更快乐、更有幸福感。[69] 尽管结交新朋友有诸多好处，但很少有人把它当成一种习惯。相反，过往经验、对自相似性① 和熟悉性的渴望驱动着我们的人际网的运转。与此同时，我们维持关系所花费的时间比理应花费的时间长得多。即使有些已经恶化的关系会给人带来精神压力，导致健康状况不佳，我们也会继续。[70]

我们经常面临许多选择题：是否要扩大我们的内层圈子？是否要继续在关系上进行投入？是否该和一个朋友断绝来往？下班后，我应该去酒吧开怀畅饮，还是回家陪伴家人？我们之间的友谊最后是否会变得有害，以至最好绝交？我是走过去向一个陌生人介绍自己，还是继续跟我的老友们混在一起？这些决定会产生重大影响，但我们常常是在无意识中做出这些决定的。除了这些决定，我们往往还没有意识到的是，对于在结交、维持和终止等问题上要关注到何种程度，我们必须做出必要的权衡。

① 自相似性：如果一个物体自我相似，这就表示它和它的局部完全相似或几乎相似。比如树桠。——译者注

如何摆脱社交焦虑

我们很多人都会说，我要结交一些新朋友，甚至不惜强颜欢笑。但在现实中，我们中的绝大多数人——尤其是 40 岁以上的人——很少努力扩大自己的人际网。

哥伦比亚大学教授保罗·英格拉姆和迈克·莫里斯研究了结交新朋友这件事，文章的标题"联谊会，能联谊吗？"很有意思。[71]在这项研究中，研究人员请近 100 位职场成功人士参加下班后的鸡尾酒会，并给他们佩戴传感器，跟踪他们的社交动作。酒会之前，95% 的受访者声明，建立新的联系比巩固旧的关系更为重要。不论这些声明本意如何，结果表明，这些高管与原本关系活跃而熟悉的人交流更多，其可能性是与陌生人交流的三倍。所以文章标题的答案是否定的：人们不会在联谊会上联谊。

除了单纯的懒惰、不愿投入时间，恐惧也是阻碍我们结交新朋友的主要心理障碍。

对陌生人的恐惧，或者说是社交焦虑，很常见。作为群居动物，我们天生就想要被接受。害怕被人拒绝是社交焦虑的根源，这种恐惧在与陌生人交流时会加剧。13% 的人被临床诊断为社交焦虑症，终其一生受到它的折磨。[72]焦虑症已经成为世界第三大心理健康问题。尽管焦虑症没达到临床水平，但几乎所有人或多或少都有过社交焦虑。

焦虑和恐惧并不都是坏事。焦虑能提升表现力，也能说明你的重视程度。只有当恐惧感强烈到你开始逃避或孤立自己时，这才会产生心理问题。好消息是，它是可以被妥善治疗的。

波士顿大学心理治疗和情绪研究实验室主任斯蒂芬·霍夫曼使用了一种认知行为治疗方法。他先识别出会导致患者产生适应不良的思维习惯，再将他们反复暴露在棘手的社交场合下。通过该治疗方法，缓解率可达到 75% 以上。[73]

以下是霍夫曼在他的诊所里使用的一些暴露疗法：

- 找书店店员买几本跟放屁有关的书；
- 走到别人的餐桌前，对着他们练习伴娘致辞；
- 向药剂师要一盒避孕套，然后凑上去看这是不是"适合你的最小尺寸"。[74]

这些"社交灾难暴露"疗法不是玩"真心话大冒险"，相反，在让参与者直面最大的恐惧（常常类似于"他们会怎么看我"）后，他们就会意识到哪怕是最糟糕的情况其实也没有那么糟糕，心中的恐惧因此显著减少。

假如你不愿采用这种置身困境的治疗方式，研究还发现，简单的友善行为也可以减轻社交焦虑。加拿大英属哥伦比亚大学和西蒙菲莎大学的社会心理学家进行了一项研究，他们将 115 名患有社交焦虑的大学生分成三组：第一组人使用各种形式的暴露疗法；第二组人为他人做些简单的好事；第三组人只是写下他们一天的经历，以此作为对照。在所有人执行上述行为之前和之后，研究人员分别追踪了他们的社交焦虑水平。虽然暴露疗法也可以减少人们的社交恐惧，但做好事那组人的社交焦虑减少得最为明显。[75]

还有一种源于恐惧的认知偏差，也会使结交新朋友变得困难，即我们希望事物都是可预知的。如果我们已经认识或者很熟悉某些人，我们就以为自己大概知道他们接下来会如何行动。不论这种判断正确与否，可预知性让我们认识的人不那么可怕了，因此我们会和他们继续相处。除了极少数患有极端社交焦虑症的人会完全避免社会交互，对绝大多数人来说，可预知性会让他们在一些社交场合紧紧拉住自己认识的人。

人们不愿去扩张人际网的原因不单单是恐惧，有时候结交很多新朋友根本没有意义。在你职业生涯刚开始的时候，结交更多的人会给你带来巨大的好处。但是随着你事业的发展，这种回报会逐渐降低。在你职业生涯的早期，很可能有很多人比你拥有更多的知识和资源。然而，随着你在公司晋升或获得更高的地位，一次偶遇很难为你带来尚不具备的知识和资源。[76]当然，并非对于所有人都是如此。如果你需要巨大的平台，例如，你是一名营销人员、一名公关人员或一名传教士，不断扩张人际网就是有用的。

还有的时候，不去结交新朋友的原因并不是一种恐惧或一种策略，而是一种喜好，你只是想把更多的精力放在你已经认识的人和你所爱的人身上。

是什么弱化了人际网

即使我们走出门去结交新的人，也很难把一次见面转变为一段关系。亚历克斯·威廉斯在《纽约时报》的一篇文章中恰到好处地形容了这种困难。[77]

这就像好莱坞浪漫喜剧里那些梦幻的相亲场景，只是没有"浪漫"而已。几年前，我在工作中认识了来自纽约的编剧布赖恩。后来我俩带着各自的妻子共进晚餐，友谊的火花瞬间迸发出来。

我们都喜欢鲍勃·迪伦的专辑《金发叠金发》里相同的歌，我们都喜欢电影《唐人街》里相同的台词。当泰式绿咖喱虾被端上桌的时候，我们还在只顾着接对方说的话……

那是四年前的事了，自那以后我们只见了四次面。我们是"朋友"，但不完全是朋友。我们一直在努力克服困难，但生活挡了我们的道。

不仅是新的友谊很难发展和维持，若缺少面对面的接触，我们与已有的朋友和家人的感情也会迅速恶化。如果一家人两个月没有面对面聚在一起，亲密感的下降就会超过30%。[78]

朋友之间一开始如果两个月没有见面，那么亲密感下降的速度就与家人相似，此后关系就会变得更加冷淡。如果150天没有见面，朋友之间的亲密感就会下降80%。

维持友谊所需的投入因男女而异。一项针对2 000万手机用户通话规律的研究发现，男性愿意比女性维持更多的联系。[79]然而，这些男女能够把关系维持到何种程度，最大的影响因素并非意愿，而是诸如结婚和为人父母等人生大事。

为人父母——尤其刚开始成为父母——就像从社交的悬崖上跌落。几乎每个把新生儿带回家的人都理解这一点。在宝宝出生前的几个月里，大家聚在一起，给你未来的宝宝送来小小的连体衣和可爱的泰迪熊。你当时不知道的是，直到你的孩子学会好好说话之前，他们中的大部分人你可能都没机会再见到了。送礼会更适合称为欢送会。

送礼会之后的一两年，你与少数出席者的关系会比宝宝出生前要好很多，但其他人会变得更像熟人而不是朋友。可悲的是，即便是曾经非常亲密的朋友也会如此。你连日常洗澡的时间都没有，更不用说出去喝鸡尾酒了。其间，心理变化也起了作用，当了父母之后，你会越来越关注你的孩子和伴侣，你的兴趣也会和那些没有孩子的朋友不同。

从 25 岁到 50 岁，我们的人际网规模会急剧下降。男女都是如此，但男性的下降幅度更大。女性的人际网萎缩了约 20%，同时期男性的萎缩幅度为 35%。这主要是因为在年轻时，男性比女性更善于社交。[80]直到 40 岁左右，女性的人际网规模才会超过男性。

一份报告分析了 277 项涉及近 18 万参与者的研究，证实了一个普遍的假设，即我们的人际网在我们向父母角色转变的过程中受到的影响最大。当结婚或搬家后，我们维持个人联系的能力也会大幅下降，但在向父母角色转变的过程中，我们的人际网遭受的是会心一击。[81]

无论是生子、搬家还是结婚，人生大事和日常社交空间的变化最有可能导致我们失去朋友和同事。而且我们通常不会喜新厌旧——至少不会以同样的速度。我们的人际网只是在萎缩。这也是老年人普遍感到孤独的原因之一，他们的人际网已经慢慢凋零。

你如何抵御这些难以避免的生活事件造成的影响？召集者有意或无意地找到了答案。在研究召集者采取的行动、了解他们的人际网如何演进后，任何人都可以更好地维护现有的关系。

从未消失的关系

我们很少会和朋友或家人绝交。取而代之的是，我们的大多数关系是慢慢死去的，像幽灵一样隐隐约约地消失。

只有不到 15% 的人是因为意见不合、吵架或其他关系的根本变化而结束了关系。[82] 荷兰的一项研究在 7 年的时间里跟踪调查了 600 名成年人，结果发现，人们认为他们关系结束的主要原因是联系频率的减少，还有不再出现在同一个社交场合中，比如读书会或教堂。总的来说，这两种原因共导致了大约 40% 的关系的消失。人与人之间的关系是慢慢消失的，而不是一刀两断的。

然而有许多关系，即使我们觉得很难维系也依然存在。在一项对 1 100 名加州人的人际关系研究中，被形容为过分苛刻或难以相处的人占到了总数的近 15%。亲密的家人尤其会被列为难以相处的对象。[83] 很多人都认为自己的母亲很难相处；20 多岁的人比 50~70 岁的人觉得自己的妻子、兄弟和姐妹难对付；退休以后，他们的孩子会越来越多地出现在这张名单上。

难以舍弃这些艰难而令人疲惫的关系会让人有压力、健康欠佳和内心痛苦。那么，为何直接分手如此之难？当然，人们可以把这归因于内疚、恐惧、避免冲突的愿望、潜在的收入损失和害怕分手后产生的痛苦（至少大多数时候如此）。但试图避免这些短期的不安因素，并非全部理由。

有些时候我们只是无法摆脱他们，比如家人和同事，但是我们也常常犹豫，因为关系是多方面的。她也许既黏人又烦人，但她真的很健谈；他总是窃取别人的想法，但他真的很乐于助人。这是希拉·奥弗和克劳德·费希尔教授研究出的许多艰难关系的根源。事实证明，20多岁的人通常觉得那些爱说教的人很难相处。尤其是年长的人，虽然他们能够随时伸出援手，但他们也比其他帮助者更苛刻。

更复杂的是，当我们谈及朋友、家人和同事时，这三者并不能完全分得开。同事经常成为我们的朋友，家人有时也是我们最亲密的朋友。多重关系彼此纠缠，要结束这样一段错综复杂的关系，代价十分高昂。我们如何知道付出这样的代价是值得的？

我们通常不认为维持或结束一段友谊还需要一连串的权衡，但这是现实。除了用一段恋情换取另一段恋情这种极端情况外，我们绝大多数的关系都不是简单的一对一交换。即使是在看似简单的恋爱关系中，人们也常常会后悔自己的决定，只有在事后才会认识到这段关系的美好与错误。然而，如果我们做不到有意识地思考这些决定，我们的心理倾向、人生大事和多重关系的纠缠就会让我们以为人际网不是选择性的，而是偶然性的，从而让我们无能为力，任由命运摆布。

你的社会签名是什么

大多数人已经成为扩张者、中介者或召集者，自己却没有意识到。更凄惨的是，当年近七旬、在早上孤独地醒来时，他们对人生的一切感到无比困惑。无论人生的许多决定是有意识地做出的，还是习惯、心理和环境共同作用的结果，我们的人际网都会成为一种社会签名。

扩张者喜欢弱关系，拥有广阔的社交空间，付出大量时间去结交新的朋友。他们也更容易结束一段关系，因为他们在每段关系上的投入都不大，没有承载太多的互惠责任。

中介者拥有一些强关系，但他们的人际网的优势来自弱关系。他们的社交空间通常围绕着许多不同类型的社交圈，中介者会花大量时间来维持这些弱关系。如果没有持续的投入，他们拥有的弱关系就很容易消失。

召集者更喜欢强关系，并将大部分精力放在维护已有关系上。他们不会花太多时间去探索太多的社交圈，但是会在少数几个圈子之中深深扎根。

社会现实的本质——时间约束和认知限制——导致我们需要不可避免地进行权衡：我们投入的方向主要是强关系，还是弱关系；我们是要天南地北地广结人脉，还是只形成少数亲密无间的关系；我们要投入多少来扩展新关系，要投入多少来维持旧关系。我们根本没办法创造出更多的时间，或者同时出现在两个地方。

很多时候，这些决定的结果是可提前判断的。意料之中的是，如果你在维持人际网上投入很多，你大概就会拥有很多强关系。这往往是由习惯和性格引起的，而不是其他因素。但是扩张者、中介者和召集者各自的特点，并非只表现在社交空间、维持或终止关系的可能性，或者他们对强关系的重视程度上。人际网（包括你自己的社会签名）的美妙之处在于，其属性大于各个部分的属性之和。

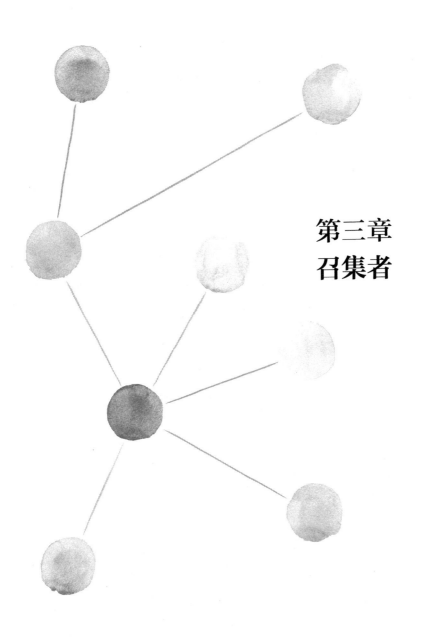

第三章
召集者

这是 5 月的第一个星期一，数以百计的狗仔队聚集在美国大都会艺术博物馆门前的大台阶上，等待珠宝镶嵌的头饰、翅膀、毛皮、面纱、皮革和项链随即出现，它们装饰着那些有幸受邀参加"纽约社交日程上无可争议的年度盛会"的人。[1]

　　安娜·温图尔身材瘦削，留着招牌式的波波头，戴着不离身的太阳镜，她对邀请谁参加 Met Gala（纽约大都会艺术博物馆慈善舞会）拥有最终决定权。目前的 600 名出席者中，既有奥斯卡奖得主，也有硅谷的天才，他们从几个月前就开始为这一活动做准备。在庆祝温图尔作为大都会时装学院主席所取得的成就时，美国前第一夫人米歇尔·奥巴马曾开玩笑说："我知道温图尔不喜欢成为焦点人物，所以这一切大概会让她很痛苦——但我们喜欢这样……事实上，我今天站在这里就是因为温图尔。我之所以来到这里，是因为我对这个女人充满了尊敬和钦佩，我很荣幸能够成为她的朋友。"[2]

人们每年的时尚开支比巴西的经济总产值还要多[3]，安娜·温图尔是这个行业的女王。[4] 作为一位女性统治者，她让人又敬又畏。

作为时尚界最著名的 *Vogue*（《服饰与美容》）杂志主编，她组建了一支颇具影响力的盟友大军，这些盟友使她本人成为世界上最无与伦比的招牌之一——一块远远超出时尚界的金字招牌。《福布斯》称她为媒体报道中和娱乐界最具影响力的女性，以及政治界一位幕后的权力玩家。[5]

尽管温图尔身为文化、时尚和艺术世界的中心，但她为人非常低调。她很少在一场派对中逗留 20 分钟以上（除了她自己的派对），也很少在晚上 10 点 15 分以后出门。许多人认为用神秘或保守形容她有些含蓄了，她非常冷漠，因而得到了一个绰号"核武器温图尔"。[6] 她是小说《穿普拉达的女王》中那位专制老板的原型，小说的作者就是她此前的一位助理。温图尔曾要求奥普拉在登上 *Vogue* 封面之前减重 9 公斤。[7]

然而，在那些与她亲近的人中，她却赢得了绝对的信任和忠诚。正如她的门徒马克·雅各布斯眼中的那样："她看人的眼光非常敏锐，无论是在政治界、电影界、体育界还是时装界。"他接着说："但她的名声太糟糕。她支持她信任的人，但如果你不是他们中的一分子，也许你就会有不同的看法。"[8] Met Gala 资深大师、温图尔的前助理西尔瓦纳·达雷特也有类似的说法："我感谢温图尔。她支持我，支持她自己的决定，支持我们的决定，所以有人在背后支持你的感觉很好……她是一位大使、一位拥护者，支持我想做的任何事。她对所有员工都是这样的。"[9]

温图尔在工作和非工作之间保持界限分明，如她所说："我非常关心我的朋友和家人，他们知道这一点，但工作就是工作。"[10] 虽然工作关系中偶尔也会产生友谊，比如网球运动员罗杰·费德勒和《深夜秀》主持人詹姆斯·柯登就是朋友，但温图尔最亲密的朋友大多不为人知。在形容这些友谊的重要性时，温图尔边想边说道："我有一些非常亲密、非常棒的女性朋友，我宁愿她们只成为我的朋友……我很想念住在伦敦的一位女性朋友……我俩从 16 岁就认识了，彼此之间无话不谈，而且我俩还都很坦诚。这太令人开心了。"[11]

"在冷漠的外表下，她其实是一位乐于奉献和慷慨的母亲和朋友。在她所信任的人组成的小圈子里，她会不遗余力地帮助那些人。"一位朋友证实道。[12]

温图尔强大的社交圈也是她获得名望和权力的原因之一。南加利福尼亚大学教授伊丽莎白·库里德-霍尔基特和她的同事、以色列本·古里安大学的吉拉德·拉维德着手弄清楚了是什么造就了独领风骚的一线明星，他们与那些比比皆是、默默无名的三线明星有何区别。他们研究了盖蒂图片社一年里拍摄的近 1.2 万场活动的数十万张照片。盖蒂图片社是世界最大的摄影机构，拥有全球明星红毯秀的摄影权，并用这些照片创建了一个"谁经常和谁一起出现"的人际网。像乔治·克鲁尼、安吉丽娜·朱莉和马特·达蒙这些登上过《福布斯》影星吸金榜榜首的明星，他们的人际网看起来与其他名人的人际网完全不同。

一线明星的"人际网稠密且紧密相连"，与其他名人之间维持的关系更像是召集式人际网。正如霍尔基特所写："一线明星的朋友彼此之间往往也是朋友……但二三线明星彼此之间没有什么特别的实质关系。"[13] 一线明星的稠密人际网可以巩固他们独一无二的地位，外人很难进入这些名人精英的圈子。安娜·温图尔的人际网在这方面就很有代表性，这个小圈子中的任何一个人都和他人紧密相连。

看来，她思考的关键在于信任。正如她解释道："我试着对新人保持开放的态度，但很明显，你与相识已久的人之间的信任更深。"[14]

展现脆弱能否赢得信任

大约有1/3的美国人认为陌生人是可以信任的。[15] 在美国人里，自 20 世纪 70 年代以来，认为大多数人都值得信任的比例一直在稳步下降。[16] 在全世界不同地方，我们对别人的信任程度差别很大。在瑞典，认为可以信任陌生人的人比美国人多60%；[17] 但在相互猜忌的巴西，这一比例接近1/6。

难以信任的不只是陌生人，只有一半的美国人认为可以信任他们的邻居。[18] 工作上也好不到哪儿去，一项针对全球9 800名全职雇员的调查发现，只有不到一半的人高度信任自己的雇主。[19]

人们还会额外付出大量时间，以决定在工作中应该信任谁。罗恩·伯特对三家公司的员工进行的一项研究显示，平均而言，做出这种决定需要三年多的时间。[20] 鉴于许多公司的新员工可能需要培训几个月，而大多数小时工只在一家公司工作四年半左右，[21] 召集者迅速建立信任的能力可能对事业成功至关重要。

信任对于我们的为人处世必不可少。新娘和新郎在圣坛前许下永不背叛的誓言；在一个同事抱怨其他同事的时候，其相信交谈对象不会将对话内容公之于众。我们每天都要在几十件小事上做出决定，所以必须要信任一些素昧平生的人。我们让陌生的出租车司机载着我们去往各处；我们邀请陌生的施工师傅来到家里，交付订金，期待工程顺利完成。正如安东·契诃夫所说："你必须相信别人，否则生活将变得不可能。"[22]

在友谊和爱情中，信任可以让人宽恕他人，让人甘愿牺牲，促进二人之间的稳定、调解和协作。[23] 我们对自己的丈夫或妻子越信任，我们的压力和抑郁就会越少，从而越发健康。[24]

在学校里，孩子们从他们信任的老师那里获益良多。[25] 在团队中，信任可以改善工作表现，互相学习和协作办公的水平。[26] 克莱蒙特研究生大学教授保罗·J.扎克发现："针对高信任度公司员工的一份报告指出：压力降低74%……生产力提高50%，病假减少13%……生活满意度提高29%，心理倦怠度降低40%。"[27]

但是，我们怎么知道该相信谁呢？

想象一下，你在机场，刚刚挨着一个陌生人坐下。他中等身材，身穿牛仔裤和扣角领衬衫。如果你需要帮助，那么你如何确定是否该信任他？观察一下，他是否在环抱双臂？他是否在瞟向右侧？没有？等等，或许他在降低音量？几十年来，研究人员一直在寻找某一次交互中可以体现出对方值得信赖的信号。尽管付出了巨大的努力——从眼球运动、肢体语言到口头暗示，但学者们仍然无法找到任何完全可靠的身体信号。[28]

有些时候，大多数人会撒谎。

情境因素会影响人们撒谎的可能性。身处黑暗的房间、缺少思考的时间、感到身心疲惫——甚至是我们所穿的衣服——都会让我们撒谎的可能性变得更高。哈佛商学院、杜克大学和北卡罗来纳大学凯南商学院的研究人员分别进行了四项实验，他们要求参与者分别戴上品牌太阳镜和山寨太阳镜，假装执行一次营销任务。戴山寨太阳镜的随机受试者在任务中更容易作弊，而且对他人的道德要求也更低。山寨太阳镜会让人变得不诚实。[29]

不管研究人员跟他们说过什么，实际上这些山寨的太阳镜并不算假，它们和正品出自同一位设计师之手。既然外部信号无法告诉我们应该相信谁，那我们应该怎么办呢？最终我们发现，信任需要脆弱性。以下是一组跨学科研究人员对信任的定义，其被频繁引用："一种在对他人的意图和行为有积极预期的基础上，愿意接受脆弱性的心理状态。"[30]

我们很容易觉得，脆弱会使我们更不值得信任。当一个人感到害怕时，难道他不应该更想撒谎吗？但事实似乎恰恰相反。心理学家贝尔纳黛特·冯·达旺斯为首的一项研究发现，脆弱使人更诚实。[31] 为了研究脆弱和诚实之间的关系，研究人员在实验中让一半参与者在一群被要求保持沉默的同伴面前，做一次简短演讲并解答数学题。另一半对照组的参与者则不需要忍受这种社交痛苦。在随后的信任游戏中，被迫做压力演讲的小组相比于对照组，其参与者做出可信赖行为的概率高出大约50%。脆弱让我们产生了强烈的归属需求，从而让我们变得更值得信任、更值得合作。

与其先弄清楚该信任谁再让自己变得脆弱，我们不如先适时展现自己的脆弱。这又如何做到呢？

大概没有人愿意在与某人初识的5分钟内就向他透露自己内心深处的秘密，或者说没有人应该这么做。正如哈佛商学院教授杰夫·波尔策解释的那样："人们以为脆弱要用潜移默化的方式来感受，但事实并非如此[32]……你应该释放出一个明确的信号，告诉别人你有弱点，你需要帮助。一旦大家都明白了这一点，你就可以抛开不安全感，投入工作，彼此互相信任、互相帮助。"

有时是人们自己选择了脆弱，但有时是环境为人们做出了选择。若要举出一个脆弱性的代表人物，你可能不会首先想到耶鲁大学首席执行官领导力研究所的CEO杰弗里·索南费尔德。CNBC（美国消费者新闻与商业频道）和《华尔街日报》大量曝光的商业和政治斗争之中常常有他的身影，他以抵制美国全国步枪协会而闻名，他为摩根大通CEO杰米·戴蒙辩护，认为戴蒙遭受了不公平的"政治迫害"。[33]

索南费尔德愿意在别人最困难的时刻为他们辩护，其原因可以追溯到他自己过去的经历。在20世纪90年代末，索南费尔德处于学术生涯的巅峰，可口可乐、芝加哥熊橄榄球队等多家公司的CEO都参加了他召集的会议。[34]

然而，在埃默里大学戈伊苏埃塔商学院做了9年教授后，他接受了同城竞争对手佐治亚理工学院的系主任职位。就在索南费尔德准备离开的几周前，他遭受抹黑。他被指控破坏公物，监控摄像头捕捉到他在走廊上蹦下跳，学校方面声称他损毁了墙壁。《60分钟》称这次事件为"常春藤的磨损大厅"[35]，该节目主编莫利·塞弗如此形容这段视频："杰弗里·索南费尔德不会被人误认作舞蹈演员弗雷德·阿斯泰尔或巴里什尼科夫，他在埃默里大学的走廊上又蹦又跳……这没能让他在芭蕾舞团找到工作，却让他丢掉了在埃默里大学的工作。根据这段录像，埃默里大学解雇了他，还公开羞辱了他。"[36] 但《纽约时报》报道说："这种指控根本站不住脚。"[37]

索南费尔德发现自己失业了，声誉也一落千丈。他说："这就是25年职业生涯被毁的全过程，信不信由你，就是这样。这看起来是不是有点儿蠢？是的，当然没有损毁，没有破坏的想法，没有任何能跟破坏公物沾边儿的东西。"[38] 在接受英国《观察家报》采访时，他崩溃了，他承认："我每天晚上都在哭。"[39]

索南费尔德没有退缩，进行了反击。他向那些他帮助了多年的有权势的高管和政客们求助，上百名CEO和大学教授都站出来支持他。已退休的UPS（美国联合包裹运送服务公司）CEO肯特·纳尔逊支持索南费尔德，他认为："索南费尔德公开申明没有做过他们声称的事情……以我对他25年的了解，这不是他会做出来的事情。在缺乏证据的情况下，他们的指控是不公平的。如果他们有证据，那就拿出来给我们看看。"[40] 埃默里大学的视频证明不了什么。这一事件让塞弗意识到："学术界背后的政治如此残酷，比起来，华盛顿的残酷政治可能反而更和蔼可亲一些。"[41] 美国前总统比尔·克林顿给索南费尔德写了封信，并亲笔签名："我对你所经历的一切感到遗憾……我能感受到你的痛苦。"[42]

索南费尔德拥有强大的支持者，因为许多人都经历过类似的逆境。[43] 而正是这些逆境造就了伟大的领导者。

索南费尔德被指控破坏公物时，他给很多人打了电话，其中之一是家得宝的前 CEO 伯纳德·马库斯。马库斯在谈到当时的索南费尔德时说道："你知道，他非常沮丧。他垂头丧气、心灰意冷，完全被击垮了。"[44] 马库斯回忆说，他自己也有过类似的经历，在创立家得宝之前，他曾在汉迪·丹公司担任 CEO，结果被扫地出门。他回忆道："我整日自怨自艾……我沉浸于悲伤之中，一连几夜难以入眠。自成年以后，这是我第一次更关心如何生存，而不是如何装修房子。"

对脆弱性的感同身受催生了彼此之间的关系。在这些关系的基础上，索南费尔德的人际网不仅帮助他度过了 20 世纪 90 年代的黑暗时期，还使他的 CEO 峰会成为高管们可以坦率讨论个人问题和商业问题的互信平台。参会者的名字读起来就像读一份高层人物名单，包括 UPS 的大卫·阿布尼、美国运通的肯尼斯·切诺尔特和百事可乐的卢英德等常客。

通过故意让自己变得脆弱来获得信任，这种做法是否明智还值得商榷。但我们都会面临真正的危机。当危机来临时，诚实面对、坦率求助，可以把看似悲惨的事情转变为加强关系和重建声誉的机会。

无流言，不社会

我们通常不会在社交隔离的情况下做出信任他人的决定。芝加哥大学教授、人际网研究领域的领军人物罗纳德·伯特和他的同事认为："信任占到了人际网语境的 60%。"[45] 他在研究了中国 700 名企业家的 4 664 种关系后得出了这一结论。伯特研究了 53 种不同的个人特征，从企业家的幸福程度到他们的年龄、教育程度、家庭规模和政治参与程度。这些个人特征加在一起，只对谁值得信任和谁不值得信任的差异起了 10% 的作用。而人际网特征，比如企业家与他人联系的频繁程度、关键事件发生时他是否在场等，在解释一个人是否值得信任这一问题上，比个人特征重要 6 倍。

当伯特和他的同事从中国企业家身上得到 6∶1 的结论时，覆盖美国家庭、跨国公司员工、11 世纪的马格里布商人的数十年研究一致发现，人际网闭包——你的朋友们彼此之间也是朋友——会产生信任。[46] 简单地说，召集者更容易信任他人与被他人信任。

人际网闭包创造了一种环境，在这种环境里，规矩可以得到强制执行，同时你也可能会听说一些可疑行为的流言。

若家长拥有一个人际网闭包，那么他们的孩子，尤其是社会经济条件优越的孩子，在学校的表现会更好。召集式家长可以更容易地监督他们的孩子身上发生了什么。在一项针对 144 所学校约 2 万名青少年的研究中，研究人员发现，孩子的背景越优越，其家长的人际网闭包与较高的高中 GPA（平均学分绩点）和较低的辍学率越相关。[47] 如果你注意到朋友的十几岁孩子上课时间在商店附近闲逛，那么你大概会跟这位朋友提起这件事。庞大的"家长团队"可以进行大范围的监督，从而确保孩子完成家庭作业，而不是对孩子的情况浑然不觉。

这种流言不仅在街区的孩子身上发挥作用，它还是在纽约市第 47 街的第五大道和第六大道之间做生意的关键。在这两个街区，每年有数十亿美元的钻石交易——占美国钻石进口的90%。[48] 根据 NYIRN（纽约工业保留网络组织）2011 年的一份报告，这些交易带来的经济贡献总共在 240 亿美元左右。[49] 若考虑大环境的变化，这一数字与星巴克 2018 年的年收入相差不远。尽管交易金额巨大，但第 47 街的大多数交易都是以握手并说"Mazal and Bracha①"的传统形式来完成的。这一基于信任的交易习俗被称为"第 47 街真正的宝藏"，[50] 它在很大程度上依赖于主导钻石交易的犹太教极端正统派社群。钻石商菲利普·韦斯纳出生于一个钻石商人世家，他在描述这种社群文化的优势时坦白道："它融入了我的血液，它渗入了我的骨髓，不管我喜不喜欢。"[51] 犹太人的律法禁止流言，从而弘扬了强烈的社群感和历史感，除非

---

① 希伯来语，意为"好运和祝福"。自古至今，大部分的钻石买卖都掌握在犹太人手里，因此这里遵循犹太人的约定习俗。——译者注

这种流言是必要的或有益的。社群内的流言相对少并受到高度重视，这就赋予了社群权力，任何发表潜在负面言论的人都会遭到社群和生意伙伴的排斥。

传播流言的人往往名声不佳，人们通常认为他们很渺小、不讨人喜欢，[52]对"高度负面流言者"来说尤其如此。但是，邓巴言简意赅地指出："正是流言让我们所知的人类社会的出现成为可能。"[53]从进化的角度来看，流言使人类能够组建大型社群，因为它赋予了社群对欺骗者进行监管和制裁的权力。

不管你喜不喜欢，我们花在流言上的时间非常多。[54]邓巴和他的同事对自助餐厅、酒吧和火车上的日常交谈进行了分析。他们发现，交谈中60%以上的时间聊的都是一些流言，剩下1/3左右的时间则主要集中在政治、体育、工作等方面。人们花在流言上的时间不会因年龄或性别有很大差异。不是只有老妇人才爱聊八卦。

我们可能天生就喜欢谈论八卦。当发现违反社会道德或社会不公的行为时，我们经常会有身体反应——心跳加速、躁动不安。多伦多大学罗特曼管理学院的心理学家马修·范伯格和他的同事通过研究发现，谈论八卦可以减轻人们发现社会不道德行为时所流露出的身体不适。[55]3/4的人甚至愿意找个咖啡厅之类的地方，专门聊一些跟骗子有关的社会热点话题，以此逃避心理上和身体上的不适。

召集式人际网的优势

召集式人际网具有演进上的优势，原因之一是它能有效地利用流言。召集式人际网具有强关系和联系冗余的特点，这类架构提供了一种保护，可以避免潜在的交友不慎，同时还会带来信任和复原力，令人感到既舒适又安全。

召集式人际网还有更大的带宽，能够更多更快地传达复杂、默契和敏感的信息。强内聚关系增加了人们分享信息的意愿和动机。[56] 既是同事又是朋友的人，比陌生人更愿意花时间和精力教你。在复杂信息共享至关重要的行业中，这可能是一项重要的竞争优势。多项针对数百名科学家协同工作的研究发现，强内聚关系是召集式人际网的特征，这意味着更高的知识共享率。[57]

除了复杂信息，强内聚关系使人们更愿意分享敏感信息，甚至是分享给他们的竞争对手。定价就是一个很好的例子。无论在香槟行业还是酒店行业，定价都有一定的人为因素，同时是一个高度敏感的话题。酒店的一间空房值多少钱？ 30 美元和 35 美元一瓶的香槟有什么区别？正如一位酒农所说："人们在聊香槟时不会谈及定价。这是一件很私密的事，出于某种原因，聊这个会让人感到别扭。"[58]

但在这些行业的一些召集式人际网中，若乐于谈论定价及其他潜在的敏感话题，人们会从中获益。耶鲁大学的阿芒迪娜·奥迪-布拉西耶和伦敦商学院的伊莎贝尔·费尔南德斯-马特奥针对香槟酒农的研究发现，女性香槟酒农彼此之间如果拥有牢固的日常关系，她们就能够系统性地抬高价格。[59] 悉尼的酒店经理也有此现象，一名酒店经营者和他的竞争对手之间每增加一种密切的联系，就能为他带来大约 39 万美元的收入。[60]

但并非所有人都能从召集式人际网的带宽中受益。这就是为什么召集式人际网的极端例子——垄断组织，是非法的。它们伤害了消费者的利益。

更大带宽的人际网对接收信息的一方特别有利。但是，欧洲工商管理学院的马丁·加希乌洛和他的同事进行的一项研究表明，这种人际网对那些主要负责发送信息的员工来说用处不大。在那些需要社会认可和支持的行业，更大的带宽同样比较有效。[61] 当声誉和信任至关重要时，这种稠密的、强关系的召集式人际网就会带来更多的利益。[62]

除了生意之外，召集式人际网还可以提高复原力。要理解复原力从何而来，请先了解一则轶事。莫妮克·瓦尔库尔考察了联合国在内乱、自然灾害和武装冲突领域工作的女性领导人，研究她们如何面对持续的动荡和在逆境中依旧能保持复原力。社会关系是这个问题的关键。正如她所写："积极地与他人建立联系，对提升复原力至关重要。这样可以提供社会情绪上的支持，增加归属感，还能和人分享经验和想法。她们不畏挑战，乐观面对，进而提高了学习和表现的水平。无论在工作中还是在个人生活中，积极的人际关系都能提升自信、自尊和复原力。"[63]

自然灾害过后，由人际关系带来的复原力往往会促使人们形成召集式人际网。一项研究考察了一些大学生的脸书人际网，对遭受和未遭受自然灾害直接影响的两类人群进行了比较，发现受飓风影响的大学，其人际网闭包大量增加。这一趋势在飓风袭击后仍持续了两年半以上。[64]

就职于联合国塞拉利昂建设和平办事处的林内亚·范·瓦格宁根定期在她的社区召开"每月非正式午餐会"，帮助自己在接踵而至的危机面前保持复原力。在解释午餐会为何如此重要时，瓦格宁根对瓦尔库尔博士说："这是一个非正式的人际网，就像一个助推俱乐部①。"[65]

无处不在的小团体

尽管助推俱乐部的效果很好，尽管学校家长组成的社群可以提高 GPA，但高中里的小团体仍可谓是最难掌控的叛逆社交领域之一。每个学校都有不同程度的小团体。康涅狄格州吉尔福德高中的三年级学生乔治直言不讳地说："若想高中没有拉帮结派，

---

① 助推俱乐部：为体育运动提供筹集资金和捐款等支持的学校组织。——译者注

除非压根儿没有高中。"[66]

在少儿时期，孩子的社会关系倾向于二方组——一对一的社交依恋。[67]父母和好朋友往往是孩子社交世界的中心。但是到了青春期，大家开始拉帮结派，结交朋友的压力也增加了。从中学开始，老师们就不得不重新安排教室座位，以妥善处理坏女孩之间的争执，因为黑莉和埃米莉已经决心老死不相往来。一石激起千层浪，这不再仅仅事关黑莉和埃米莉，而是波及了整个学校的社交结构。

小团体现象可能在高中时期达到巅峰，但它会在整个成年期持续存在。幼儿园和操场上充斥着各种各样的妈妈团体，有怀抱婴儿的哺乳妈妈们，有逼着6岁孩子学中文、家长教师协会的妈妈们，有从高中就彼此认识的妈妈们，还有由6个左右妈妈组成的独立团结的小集体。正如波士顿的社会工作者和家长支持小组的领导者德博拉·霍洛维茨所反映的那样："一旦有了孩子，你就像回到了高中……每个人都忙着弄清楚自己是谁、如何融入大家、要和谁做朋友。"[68]妈妈团体可以用野蛮无情来形容。埃米·索恩曾写过这样一篇文章，描写了布鲁克林公园坡社区的家长们在人际旋涡中进行搏杀："相比新晋妈妈圈子之间的团体斗争，高中生活看起来就是小儿科。"[69]

工作场所也未必是避风港。凯业必达招聘网对近3 000名员工进行的一项调查显示，43%的人认为他们的工作场所中小团体盛行。[70] 在有派系的办公室里，近半数员工的老板都是某一派系的成员。尽管办公室派系不会改变大多数人的行为，但仍有1/5 的人表示，他们会做一些若没有派系就不会做的事情——看电视、取笑某人、吸烟，以此来融入工作环境。

假设有人对你说："嘿，你昨晚看没看《国务卿女士》？"你会感觉如何？一旦开始看这部剧，你就会跨越界限。融入的欲望已经改变了你的行为，即使是在办公室之外。而在你意识到这一点之前，你可能正在召集大家一同观看电视剧大结局，并考虑是否邀请一位曾经声称讨厌政治剧的同事。

65~80 岁的老人也无法做到相安无事。小团体现象也出现在老年中心、辅助生活机构和养老院。负责老年人服务的临床主任玛莎·弗兰克尔直言不讳地说："坏女孩们未来会怎样？她们中的一些人将变成刻薄的老妇人。"[71] 老年人的居住环境中充斥着地盘之争，他们会把电视室等公共空间变成私人领地，他们会把健身课堂变成肮脏的战场。亚利桑那州立大学的罗宾·博尼法斯博士估计，在老年社区中，多达1/5 的老人经历过霸凌行为[72]——这个比例与在高中观察到的大致相同。[73]

小团体无处不在，因为它能满足人们深层次的心理需求——对身份认同、熟悉度和社交支持的需求。这些都和召集者的需求相同。

即使群体的划分标准毫无意义，群体内的认同仍几乎在瞬间形成。社会心理学家亨利·塔菲尔在 20 世纪 70 年代的一系列被称为"最简群体研究"的实验中，论证了内群体偏爱[1]多么容易发生。[74] 在其中一项研究中，塔菲尔和他的同事将一所综合学校的男孩随机分组。但他们告诉这些男孩，分组的原则是他们对某些现代派绘画的偏爱程度。男孩们此前没有与组里的任何成员交流过，分组也毫无意义，但男孩们仍然会喜欢自己组里的成员。喜欢克利画作的男孩会给那些可能也喜欢克利画作的男孩更高的评价。康定斯基组也是如此，他们也喜欢"自己组的"人。

研究人员之后通过抛硬币、随机形状和 T 恤颜色等同样没有意义的分组方式进行了数百次实验，[75] 实验对象比十几岁的男孩更具代表性，但是这些实验中反复出现了内群体偏爱现象。[76] 人们加入这些无意义的群体之后，会对自己群体的其他成员做出更高的评价，哪怕是没有见过面，他们也会觉得这些人更讨人喜欢、更有合作精神。[77] 他们甚至潜在地将自己的群体与阳光联系在一起，将群体以外的人与疾病联系在一起。[78]

这些实验的出色之处在于，它们表明，即便群体之间不存在竞争或歧视，内群体偏爱现象依旧显著。一个人的社会认同主要来自他在群体中的成员身份，从而提升了自尊，而这种自尊是我

---

[1] 指个体在态度和行为等方面表现出来的对自身群体及其成员的偏爱。——译者注

们在群体之外无法获得的。[79]

系统性的内群体偏爱与群际冲突之间的关系显而易见。亨利·塔菲尔完成许多工作的目的就是理解群体间的冲突动力从何而来。二战期间，塔菲尔被德国人俘虏，他必须决定是否要撒谎，否认自己是波兰犹太人。当时他承认自己是犹太人，不过声明是法国犹太人，从而在战俘营中得以幸存，但在犹太人大屠杀中失去了所有直系亲属。

无论是叫派系还是叫召集式群体，无论好坏，所有的群体都会为成员提供支持。在高中，没有明确小团体的女孩自杀的可能性是有小团结的女孩的两倍。[80] 即使是以封闭和腐败为代表的黑手党人际网，也蕴含着巨大的信任、合作、声誉价值。美国历史最悠久的黑手党家族之一的"第一教父"约瑟夫·博南诺说道："黑手党是一种家族合作的形式，每个成员都发誓一生忠诚……友谊、往来、家庭、信任、忠诚、服从——这些是把我们凝聚在一起的'黏合剂'。"[81] 正是这种黏合剂将社会凝聚在一起，尽管誓言和规矩各不相同。

物以类聚，人以群分

即使是最不合情理的划分方法也能形成团结的群体，人们往往因为追求熟悉度的心理需求，而基于某种相似性建立关系并形成群体。[82] 夫妻二人的名字通常具有发音上的相似性。晚餐时，点相似食物的人之间有更高的信任。[83]

朋友通常是彼此相似的，无论是社会阶级、种族、年龄、音乐喜好、价值观还是发型。数百项研究已经证实了"物以类聚，人以群分"[84]，这种趋势被称为同质化。研究人员观察了世界各地从婚姻到线上友谊的人际网。从 1985 年到 2004 年的大约 20 年间，具有相似的种族、年龄、教育水平和宗教背景的朋友之间一直都是彼此相似的。美国西北大学的研究人员写道："同质化作为一种潜在的社会机制，其表现出来的相似性现象却屡见不鲜。"[85]

3/4 的美国白人没有一个非白人朋友。黑人之中的同质化稍微弱一点儿，美国人价值观调查中的针对 2 300 名美国成年人的全国性调查显示，2/3 的美国黑人称，他们最亲密的知己全都是黑人。[86]

种族可能是美国人际网中最明显的社会分水岭，宗教大概排在第二位。80% 的白人福音派新教徒的知己也是新教徒，72% 的天主教徒与其他天主教徒有关系。[87] 然而，有一些无信仰者弱化了宗教之间的分歧，他们似乎更乐意与不同宗教信仰的人交往。

政治虽然不像种族和宗教将不同的人际网划分得那么明显，但是共和党人与民主党人也很少会成为朋友。宗教和政治都提出了一个重要的问题：这种划分的起因，是我们选择了与宗教和政治信仰相似的人交朋友、结婚和往来，还是我们彼此不同的信仰会随着时间的推移而趋于一致？

这就引出了更为普遍的问题：人际网中的自隔离的出现是有意的还是偶然的？有多少是人为选择的，有多少是环境决定的？是人们根据心理需求、喜好、偏差的自相似性进行了选择，由此形成的人际网？还是因为身处工作、社区、学校和志愿组织这些环境中，其中跨群体交流的机会非常有限，从而引起了同质化？

答案似乎是人为选择和环境决定这两者共同作用的结果。塔菲尔的实验证据表明，人为选择和内群体偏爱起到了重要作用。我们还发现社交空间对友谊和合作有着巨大的影响。在一个没有图书馆或俱乐部的小镇上，你与彼此不同的人成为朋友的可能性比在一个常年聚集着各行各业邻居的城市社区中要小得多。

在某些学校的环境结构里，坏女孩、运动员、文艺青年和嬉皮士之间的界限会比在其他学校更为明显。这些学校会官方决定如何划分不同的群体，而不是由学生自主选择，让人感觉中午在不同的桌子上吃饭就像宣誓加入不同的团体；相反，如果一所学校越大、越多样化，学生在班级以外获得的选择权就越大，他们就越会把学校内部划分为层层派系。斯坦福大学的丹尼尔·麦克法兰教授牵头对来自 129 所学校的 75 122 名学生的人际网数据进行了研究，发现学校内的环境结构如果能迫使学生在不同的群体之间进行交互——无论是更小的学校、更小的班级还是仅仅强制性的座位安排，那么这都会使得派系问题不再那么明显。[88]

如果同质化是人为选择和环境决定共同作用的结果，它就可以使一家机构的组织结构规划、流程规范设计、实践方法编制等工作变得更加有意义，从而避免其内部的人际网仅具有自相似性。但光是做到多样化还不够。

这一点很重要，通过制造出获取社会资本的不平等机会，种族和性别的同质化往往加剧了阶级分化的现象。尽管社区的多样性可以降低这种同质化的影响，但处于一个其他情况类似但存在人际网闭包的社区之中，妇女和少数族裔更难找到工作，晋升的比例也更低。

需要明确的是，没有证据表明召集者一定会将人际网建立在自相似性基础之上，但召集者的人际网结构往往会变得同质化。因为身穿名贵服装的人更容易与身穿设计师联名款服装的人成为朋友，开皮卡的人倾向于与其他卡车司机交往，等等。同质化会产生一种动力，即使是少许的自相似性也会被其放大。在召集者意识到这一点之前，他们所有的朋友都在无意间开上了皮卡或穿上了名贵服装。

美国西北大学凯洛格商学院的布赖恩·乌齐和香农·邓拉普开发了一种工具，它可以快速评估你的人际网基于自相似性原则建立起来的程度有多大。[89] 写下你最亲近的人的名字，在他们名字旁边的一栏写上是谁介绍你认识他们的。若你是通过自我介绍直接认识他们的，这点也要写下来。

乌齐和邓拉普发现，如果 65% 或更多的人是你通过自我介绍认识的，那么"你的人际网自相似性程度可能过高"——彼此的相似之处可能是年龄、性别、部门、角色。

解决这个问题有两种方法，其一是尝试与可以增加人际网多样性的中介者发展关系，其二是专注于参与共同活动。乌齐和邓拉普在强调共同活动的力量时写道："共同活动能通过改变人们平常的交流习惯，在不同的个体之间建立关系，让人们突破本来的业务角色，如下属、客户经理、助理、金融巨子、领域专家或总裁，从人群中脱颖而出。"共同参与的活动，如足球联赛和桥牌俱乐部活动，可以迅速帮助你的人际网摆脱自相似性的倾向，同时仍能满足你对熟悉度和社会认同的心理需求。

换位思考与自我表露

年龄、性别和种族并不能用来判断谁会成为召集者。[90] 相反，更容易成为召集者的人，会因安全需求和保障需求产生较为微妙的心理倾向。

考虑以下说法：[91]

"我不喜欢有多种不同答案的问题。

"我认为明确的规则和秩序是工作成功的必要条件。

"我觉得在最后一刻改变我的计划很有趣。"

同意前两种说法，以及不同意最后一种说法，即心理学家所说的闭合需要，或者说讨厌不确定性。斯坦福大学的弗朗西斯·弗林、雷·里根斯和露西娅·吉约里为首的一项研究发现，在喜欢确定性的人看来，世界上的人际网比实际要闭合得多。[92] 这种心理上的闭合需要可能反映了普遍的确定性偏好和风险厌恶。正如我们所知，召集式人际网是令人感到安全的。

人们想要更安全、更有保障的人际网的一个原因是，人们对社会拒绝更为敏感。在一项研究中，俄亥俄州立大学教授约瑟夫·拜尔和他的同事们结合大脑的功能性磁共振成像技术、针对社会排斥的心理实验以及对脸书人际网的分析，探究召集式的前因后果。[93]

在这项研究中，参与者进行了一场叫 Cyberball（电子抛球）的游戏。在一轮 Cyberball 中，三名参与者使用代表他们的虚拟形象来玩抛球游戏。比赛开始时，每个人轮流接球的次数相同。其中两个虚拟形象实际上是由计算机程序控制的，他们只是假装以参与者的身份出现，然后开始不再向那名真实的参与者抛球。这场游戏确实引起了参与者的社交忧虑和被排斥感。

之前的神经科学研究发现，当人们经历社会失联①和社会疼痛②时，大脑的某些区域会活跃起来。[94] 玩 Cyberball 也会激活这些区域。拜尔想知道召集者、中介者和扩张者是否有所不同。他发现，在面对社会排斥时，召集者大脑中的社会疼痛区域更为活跃。

敏感度也可能转化为更有效的换位思考。[95] 这种能力很重要，它可以判断你的人际网中有多少强关系——召集式人际网的另一个定义特性。你能凭直觉知道另一个人的感受吗？站在他们的角度是什么感觉？

在研究换位思考与一个人的人际网中强关系数量的关联时，詹姆斯·斯蒂勒和邓巴让 69 名参与者列出他们在过去一个月联系过的，且当他们面临严重生活问题时会寻求建议或支持的人。参与者在听研究人员讲了 7 个涉及复杂社会情境的故事之后，必须从中推断出故事人物的想法和意图。

以埃玛的困境为例："埃玛在一家绿色食品店工作。她想说服老板给她加薪，于是她问还在读书的朋友珍妮，自己应该对老板说什么。'告诉他，你家附近药店的药剂师想让你去他店里工

---

① 指长期缺乏社会、家庭关系，很少参与社会活动。它与消极的健康影响有关，包括过早死亡，而且与主观孤独不同。——译者注
② 指生活中由关系破裂、低社会评价和拒绝等负性事件引发的痛苦体验。——译者注

作。'珍妮说道，'老板不想失去你，所以他会给你加薪。'于是埃玛这样告诉了老板，老板觉得埃玛可能在说谎，然后他说他会考虑一下。后来他去了埃玛家附近的药店，问药剂师是否给埃玛提供了一份工作。药剂师表示没有给埃玛提供工作。第二天，老板告诉埃玛，他不会给她加薪，并建议她去药店工作。"[96]

在听完故事后，参与者要完成一份测试他们换位思考能力的问卷[①]。第二阶问题是，参与者认为故事中的角色在想什么。比如，埃玛想要什么？第三阶问题是，一个角色认为另一个角色是怎样想的。第四阶问题是，一个角色认为另一个角色认为第三个角色是怎样想的，比如埃玛认为老板相信那个药剂师想给她一份工作吗？问题一道比一道复杂，大多数人无法通过第五阶的换位思考问题。

高阶的换位思考能力与某一人际网的强关系数量之间存在强相关性，这有点儿像在下象棋时提前计算几步棋。

换位思考能力与某一人际网的强关系数量之间的这种相关性，与社会心理学中越来越多的研究成果一致。这些研究表明，换位思考能够促进人与人之间的理解，鼓励同理心和同情心及其衍生的行为。[97]它让我们能预知他人的感受和反应，从而减少了人际

---

① 原实验为九道选择题，其中奇数题为记忆题，偶数题为换位思考题。其中，第二、四、六、八题分别对应第二、三、四、五阶的换位思考能力问题。——译者注

冲突。它让我们能站在他人的角度更多地观察自己，再从自己的角度更多地观察他人，从而加强了彼此的社交联系。[98]

换位思考不仅仅是一种认知练习，当然也不是一种固定不变的能力。你可以通过更多地观察世界来学习以别人的眼光观察世界。我们在个人关系和工作关系中都可以这么做。[99]

在担任维珍移动南非公司 CEO 期间，彼得·博伊德不断听到维珍的呼叫中心主管的抱怨，称员工经常在 8 点上班时迟到。在听够了抱怨以后，博伊德决定试着弄清楚到底是怎么回事。他回忆道："我从过往经历中学到了什么？你试着站在别人的角度看问题。即便你做不到这一点，你也可以和他们同行。"

他不只是要和他们同行，而是决定和他们一起回家。呼叫中心的大部分员工都住在索韦托镇，距离位于奢华的桑顿区的维珍公司办事处大约 40 千米。桑顿和索韦托之间没有公共交通。一个周五的下午，博伊德和几个在呼叫中心工作的男女员工挤进一辆白色的丰田面包车里，把车票钱递给司机。经过两个半小时的颠簸，他们终于到达了索韦托。他们所在的 CBD（中央商务区）的换乘点一片混乱，几乎到了出现肢体冲突的程度。排队等候面包车一点儿也不像排队等候普通的出租车那么容易。如果一个队已经排满了，你就得另换一个队重新排，期待这辆车在你上去之前不会塞满人。这个过程充满了未知数，而且让人精疲力尽。在这样艰辛的通勤路上出问题的可能性很大，偶尔有人迟到 15 分钟也不足为奇。

这段经历不仅让博伊德摸清了这一重要管理问题产生的原因，还加深了他与员工之间的联系。他们邀请他那天晚上出去跳舞。博伊德反思道："和他人同行的力量是一种谦虚的力量、一种相当有用的力量……你愿意付出自己的一些东西，敞开心扉说我想要理解，然后又愿意被理解，这会给管理者带来非常强大的力量。"

换位思考通过更深入地了解他人，可以有效加强社会关系。而自我表露也能加强人际关系，因为它能让别人看到你平常不为人知的一面。2015 年初，《纽约时报》发表了一篇题为"这么做，你可以爱上任何人"的文章，其中重点提到了 36 个问题，使得自我表露的力量大受欢迎。[100]

这篇文章在网上疯传，几天之内，纽约各地的准情侣们都在问对方这些问题，问题一个比一个私密：[101]

3. 拨打电话前，你会先练习要说的话吗？为什么？

13. 假如有颗水晶球能告诉你关于自己、人生或未来的一切真相，你想知道什么？

36. 分享你的一个私人问题，问对方遇到这样的问题会怎么做。同时也请对方告诉你，在他看来，你对这个问题的感受是什么？

完成这 36 个问题后，这篇文章的作者曼迪·莱恩·卡特伦和她的伴侣决定凝视对方的眼睛 4 分钟，然后他们就相爱了。在亚瑟·阿伦博士最初主持的实验室研究中，有两名参与者也喜结良缘了。

这种练习题能否产生长久的爱情尚值得商榷，但研究表明，自我表露会产生亲密的人际关系。[102] 在参与实验的 50 对搭档中，那些回答了 36 个问题的搭档之间的亲密程度明显高于对照组中那些闲聊的搭档。研究发现：要与对方发展亲密关系，关键在于持续的、递进的、互惠的、个人化的自我表露。

向他人表露你的价值观、目标、信念、过去犯下的错误和恐惧，可以快速加深亲密感。一项综合了 90 项独立研究结果的分析表明，自我表露确实能产生人际联系。[103] 这是有因果关系的——当我们更多地分享自己之后，别人就会更喜欢我们。并非别人先喜欢我们，我们再向他们多加表露。

但自我表露也可能适得其反。根据美国一家人际网调查公司 SurveyMonkey 的市场研究版块对 514 名职场人士的问卷调查，超过 3/5 的员工表示，有同事每周都会过度分享自己的事情。[104]

阿梅莉亚·布兰克拉曾是办公室一位过度分享者的受害者。她的一位同事会在她的办公桌前来来回回，诉说自己没有爱情的生活，抱怨自己的家庭，详细讲述自己新尝试的一种瑜伽修炼法。她戴上耳机，挪动椅子，试图逃跑。但当对方掏出一本密宗瑜伽书时，她又坐了回去。"他应该跟治疗师、最好的朋友或是伴侣说这些，最后他也这么做了。"只要不是跟她说就好。

积极的自我表露和过度分享之间的界限在哪里？在长期关系或异性伴侣之间，表露自己会产生更加积极的影响；[105] 深入内心比简单的喋喋不休更容易产生一种亲密感；最后一点，也是至关重要的一点是，当两人互相向对方表露时，产生的人际亲密程度最高。[106] 这需要有来有往、自然而然、由浅入深。突然向老板透露自己的弱点也许不是个好主意。以上就能解释为什么前面的 36 个问题卓有成效，但布兰克拉的同事令人讨厌。若自我表露是深入内心的、彼此相互的，就可以迅速加强我们之间的依恋。而向过多人透露过多反而会让你失去朋友，甚至会让你丢掉工作。

召集者的圈子很酷

安娜·温图尔坐拥 Met Gala，杰弗里·索南费尔德主持 CEO 峰会，林内亚·范·瓦格宁根举办每月午餐会。一个人只要创造可以结交朋友的社交活动，就是一个非常合格的召集者了。而成为召集者的要求之一是这个人关系的深度和强度：深度是由换位思考和自我表露创造的，强度是指所有召集者的朋友之间也都是朋友。派系就是通过不断地把人们聚集在一起而形成的。尤其对在社会排斥或社交焦虑上有高度敏感性的人来说，召集是一个建立人际网的强大工具。但是，它同时也会产生某种分裂。就像温图尔说的那样："总的来说，那些贬低我们圈子的人，我想通常是因为他们感觉某些时候被排除在外，或者不是酷群体的一员，所以他们能做的只有嘲笑而已。"[107]

无论是由酷孩子、班里的活宝还是同事组成，召集者的圈子都拥有无与伦比的信任和复原力。召集者也非常擅长发送和接收复杂信息，因为他们的人际网有大的带宽和大量的冗余。缺点通常是多样性不足。在高内聚的召集式人际网中，信息往往缺乏新意，虽然分歧很少浮出水面，但新鲜创意也不易涌现。打个比方，许多人生活在回音室中，但召集者的回音室的回声更大。[108] 多样性和带宽之间的权衡，是人际网的核心。召集者喜欢带宽和冗余，中介者则热衷于多样性。

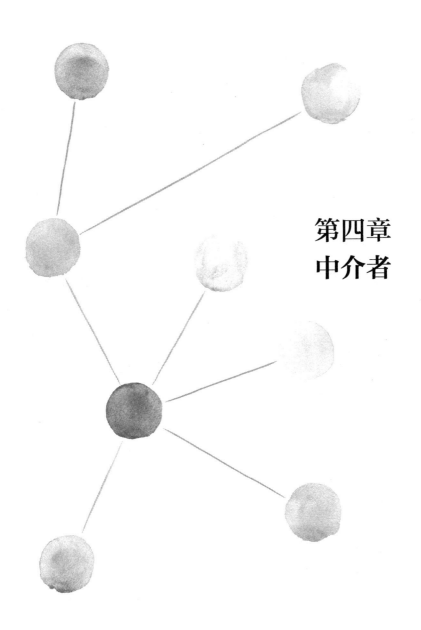

第四章
中介者

泡沫状的玛格丽塔酒从雪块的缝隙间缓缓溢出；液态的豌豆流淌下来形成魔法墨水般的旋涡，继而凝结成固态的意式云吞；用爆米花做成一道西班牙海鲜饭。这些菜肴背后的大师——费兰·阿德里亚，被法国厨师若埃尔·罗比雄称为"地球上最好的厨师"。[1]阿德里亚是分子料理的先锋派人物之一，出人意料的烹饪作品已成为他的招牌。[2]人们经常拿他比肩威利·旺卡和萨尔瓦多·达利。

阿德里亚的斗牛犬餐厅极富激情与魅力，这让它不但拥有米其林三星头衔，还创纪录地5次摘下"世界50最佳餐厅"的桂冠。[3]然而斗牛犬餐厅不仅仅是一家餐厅，它还是一处标新立异的喧嚣之所，里面充满欢声笑语，有固态的汤羹，还有经常爆炸的食物。

阿德里亚革命性的烹饪手法令人印象深刻，让我们每天所吃的食物显得无聊至极。著名厨师和电视名人安东尼·波登谈到这项技艺时说："当你在聊做菜的时候，别人会说太阳底下无新事，[4] 你讲的其实是烹饪方法。因为你没办法重新发明轮子，所以你其实是在重复做着同样的菜式，一遍又一遍，一遍又一遍，无非加一点儿边边角角的东西而已……但当你聊到费兰·阿德里亚和他的斗牛犬餐厅都做了些什么时，他们往往就不知如何评价了。"

阿德里亚的天赋体现在混合与对比，他将冷的与热的、软的与脆的、固态的与液态的、意料之内的与意料之外的食材融为一体。在此过程中，他还会尝试唤起他所谓的"第六感"——在烹饪中加入讽刺、幽默和怀旧等元素。费兰·阿德里亚的大量灵感源于一个非常简单的东西——中介。他将世界各地的人们连同其概念和想法整合到了一起。

阿德里亚的工作室曾是一座哥特式的宫殿，里面有电脑，有自带背光显示屏的瓶子，有画满草图和表格的笔记本，有奇形怪状的设备，还有难得一见的容器。真正的食物反而出奇地少。这些东西告诉我们，阿德里亚的才华集中于对食物的各种化学应用。

中介和重组是创新的核心。举例来说，约翰·古腾堡发明的印刷机，作为科学革命和宗教改革背后的推动力量，本质上是硬币打孔机和葡萄压榨机的组合。其他不计其数的创新——福特的T型车、托马斯·爱迪生的门洛帕克团队的数百项专利、DNA（脱氧核糖核酸）的探索与研究——都是从中介里产生的。[5]

但阿德里亚与爱迪生等许多前人类似，其中介能力依赖于一个由知识渊博的不同领域专家组成的多元化人际网。在描述他的团队的重要性时，阿德里亚强调："团队是非常关键的环节之一。我作为主厨，通常是整个厨房的中心，也可能是媒体眼中的明星……但是，我的团队造就了斗牛犬餐厅的历史。他们的创造力和我一样……这就是斗牛犬餐厅与其他创意餐厅的巨大区别。他们从来不说'我''我做了''我做到了'，而说的是'我们'……这就是团队。"[6]

阿德里亚的团队就像他的工作室一样与众不同。他的弟弟艾伯特·阿德里亚、瑞士工业设计师卢基·乌贝尔、有机化学家佩雷·卡斯特利斯、合伙人奥里奥尔·卡斯特罗，他们都是这座美味王国的领袖。在最近对团队人员的重组中，他兴高采烈地将一位屠夫、一位 NASA（美国国家航空航天局）的科学家和一位诺贝尔经济学奖得主整合了进来。[7]

在描述中介的逻辑时，阿德里亚说道："一个厨师不应该只和其他厨师说话，只就近交流是不好的……与其他领域的联系也非常重要：艺术、设计、科学、历史。当建筑师设计一座大楼时，他必须与工程师、掌握新技术的人一起工作。烹饪也是一样，我们需要其他领域的专家。例如，我们会用科学来解释事物'为什么'会这样。"[8]

连接孤岛的桥

中介具有价值的原因在于物以稀为贵。人们往往被封闭在稠密的召集式群体中——他们自己的小世界中。化学家认识别的化学家，厨师认识别的厨师，但化学家和厨师在一起工作相对来说非常罕见。

要理解为什么中介者这么稀少，可以假设你刚进入一个新的环境，比如说大学，你认为谁会成为你的朋友？

此时你与某个人是否来往的决定因素是，你俩是否已经有了一个共同的亲密朋友。一项针对2万多名大学生发送的数百万封电子邮件的研究发现，有显著共同点的人比普通人形成强关系的概率要高出一倍以上。[9] 拥有共同的亲密关系是形成关系最有力的条件，明显胜过共同班级、共同年龄、共同的三个熟人等因素。

你朋友的朋友也会成为你的朋友，这种趋势被称为三元闭包。[10] 假如我们把社会结构看成元素周期表，三元闭包就像氧元素一样举足轻重。正如氧气使生命的出现成为可能，这种三个人两两联系的三元组也使社交生活的出现成为可能。三元组是社会结构的基础。只有当你拥有三元组时，你才有可能建立联盟、创立社群、投身于社会排斥型的批判艺术。

把你的人际网想象成许多三角形的集合。你从人际网中先随便找出两个朋友，假设他们是斯蒂芬和马娅。如果斯蒂芬和马娅互相认识，那么斯蒂芬、马娅和你形成的三角形就是闭包的。从你的人际网中挑出所有的两两朋友重复这一过程，你就会知道你的人际网中有多少三元闭包。

自 100 多年前著名的社会学家格奥尔格·齐美尔首次提出三元闭包的概念以来，关于核心讨论小组、脸书人际网、电子邮件交流和科研协作等各种类型的人际网研究发现，有一半以上的三角形是闭包的。我们的朋友们往往彼此也是朋友。

环境相关性是三元闭包的形成原因之一。如果你是斯蒂芬和马娅的朋友并且经常见到他们，那么他俩就很有可能相遇——也许是在你举办的生日聚会上或者烧烤聚会上。他们还很可能在不同场合多次相遇，这就进一步增加了他们之间形成关系的可能性。当你与这两人都有很强的关系时，出现三元闭包的可能性尤其大。但是，这种规律并不适用于弱关系和熟人关系。

三元闭包的另一个形成原因是对心理平衡的需求，用谚语形容就是"朋友的朋友是朋友"和"敌人的敌人是朋友"。若非如此，人际关系就会变得不牢固。如果你的两个朋友水火不容，你就会陷入左右为难的处境。你只能选择试着化解两边的矛盾，或者选择与其中一人断绝来往。

在意料之中的是，因为社交相似性的存在，比如你的朋友们来自和你社交生活相同的领域，这种闭包现象会更加明显。[11] 对于朋友的朋友也是朋友的这种可能性，同事比非同事高出 4 倍，邻居比非邻居高出 3.5 倍，相同种族比不同种族高出 52%，相同宗教比不同宗教高出 45%，教育水平相似比不相似高出 35%。

三元闭包创造了一个由诸多岛屿组成的社交世界，每座岛上都是彼此相似的人，即召集者。在相似和熟悉的群体中，人们会一次又一次地进行同样的对话（固然有细微变化），但很少会出现新的信息、新的思想。相反，他们往往会在相同的观点和意见上趋于一致，不怎么会有不同的意见或质疑的声音，从而使这些召集式岛屿变成了缺乏创意的回音室。但是并非所有人都被困在一座岛上，人们经常往来于两三座岛之间，而中介者就是岛屿之间的桥梁。

多元化团队的创造力

科学家与大多数人一样，喜欢反反复复地与同一个人合作。针对 600 多万篇论文的分析显示，研究人员中的三元闭包现象非常多见。[12] 在物理学和神经科学的合作研究中，超过一半的三角形是闭包的。[13]

哈佛大学经济学家理查德·弗里曼在视察科学实验室时，发现它们看上去也是同质化的岛屿。实验室似乎不同程度地由具有相似族裔背景的人组成。

弗里曼和同事黄炜分析了 250 万篇科研论文，证实了弗里曼之前的观察十分准确，研究团队中存在明显的同质化现象。[14] 欧洲姓氏的作者往往会与其他欧洲姓氏的作者合作，韩国姓氏的科学家往往有韩国姓氏的合作者。这种规律在 9 个族裔中都存在，而且影响相当明显。在其中 7 个族裔里，族裔内合作是随机合作的可能性的两倍以上。

但弗里曼和黄炜发现，由多元化团队撰写的论文更有可能产生新颖且重要的见解，被更权威的学术期刊选中、被其他科学家引用的次数也会更多。[15]

多元化团队更富有创造力，因为团队获取的信息和观点更为广泛。但是，当哥伦比亚大学、麻省理工学院和卡内基梅隆大学的学者们分析了 1 518 个项目团队后，他们发现真正影响团队表现的是人际网类型，而不是团队成员的人种特征。[16]

中介者的人际网往往更多元化、更有创意，因为他们跨越了芝加哥大学社会学家罗恩·伯特所说的结构洞。伯特认为，我们不该关注这些岛屿及岛上有什么样的人，而该关注是谁在岛屿之间建立了联系。这些群体之间的空隙就是他所说的结构洞。

一项接一项的研究调查了从电子行业到金融服务行业的中层管理人员和高管的人际网，结果表明，那些在结构洞之上牵线搭桥的员工更有可能获得积极的工作成果，比如良好的业绩评估、薪酬增长、高额奖金、早期晋升等。[17]

为了搞明白这些中介者成功的原因，伯特研究了一家大型电子公司 673 名供应链经理的人际网。他询问经理们经常与谁讨论供应链问题，以此绘制出他们的人际网图。他还收集了有关薪酬、晋升和业绩评估的数据。最后，他要求经理们写下关于如何改善供应链的建议，并让高管们评估这些建议。

那些占据结构洞位置的经理们拥有最佳的创意，创造力给他们带来了更快的晋升和更高的薪水。正如伯特所反映的那样："创造力通常被认为是某种基因天赋、某种英雄行为。但创造力是一场输入、输出游戏，并不是一场建造游戏。"[18] 由于中介者处在多个社交圈的交点，他们会接触到新颖的想法和观点，因此在对创意的输入、输出和重组方面表现尤其出色。

中介和创造力之间的联系是人际网科学中最有力的发现之一。从发明家的专利申请到著名设计公司 IDEO 的产品开发，[19] 伯特的发现在数十个领域得到了一再验证。一项针对超过 3.5 万名发明者的专利的分析显示，合作型中介对创新很有帮助。[20] 在研究 IDEO 时，安德鲁·哈加登和鲍勃·萨顿发现，技术型中介是该公司创新成功的要点。[21] IDEO 公司曾开发了苹果的第一台鼠标，并重新设计了婴儿食品，它的天才之处在于创造了"新产品，即不同行业现有知识的原始组合"。

尽管中介可以带来价值，但大多数人并不会这么做，主要是因为他们目光短浅，只盯着自己的小岛。[22] "人们就像羊群，只顾吃眼前草。"伯特说，"他们只见树木，不见森林。"

人际网的边缘地带

著名古典音乐家马友友环顾四周，发现"最有趣的事情往往发生在边缘地带，而交叉地带往往能够揭示出意想不到的联系"[23]。在生态学中，这种现象被称为边缘效应，指的是在两种生态系统的交错区，物种多样性最高。

马友友的丝绸之路乐团可谓基于边缘效应的一次面向人类物种的实验。该乐团汇集了中国的琵琶、朝鲜的长鼓、波斯的卡曼恰琴和阿塞拜疆的民谣，这就好比弗里曼和黄炜所推崇的多元化实验室的音乐版本。实验极其成功，他们的专辑《歌咏乡愁》赢得了格莱美"最佳世界音乐专辑"奖项。[24]

但是丝绸之路乐团只有旅程，没有终点。正如加利西亚风笛演奏家克里斯蒂娜·帕托所说："在丝绸之路乐团里，你必须不断前行，遇见新的陌生人，遇见新的团体，遇见你从未想过要与之合作的团体。"[25]

与生态系统的边缘地带自然地产生物种多样性不同，成功的中介者必须主动去建立联系。三元闭包的趋势使得中介者的位置存在固有的不稳定性。丝绸之路乐团的成员不断更迭，以各种形式的阵容演出，这让它能够持续不断地充当中介者和创新者。

一些中介者，比如费兰·阿德里亚和马友友，自己的位置都是主动创造出来的。和马友友一样，费兰·阿德里亚也在持续不断地创造中介机会。阿德里亚写道："我们非常清楚，必须避免一成不变。出于这个原因，我们不断地改变时间表、排班表，更换团队成员。"[26] 如果不做出这种改变，他们所创造的结构洞就会出现闭包现象。

还有一些人成为中介者，是因为完成了非典型的职业轨迹，而不是专注于边缘地带。在许多组织中，职业发展的轨迹都是约定俗成的。律师要从助理做到合伙人，再到管理合伙人；投行人士要沿着分析师、助理、副总裁、董事、董事总经理的顺序逐级晋升。在其他行业，这种路径虽未必那么明确，但升迁的规矩说不定会更加守旧。

达特茅斯大学塔克商学院的亚当·克莱因鲍姆的研究显示，当走到职业生涯的岔路口时，职场人士很有可能会成为中介者。[27]以克莱因鲍姆描述的凯莉、谢里尔两名员工为例，她们同在一家大型 IT（信息技术）公司 BigCo（化名）工作。

凯莉在 BigCo 工作了近 20 年，在路易斯安那州办事处担任中层管理顾问。随着时间的推移，她的工作做得越发专业，重心也越来越偏向于金融服务领域的客户服务工作。谢里尔在 BigCo 的前期工作与凯莉非常相似，她也在这里工作了 20 多年，也是一名职级相当的顾问。但到了 2002 年，她们的职业轨迹出现了分化。谢里尔担任了技术咨询部门的行政主管，一年后转而负责同一个部门的市场营销工作，2006 年她又进入公司总部的供应链团队任职。

克莱因鲍姆采集了30 328名员工之间往来的电子邮件，并根据人力资源数据记录了他们的职业轨迹，以此搭建起他们的人际网图。他发现，像谢里尔这样的员工更可能是中介者。在凯莉（坚守顾问工作并越发专业）及其同事成为中介者的可能性排名里，凯莉处于倒数6%的位置，而谢里尔则排在正数6%的位置。克莱因鲍姆将拥有谢里尔这种职业经历的人称为"组织不适者"，这其中有一个潜在问题，即与所在公司越格格不入的人，越有可能成为中介者。即使在对过往职业轨迹、薪酬水平、工作职能、办公地点等特征相似的人进行比较时，克莱因鲍姆也已经将这一因素考虑了进去，结果显示组织不适者仍然更容易成为中介者。当穿梭于组织的不同环节时，他们会结交各种各样的人，这让他们处于一个中介者的最佳位置。

但是，一个人仅仅是坐到了中介者的位置，并不代表他可以把中介者的职责完成得很到位。你只是把波斯卡曼恰琴演奏家、大提琴演奏家等很多人扔在同一个房间里，他们说不定只会制造出刺耳无比的噪声。那么，怎样才能成为一名优秀的中介者呢？

高自我监控与低自我监控

在身份转换时，中介者具有很强的适应能力。你能随时随地与他人接触吗？你会根据所处环境改变你的言行或穿着吗？你是那种在婚宴的每张餐桌上都能活跃气氛的人吗？对于可能遭遇冷场的筹款活动，你的朋友会因为你与人相处融洽而请你参与其中吗？你举办的派对会不会没多少人来，因为在所有你邀请的朋友眼中，你并不擅长做这种事？

还是说不论何时何地、不论面对什么人，你的言谈举止都是一样的？你想说就说，想做就做。

根据以上问题的回答，心理学家把人分为高自我监控者和低自我监控者。明尼苏达大学心理学教授马克·斯奈德提出了一种区分高自我监控和低自我监控的方法："自我监控的根本差异体现在应对社交场合的不同观点上，其中一类人认为应该让自己融入环境并扮演好相应的角色，另一类人则认为应该随心所欲、勇于表现、把内心真正的自我展现出来。"[28]

高自我监控者对自己留给他人的印象非常敏感。根据斯奈德针对过去几十年上万名参与者的研究，高自我监控者很喜欢仿效他人，即便是对不熟悉的聊天话题也可以进行"即兴发挥"，他们经常遵从朋友对音乐和电影的选择，而且与朋友一起看电影时比自己一个人看电影时笑得更大声。[29]

考虑一下斯奈德提到的场景：9月的周日午后，风和日丽，你想找一位朋友打一场网球，这里进一步假设你的网球水平还不错。"假设你有一位网球打得很好的朋友，但你并不喜欢他——至少不是你认识的人里最喜欢的……而另一位朋友你很喜欢，你和他有很多共同点，但他的网球水平真的很一般。"斯奈德说。你喜欢的这位朋友非常有趣，球风充满激情甚至略带狂野，你们会因此收获很多意想不到的欢笑；但你也可以寄希望于那位高手朋友充分发挥出竞技水平，带来一场高质量的网球比赛。你会邀请谁和你一起去打网球？[30]

"高自我监控者会选择和网球高手一起打球，即使这个人并不是他最喜欢的。"斯奈德说，"低自我监控者会选择和他喜欢的朋友一起打球，即使这个人并非最擅长这项活动。"

高自我监控者会敏锐地洞悉情景线索和社会规范。周游各国时，他们会很快发觉各地见面礼仪上的文化差异，比如卡塔尔不能在公共场合拥抱，哥伦比亚是在脸颊亲一下，意大利是亲两下，斯洛文尼亚是亲三下。因此他们不会鲁莽地把脸凑上前，遭遇多亲一下的尴尬。

你可能想要判断自己是否属于这个类别。[31]高自我监控者在交谈时通常会率先发声打破沉默，[32]以幽默来放松大家的心情，[33]愿意和对方互相进行自我表露，而且还不怎么吹毛求疵。[34]你可以用这些表现判断某个人是否属于高自我监控者。[35]

高自我监控者可以成为伟大的中介者。研究人员通过研究所有类型的人格特征来判断一个人会扮演人际网中的何种角色，发现高自我监控者与中介者之间的相关度最高。[36]

如果一个人想成为一名更好的中介者，那么有没有可能先学习做一名更好的高自我监控者？斯奈德教授认为，大多数人都不愿意这么做，因为大多数人都认为自己的处事方式更好。高自我监控者认为自己的行为更协调、更灵活、适应性更强；另一方面，低自我监控者不赞同这种方式，他们认为这不够真诚，是弄虚作假。[37]

　　高自我监控者的所作所为如果进展顺利，他们就会成为中介者；但如果他们的所作所为给人留下矫揉造作的印象，他们就会遭遇风险，即被人评价为"在特定场合下不惜一切代价提升自己的社交形象"。[38]高自我监控者在不同情境下，其行为既有可能被解读为追求和睦，也有可能被解读为急功近利。正是后一种解读造成了问题。

　　最后要说的是，高自我监控者和低自我监控者对自我的看法不同。高自我监控者对自我的看法会不断变化，有如变色龙一般，他们戴着所扮演角色的有色眼镜来看待自己——"我是一个父亲，我是一个媒体分析师，我是一个主持人"。低自我监控者更有可能对自己有一个统一的、本质的看法，他们相信真实的自我只有一种。高自我监控者和低自我监控者对自我的不同看法并没有对错之分，但都使得他们很难从根本上改变自己的处事方式。任何人都能做到很好地解读社交和情境线索，但不是每个人都愿意改变自己。

韩国延世大学的吴洪硕和伦敦大学学院的马汀·奇达夫在揭示中介和自我监控之间关联的研究课题方面做出了突出贡献，他们提出了另一个建议："有一种方法……他们并不需要改变自己的人格特征，而是可以通过结识许多熟人成为中介者。"[39]

控制力的悖论

不仅高自我监控者更有可能成为有效的中介者，而且有权力的人也认为自己更能充当中介者。心理学家通常将权力定义为在一段关系中对价值资源拥有的更大的控制力，[40] 但权力对中介施加的影响存在悖论。一方面权力使得人们更想成为中介者，[41] 但另一方面它也很容易让人误入歧途，难以发现中介机会。

有权力的人往往在心理上与他人更加疏远。当人们手中无权时往往会更富有同情心，对他人的情绪变化更为敏感。[42]

权力还会让人形成抽象的思考方式。帕梅拉·史密斯和雅各布·特洛普在一系列研究中记录了这一现象，有权力的人会以一种更置身事外、客观探究的思考方式来审视自己的朋友和同事。[43] 例如，一位中层经理向研究人员描述了她对新职位的感受，她说："看上去我必须要运用不同的大脑、不同的思考方式，因为现在我是主管了……我正在考虑公司未来 5 年的发展计划，而不仅仅是我的本周工作。但我感觉我远离了很多办公室里发生的事。"相反，感觉自己权力较小的人往往会更多地关注人际关系，对社交关系的感知也会相对准确。[44]

一般来说，人们对自己人际网的感知是非常不准确的。[45]人们在猜测人际网的样子时，最常见的偏差是高估了三元闭包的规模。他们认为如果两个人互相是朋友，那么这两个人的朋友们彼此之间也会是朋友。这种对人际网中三元闭包的认识偏差，使人们错失了很多中介机会。[46]

尽管在寻找中介机会上产生偏差的人是大多数，但其中做得最糟糕的是有权力的人。伦敦大学学院的研究人员对一家媒体公司的160多名员工进行了一项研究，要求员工对权力感测试量表上的一系列条目做出回答。这些测试条目包括对权力大的描述，如"我能让他们照我说的做"，以及对权力小的描述，如"即使我努力了，还是不能如愿以偿"。布莱恩·兰迪斯及其同事随后绘制了该公司的人际网图，以此找出哪里真正存在中介机会，然后他们再将这张人际网图与员工对人际网的看法进行了对比。他们发现，认为自己权力越大的员工，越难以识别出中介机会。在第二项实验中，330名参与者被随机分配到权力或大或小的职位上，然后被要求在这个虚构的人际网中找出中介机会。即使人们只是被随机分配到一个权力很大的职位上，他们识别中介的能力也会变弱。权力会让人们去填补他们以为不存在的社交联系，而这种联系实际上是存在的，但是除此之外，他们并没有在感知人际网的过程中犯下更多错误。这表明，人们在有权力感时采取的认知捷径——使用的是抽象推理而不是共情的社会知觉[1]——使他们对中介机会视而不见。或许这就是一句民间流传的话的根源，即权力导致腐败。

尽管对人际网的感知水平不佳，但当人们认为自己拥有权力时，他们还是想要掌控信息，无论其他人之间是否存在联系。想象一下这样的场景：一位新上任的经理陶醉在一点点权力之中，无意中听到娜奥米说，研究部门已经完成了一款似乎很有前景的新产品的测试。经理立即意识到该产品对凯文的潜在价值。他没有让凯文直接联系娜奥米，而是试着描述该产品，还说自己可能会帮助凯文尽早获得客户。但是，他在描述产品规格时漏洞百出、颜面尽失，因为他不知道凯文和娜奥米经常坐在一起喝咖啡，而且已经讨论该产品好几个月了。

虽然无法因为在已有联系的两者之间作为中介者而获益，但权力大的人试图掌控信息的可能性仍然比权力小的人高出近20%。这种中介行为得不偿失，它不仅消耗了不必要的精力，还可能带来声誉受损的风险。试图在已有联系的两个人之间充当媒介，只会被人认为这是在故意干涉、怀有私心。

费兰·阿德里亚深知权力对中介机会可能产生的破坏性。在

---

[1] 指个体觉察到社会性事物的刺激，从而表现出自己的对应性态度或者行为，是我们试图了解和理解其他人的过程。——译者注

哈佛大学的一次关于烹饪与科学的讲座上，他掏出了一个橙子。在确认了全场听众都认识这是一个橙子之后，他问了一个问题："这是什么品种的橙子？"大家马上自信全无，即便在座的全是职业厨师，也没人能通过肉眼识别出来，因为全世界的柑橘品种超过 2 500 种。

阿德里亚解释说："要完全了解柑橘，你大概得经历多次人生。而这不可能……人无法做到无所不知。"阿德里亚认为，你需要"非常谦虚，否则你就死定了"。[47] 而一旦失去了谦虚的品质，你就已经是个"死人"了，因为"要创造事物，你必须抱有想法和意愿去接受挑战——去学习"。

中介者的权力优势

当安东尼·波登和巴拉克·奥巴马在河内一家路边摊吃越南烤肉米粉时，桌上跟柑橘有关的食材可能只有混在蘸酱里的青柠汁。波登在推特上传了他俩共进晚餐的照片，并配文道："低矮的塑料凳、美味价廉的米粉和冰凉的河内啤酒。"据《滚石》杂志报道："奥巴马和波登显然是画面里仅有的西方人，但他们轻而易举地融入进去了。"[48]

这种轻而易举地融入他人的能力是高自我监控者的标志。中介力和适应力的结合对政治成功至关重要。[49] 巴拉克·奥巴马参加纽约的筹款活动时着装非常正式，活动结束后前往宾士红辣碗餐厅吃饭，当别人问他是否需要先更换衣服时，他回答说："不，我们直接去。"在《艾伦秀》节目中，他还在一群白人女性面前跳起了舞。就像美国前总统林登·贝恩斯·约翰逊一样，比尔·克林顿在访问美国南部各州时，也会采用南方慢吞吞的腔调说话。政客们会根据不同的听众组织自己的语言。政客们经常需要进行语码转换——改变他们对不同听众讲话的方式。

而重要之处不仅在于他们怎么说，还有他们说了什么。南加利福尼亚大学、斯坦福大学商学院和加利福尼亚大学伯克利分校的研究人员进行了一项现场实验，发现美国的参议员会先看选民的来信中对问题的哪一方表示支持，再在回信中进行有针对性的答复。这样做的参议员会更受欢迎，甚至那些持相反立场的人也会喜欢他们。

在政治界里，向不同的人做出针对性的回应并不是什么新鲜事。研究人员探究了诸多政治变革，从科西莫·德·美第奇在文艺复兴之都早期的权力崛起，到英国国家健康体系改革的成功实施。他们一再发现，中介者是巨大变革的推动者，因为他们的言语和行为可以根据不同场合的受众采取不同的阐释。[50]

美第奇家族是现代政治家的祖先。在科西莫·德·美第奇的统治结束几十年后，马基雅维利仍然对其怀有"敬畏之情——把佛罗伦萨近代史上所有的善恶都归因于科西莫·德·美第奇极深的城府与无情的阴谋"。一项针对佛罗伦萨多个精英家族的婚姻人际网、政治人际网、家庭人际网、贸易人际网的研究发现，科西莫·德·美第奇在这些人际网彼此相交的模糊地带成为一名中介者，他的权力也由此而来。[51] 科西莫·德·美第奇几乎从不发表公开演讲，也没有担任过什么长期的正式职务。更确切地说，他的权力来自他能够利用好自己的中介者地位，充分运用分而治之的原则，这一点在马基雅维利后来的书中也有所提及。芝加哥大学教授约翰·帕吉特和加利福尼亚大学伯克利分校教授克里斯托弗·安塞尔通过对佛罗伦萨家族人际网的分析，认为科西莫·德·美第奇的谜之角色和人际网地位对他巩固权力和创建文艺复兴之都的能力来说同等重要。帕吉特和安塞尔将这种谜之角色称为多声性，即"单一行为可以同时从多个角度前后连贯地阐释的情况"。

极端情况下，若将同情心或道德心抛在脑后而一味追求个人利益，[52] 这种中介形式会产生一种以马基雅维利本人命名的人格特质，即马基雅维利主义。[53] 例如，一种解释角度是"当你做某件事情时，永远不要告诉任何人你的真正目的，除非这样说是有用的"。但是除此之外，还有没有更为良性的途径让中介者完成自己的角色呢？

因为中介者处在多个本身互不相关的社交世界的交点上，所以他们可以对不同受众说着不同的话，而不必担心冒犯到那些持有不同世界观的选民。奥巴马可以在纽约的筹款活动上强调政策的某一面，并同时在《艾伦秀》上强调政策的另一面，而不必太担心两边的受众存在交集或两套言论存在矛盾。

这种策略在家庭相关的事情上也同样有效。孩子们经常对他们的父母使用这种策略。那些成功驾驭学校的家长教师协会的家长往往能熟练掌握多声性的应用。很多时候，一所学校的家长教师协会就是当地政治的化身，人们还常常会像鄙视政客一样鄙视这个组织。就连一位身为社交达人的母亲也哀叹道："我患有对家长教师协会的 PTSD（创伤后应激障碍）。"特里·霍厄德谈到自己尝试讨好家长教师协会却没能成功："这里的妈妈还有一种让人感到自以为是的'我们在里面，而你不在'的优越感。她们知道一些我永远不会知道的事情，我也不知道这些事情我是否需要知道。她们可谓学校里的权力妈妈，而且牢牢掌握着这种权力。"

然而，当我联系到美国最好学区的几位家长教师协会的负责人时，他们绝大多数都认为自己是中介者。这些"权力妈妈"⁵⁴也许会认为自己统治着霍厄德的学校，但那是因为她们大多生活在自己的世界里。乔丹·罗森菲尔德曾对她们抱有"完美的 A 型人格"① 的刻板印象，但她自己成为当地家长教师协会的一员时，

---

① 美国学者 M.H. 弗里德曼把人的性格分为两类：A 型和 B 型。A 型人格者富于进取心、攻击性、自信心，追求高成就并且容易紧张；B 型人格者则属较松散、与世无争，对任何事皆处之泰然。——译者注

她说："这里的家长们比我想象中的类型要多得多：一位妈妈带来了她蹒跚学步的小孩，头发散落在为了方便哺乳而开襟的衬衫周围；一位在当地杂货店工作的妈妈在午休时间赶了过来；一位教师虽然已经离职，但仍愿意成为家长教师协会的一分子。这些妈妈（以及少数爸爸）远比我想象的更为多种多样。"[55]

多元化使得中介者对于成功地驱动并做出改变至关重要，尤其是当这种改变存在争议时。

在一个小镇上，有人想发起一项变革，这可以直截了当地造福于高中生——推迟上学时间。但这引发了一场持续多年的全镇斗争。正如儿科睡眠专家克雷格·卡纳帕里所描述的那样："当我刚搬到镇上时，我在所住的街区吃惊地看到一群高中生乘上了公交车，此时才刚刚 6:20。作为睡眠专家，我知道大量证据表明过早的上学时间会引起青少年的长期睡眠剥夺。美国儿科学会、美国疾病控制与预防中心及许多其他组织都建议，初、高中的上学时间不要早于 8:30……我把这种担忧告知了当地的教育委员会，对方表示非常赞同并愿意做出变革。然而已经 5 年过去了，没有任何实质性的变革。由于手握大量毋庸置疑的科研证据，我曾以为这项变革顺理成章，但事实证明我的想法是错的。"[56]

要顺利克服家长教师协会存在的政治风险，就需要具备政治头脑，这和在工作上做出变革或国会通过一项法案一样。改变早上的闹钟定时带来了一种政治忧虑，因为这是家庭内部的问题。

有些人需要很早起床，以确保自己不会迟到；还有一些人反对这项变革，因为这意味着他们每天放学后运动到很晚才能回家。单凭科研证据并不能实现变革。

在该小镇以南 65 分钟车程的另一个小镇上，当地的高中校长与呼吁推迟上学时间的支持者进行了对话，并聆听了反对者的意见。在确认了双方的观点后，他提出了一些小幅改变的理由，并写在信里寄给了当地的报纸编辑。尽管他并不"习惯于通过媒体表达对当下热点的看法"，但他还是这么做了。经过慎重考虑，他认为，现在是时候尝试进行"合乎常理的调整，即推迟上学时间，让我们从中获益的同时解决这项变革带来的一些负面影响"。通过这种公开的中介手段，他让双方达成了一种妥协。[57] 由于他并没有选择一方站队，因此他可以与双方同时展开对话。他既要劝说那些把孩子运动时间放在首位的家长，又要同时解决其他家长的个人痛点。在此之前，该局面曾被视为一场零和游戏，如今双方却达成了一致性的妥协。

在哈佛大学的朱莉·巴蒂拉纳和多伦多大学的蒂齐亚纳·卡夏罗进行的一项研究中，一名护士描述了她如何在暗藏危机的工作场合中实现有效的中介行为。她讲述自己如何试图从医院管理层获得支持："我认为应该由护士负责出院工作，这样可以减少病人的等待时间，还可以完成政府设定的一个关键目标。然后我把注意力放在了护士们身上，我想让她们明白，在医院发出自己的声音是多么重要，并告诉她们如何为医院的日常工作出谋划策。在得到了护士们的全力支持之后，我转而劝说医生们。"考虑到这个建议会遭到医生们的强烈反对，她强调未来新的出院程序会减少医生们的工作量，同时让他们能把更多时间花在病人身上。再之后，这名护士一个接一个地去找了各方群体，以不同的理由进行游说。巴蒂拉纳和卡夏罗研究了英国国家健康体系的50多项变革措施，这两位研究人员一再发现，中介者更容易完成颠覆性的变革，他们可以合理运用信息，充分利用自身优势完成中介行为。[58]

无论是在家长教师协会、工作场合还是政治领域中，中介者都可以利用自身的信息优势，掌控别人所知的信息，选择为达成最终一致而进行游说的先后顺序，谨慎决策各方何时应该齐心协力、何时应该各自为战，从而有效地把存在争议的变革推行下去。召集者无法做到这一点，因为召集者已经和他人建立了密切联系，通常已经被归于其中一方了。

套利还是合作

中介者面临一个选择：是把原本没有联系的各方叫到一起介绍其认识，还是从中玩一场套利游戏？

为了找出合作型中介者和套利型中介者的区别，意大利博科

尼管理学院教授朱塞佩·索达及其团队向一家大型全球消费品公司人力资源部的 460 多名员工展示了如下场景：[59]

> 假设你被指派去完成一项公司的重要任务。你并不具备完成这项任务的必要知识，但是你认识的两个人（让我们称其为迈克和珍妮）具备。迈克和珍妮彼此互不相识，或者他们互相认识但不共事；而你拥有良好的信誉，可以同时向迈克和珍妮寻求帮助，从而得到专业的知识和建议。

然后研究人员询问受访者，他们为完成这个任务将如何选择：（1）设法让迈克和珍妮互相取得联系，找个时间让他们共事；（2）认为和迈克、珍妮共事并非行之有效，所以会与他们分别见面，并统筹考虑他们的建议，认为这样做更合理。

85% 的受访者选择了选项（1），这是一种合作方法；11.5% 的受访者选择了选项（2），这是一种面向套利的方法；其余的人则处于中立。

索达及其同事还收集了员工在人际网中的地位、上级对他们工作的业绩评估、工作经验、教育程度、工作职级和工作内容等信息。结论与之前的研究一致，研究发现中介者的工作业绩更为优异。

套利型中介者不仅在业绩优异的人群中占到大多数，其业绩水平也比合作型中介者要好得多。套利型中介者的工作业绩高于平均水平的可能性要高 14%；相反，合作型中介者的工作业绩高于平均水平的可能性要低 16%。套利型中介者掌控着信息的流向，具备利用信息不对称的能力，甚至能够歪曲信息。无论对于科西莫·德·美第奇还是家长教师协会的家长，中介都是有利的政治手段。

然而，中介也可能存在道德风险。罗恩·伯特 25 年前的研究就预示了这一点，他提出了结构洞的概念——人与人之间无法交流、共享信息的空隙，并写道："结构洞的信息优势可能会使你成为一名被动型玩家，但只有主动掌握了信息在人际网中的分布，你才能牢牢把控住这种优势。"[60] 套利型中介者就是"字面意义上的企业家——辗转于多方之间赚取利润的人"。

套利方法为个人中介者带来了权力和控制优势，而合作方式更有利于整个群体的创新。在研究底特律的汽车厂商 5 年间 73 项新车型的工艺创新设计时，戴维·奥布斯特费尔德发现，那些不愿控制信息而是喜欢合作的人更会致力于主要产品和工艺的创新。一位员工向他的老板埃德形容了对合作型中介者的直观理解。他说："埃德，我建立了这些人际网……就等于已经成功了一半，这一半的工作就是建立人际网。我在功能专家和我的下属之间建立了人际网，以此将汽车的动力传动系统和底盘连接了起来。"[61] 这种连接对车辆设计的成功至关重要。

把本来无关的各方联系起来加强合作，进而为所有人带来价值，这并不算什么新鲜事。猎头、代理商和媒人这些职业的目标就是创造理想中的互惠互利。

媒人这种职业可以追溯到阿兹特克文明、古希腊和古代中国。即便是在如今这个只需划一下手机就能找到约会对象的时代，相亲市场仍在不断发展壮大。媒人的工作是找到门当户对的人，而不是制造无尽的可能性。而且他们还能够提供质量保证，要知道在这个领域很难判断一个人只是在美化自己还是完全在弄虚作假。几乎所有有线上约会经历的人都发现，他们的约会对象都会比照片上老一点儿，或者不如照片上漂亮。

合作型中介者可以带来美满的幸福婚姻——再不济也会有利于双方，但套利型中介者也许会激怒那些发现自己被玩弄于股掌之上的人。套利型中介者可能结交不到什么知心朋友。

折磨型中介者

我们大多数人周围都有令人难以忍受的同事或友敌。一段关系难以维持总有各种各样的原因。比如同事之间抢夺资源和地盘，工作思路出现根本分歧，都可能引发办公室的长期斗争；再比如一个人的无能会引起他人的愤怒，人与人的生活会渐行渐远，友谊的和谐外表之下也会藏有嫉妒之心，等等。但除此之外，有时我们的同事甚至朋友在性格上存在缺陷，我们简直想大骂他们是浑蛋。

中介者更容易被贴上浑蛋的标签。一项研究要求约700位中国企业家列出"谁在给你制造困难"，结果发现制造困难的同事中有相当大的比例是中介者。[62] 罗恩·伯特和清华大学的罗家德想探究为什么会出现这种情况，于是调查了人们认为某些同事很难相处的原因，发现其中的因素有：他们"说话很难听、很伤人"，他们"搞一些见不得人的勾当"，甚至是他们"偷东西"。相对而言，很少有人提及与工作能力有关的因素，重要的是这些中介者吃里扒外、搬弄是非、诡计多端，所以才会令人心生厌恶。

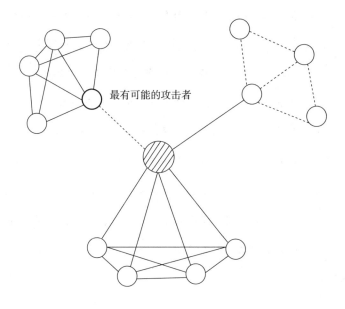

最有可能的攻击者

考虑到中介者在人际网中所处的位置，他们比召集者、扩张者更容易遇到误解和利益冲突。但出现这种情况的中介者的类型很特殊——在某个召集式人际网之内，与他人的联系是弱关系（用虚线表示），伯特和罗家德发现，这种中介者特别容易遭到"人格攻击"。在召集式人际网中，随着富有同情心的朋友所占比例越来越高，别人对中介者人格上的负面印象往往也会越来越明显。

以下是伯特和罗家德提供的一个例子，假设有一名醉酒的夜班警卫处于稠密召集式人际网的边缘地带：

> 受访者家中被盗，执勤的夜班警卫却喝得酩酊大醉。当受访者向朋友们倾诉时，朋友们均表达同情，并痛斥这种人的失职。一个朋友说："我有个下属也做了这样的事，被我当场解雇了，但直到现在我还在弥补他所造成的损失。"这样的故事可以表达同情，让受访者感到自己并不孤单。为了进一步得到更广泛的支持，召集式人际网中的朋友还会给这个故事添油加醋，把一次责任不明的醉酒行为变成一场阴谋。随着时间的推移，这个故事被翻来覆去地讲，然后人们对此事的共识就会比实际发生的要夸张许多，他们会加深对醉酒警卫的负面印象，理直气壮地用各种愤怒言辞攻击这名警卫的人格。

如果没有群体中的其他朋友加以制止，这名醉酒的夜班警卫就会遭到社交群体的排挤。

　　中介者位于两群召集者之间，处境十分艰难，这种立场被人际网研究人员称为折磨型关系。[63]这种中介者（如下图中阴影小圈所示）经常遭受双重折磨，因为双方对他都不信任，还指责他麻木不仁。

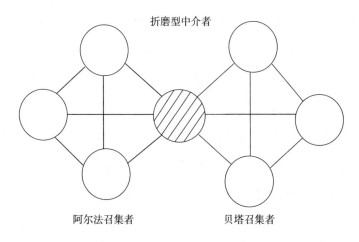

折磨型中介者

阿尔法召集者　　　　　　　　　贝塔召集者

　　在分别针对商学院的 MBA 学生和医院的员工进行的调查中，斯特凡诺·塔塞利和马汀·奇达夫询问受访者，对于人际网中的每个人是否强烈同意这句陈述："如果我与这个人分享我的问题，那么他会关心我，并给予建设性的意见。"结果证明，人们普遍认为折磨型中介者缺乏同情心。[64]

　　而这些折磨型中介者中，还有一类最不值得信任的人，即"快言快语者"（Blirter）。该词的词根是 BLIRT，即快速发言与人际反应测试（Brief Loquaciousness and Interpersonal Responsiveness Test）首字母的缩写，该测试用来衡量一个人对自己要说出的话会过滤到什么程度。快言快语者认可"如果我有什么想说的，我就会毫不犹豫地说出来"及"我总是说我心里想的"的说法。一般来说，人们会认为快言快语者更聪明、更可爱、更有趣、更有吸引力。[65] 虽然快言快语可能是件好事，但它也会给这种折磨型中介者带来麻烦。就像召集式人际网一样，快言快语也会将他们负面的人格特质放大。中介者因在结构中的位置而常常被人怀疑，而对于快言快语者，情况会更加糟糕。研究人员针对医院员工里的折磨型中介者进行了一项满分为 7 分的信任度测试，结果发现快言快语者比其他人低了整整 1 分。针对商学院 MBA 学生进行的测试发现这种现象更为明显。人们认为快言快语者办事不牢、不值得信任，而跨派系往来的中介者恰恰最应该具备处事谨慎的特质。

然而，变色龙般的高自我监控者，却不会因为身为中介者而面临信任危机。塔塞利和奇达夫表示，他们甚至比非中介者更受人信任。他们在进行自我呈现、运用交际手段时收放自如，在跨派系往来的同时还能取得双方的共同信任。[66]

莫高窟音乐会的启示

所有类型的中介者，如投资银行家、线上游戏里的商人、婚姻介绍人，能否获利的重中之重都在于他们声誉的好坏，这一点已经一再被证明。在人际网中，位于两个群体之间的人很容易被视为"两面派"。中介者并非缺乏同情心或交际手段，而是他们在人际网中的位置使他们自然而然地做出选择：要么合作，要么套利。

马友友的丝绸之路乐团是合作型中介者的象征。马友友说："我们在丝绸之路上架起桥梁。面对变化和差异，我们寻找途径加以整合、建立关系、创造欢乐和意义。"

在一座与莫高窟等比例的复制窟当中，杰弗里·比彻手扶他的低音大提琴侧身而立，沿着琴头望出去，视线延长到一尊掌心摊开的佛像的肩膀之上，神话中的两只狮子护于佛像两翼。在这座复制窟内，满壁绘制着成千上万土褐色的佛陀和菩萨，有很多也摆着演奏乐器的造型。丝绸之路乐团成员之一、手鼓演奏者桑迪普·达斯通过这些洞窟的佛像，反思了不同宗教之间的联系："显而易见，各个洞窟都包括了许许多多我从小到大见过的形象。莫高窟第 285 窟中最重要的壁画，一侧是湿婆和甘尼许，另一侧是毗湿奴。对我来说，佛教和印度教之间的界限是如此模糊。看到他们都在这里真是令人吃惊——名字是一样的，只是长相不太一样。"[67]

这座充满艺术价值的原始石窟也被称为千佛洞，是丝绸之路乐团旅途的重要一站。马友友在洛杉矶盖蒂中心写下了丝绸之路乐团在复制窟的这场演出:"这些壁画和雕塑的创作者遵循着人类的最佳本能:对未知事物的开放心态,对认知、联系和创造的追求——这些价值观可以塑造一个世界,这个世界不是由恐惧组成的,而是由人类的志同道合和通力协作造就的。"[68] 壁画的创作者就是合作型中介者。

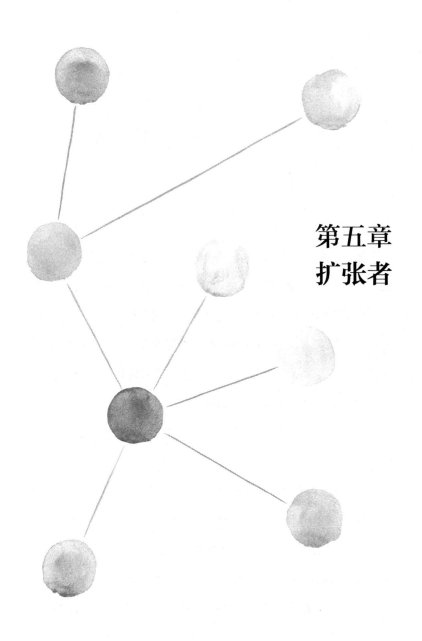

第五章
扩张者

谢普·戈登刚刚从洛斯·帕德里诺斯少管所铩羽而归，这是他在这里工作的第一天，也是最后一天。晚上，他把车开回了洛杉矶一家不起眼的小旅馆。这座鲜为人知的旅馆当时被称为"地标汽车旅馆"，戈登还不知道洛杉矶的摇滚明星们为了躲避喧嚣经常光顾这里。戈登是一个出生于纽约长岛的犹太孩子，从小到大"没交过任何朋友"。[1] 此时，他正和同住在这家旅馆的吉米·亨德里克斯、贾尼斯·乔普林和吉姆·莫里森坐在泳池边上消磨时间。

吉米·亨德里克斯发起的提问开启了戈登辉煌的职业生涯："你真正的工作是什么？"（戈登当时没有工作。）"你是犹太人？"戈登说："我当时不知道这会成为我一生中最幸运的时刻。"亨德里克斯告诉他："你是犹太人，你理应成为一名经纪人。"[2]

摇滚歌手艾利斯·库珀成为戈登的第一位客户。此后，戈登旗下拥有了大量艺人，如格劳乔·马克斯、金发女郎乐队、肯尼·洛金斯、路德·范德罗斯等。此外，西尔维斯特·史泰龙、汤姆·阿诺德、威利·纳尔逊、麦克·梅尔斯都是他的亲密朋友与合作伙伴，他还和卡里·格兰特共同收养了一只猫。

明星厨师艾梅里尔·拉加斯也是戈登的客户之一，他将自己的成名之路归功于戈登对他的打造。电视名人、知名主厨安东尼·波登说道："很多举足轻重的文化历史事件中都有戈登的身影（其中很多都是他一手策划的），比如戏剧性的震撼摇滚的诞生、种族隔离时期的黑人娱乐场所的消亡、明星厨师现象的流行、非常伟大的独立电影的产生等。没有人能做到他这样，他无所不知、无人不识，就像拥有超能力一般。他是我所认识的人之中最受人爱戴的。"[3]

戈登成功的原因之一，在于他对如何制造人气的理解极其深刻。他明白，人气是一种自我实现预言。比如他常常雇一帮摄影师朝着他的客户丧心病狂地按快门，相机里甚至可以没有胶卷。戈登还深谙炒作的价值，刻意制造热点。艾利斯·库珀出道时，戈登包下了整座文布利球场，球场足以容纳 10 000 个人。临近演出时，他们才"卖出了 50 张票"。[4] 由于时间和预算不足，传统的宣传手段发挥不了作用，戈登需要吸引媒体关注，他要让这场演出成为街头巷尾议论的话题。在当时的伦敦，交通问题经常成为人们的谈资。于是戈登租了一辆卡车，卡车载着库珀的大幅裸照广告牌，只有一条蛇挡住关键部位。他安排这辆卡车在伦敦的娱乐中枢地带皮卡迪利广场"意外"抛锚，媒体将这一时刻称为"大英帝国衰落的里程碑"。之后演出门票被抢购一空，库珀的歌曲《学校放假了》冲上了英格兰热歌榜第一名，并在全世界流行。

一条蛇的小把戏只是戈登如此成功的原因之一。戈登在回顾他的职业生涯时说道："（我）运用普普通通的手法，把生活中看似意外的事件互相联系起来。人们似乎反应最强烈的事情之一……（是）我在竞争激烈的音乐和电影行业中取得了成功，但同时我依旧是一个好人，当然还非常快乐。他们很少会见到有人能做到这种程度。"[5] 戈登能做到，因为他做的是"同情生意"。他要保证他的交易有利于所有人，他的追求是双赢。优惠券系统就属于他的生意哲学之一："一旦有人帮了我的忙，我就认为有回报这个人的义务。用我的话说就是他们得到了一张我的优惠券。他们可以在任何时候以任何方式兑换这张优惠券。这也是一种双赢。"

戈登的原则和人格为他赢得了"超级戈登"的绰号。[6] 他的好朋友、《反斗智多星》主演麦克·梅尔斯担任制片人，拍下了《超级戈登》这部赞美戈登的纪录片，并在片中言简意赅地说道："谢普·戈登是我遇到过的最好的人——这一点无可争议。"

戈登虽然有许多名人朋友，但是一场大病过后，在他身体虚弱、生命垂危时，身边陪着他的只有跟随他多年的一位助理。"手术后，我就坐在床边，握着他的手，"南希·米奥拉回忆道，"他终于抬起了头，但我隐约感到他在寻找其他人……我为他感到难过，因为坐在那里的人只有我这个他花钱雇来的助理。当经历这种痛苦时，你会希望身边陪伴的是你的终身伴侣，但此时此刻，那里只有我。我替他感到孤独。"[7]

普通人和超级联络人

戈登给人带来力量又鼓舞人心。他身上体现出了许多扩张者最伟大的品质：慷慨大方、善解人意、左右逢源。他不仅受欢迎还让人喜爱，当一个人兼具这两种特质时，它们会形成合力，但拥有其中一个并非拥有另一个的必要条件。

大多数人的人际网规模都遵循邓巴数，这是我们能够维持的人际关系数量的认知极限。[8]但少数异常情况也存在，比如超级联络人，戈登就是其中之一。

扩张者的优势来源于其广泛的人脉，他们认识的人是普通人的很多倍。普通人一般认识 600 个人左右，而超级联络人认识的人超过 6 000 个，其人际网非常庞大，这些数据从统计上大致服从幂律分布。[9]它指的是，大多数人集中在分布的头部，他们认识的人数是几百个；同时有少数人处于长尾部分，他们认识的人数高了几个数量级。

我们所熟知的世上任何自然现象都服从正态分布。[10]比如身高值就服从正态分布，我们大多认识少数身高低于1.5米的人，以及一两个身高超过2米的人。但我们遇到的大多数人的身高都为1.68米~1.83米，该区间位于正态分布的中间部分。假设身高值服从幂律分布，那么地球上至少有一个人的身高会超过2 438米。

人气值也似乎服从幂律分布。我们无法知晓这个世界上有多少人听说过巴拉克·奥巴马这个名字，但他在推特上的粉丝接近1.08亿，[11]甚至有8只羊能正确识别出他的脸。[12]在社交媒体出现之前的时代，富兰克林·D.罗斯福结交的熟人超过了2.25万个。[13]与罗斯福时代相比，社交媒体让人们结交熟人和粉丝更为便捷，但只有1%的领英用户拥有超过1万个联系人。[14]这些极端异常——处于人际网规模统计分布的长尾末端——相当于人际网中身高2 438米的人。

扩张者活动在人际网规模统计分布的长尾末端，这与他们的人气、地位和权力密不可分，这种现象可以带给我们很多启示。

高人气会使人获益良多。即便是在高中毕业40年以后，当年有人气的人的收入也高于当年遭到社交排斥的人。一项针对美国威斯康星高中1957届毕业生中的4 330名男性的研究发现，当年那些朋友越多的男生，在几十年后的工资会越高，这一现状与他们的智商、社会背景无关。对人气高低进行的排序显示，排名前 20% 的人比排名后 20% 的人的收入高出 10%。[15]

即使在成年人中间，人气也会给他们带来特权。办公室里，人气高的成年人的工作业绩更好，也更容易取得事业上的成功。对 130 多项研究的综合分析证实，一个人的人际网越大，他从工作中得到的回报就越多，在办公室就会越快乐。[16] 高人气的员工——不仅仅是那些更让人喜爱的员工——更容易获得帮助、被人接纳。[17] 别人也不太会贬低、欺负或忽视他们。

在如公共关系、市场营销或娱乐等行业，人际网庞大对人们来说不仅有利，而且必不可少。

好运气、好外表、好基因

扩张者能够将自己的人际网发展得异常庞大，那么其背后有何异于常人之处？谢普·戈登是否具有某些天生注定的特质？是他为人慷慨？还是他让人喜爱？从常识上讲，性格和美貌可能有一定作用。但也有可能这一切只是巧合？

科学家们试图研究运气与人气之间的关系，但是在现实中，人们一开始上学或工作时，不可能被分成多个对照组。普林斯顿大学的社会学家、人际网科学家马修·萨尔加尼克因而制造了一项线上实验，看看运气能否让未知作者的歌曲流行起来，以此观察人气的规律。

萨尔加尼克和宾夕法尼亚大学的邓肯·沃茨让 12 000 多名参与者欣赏一些歌曲，并下载感兴趣的歌曲。几周过后，歌曲热门排行榜随之产生，参与者都能看到。

研究人员把排行榜的首尾次序颠倒，再把新榜单发给另一批参与者。结果发现，原本最热门的《她说》变成了最冷门的歌曲，而原本最冷门的《弗洛伦丝》却变成了下载量最高的歌曲。新榜单上的大部分歌曲都出现了这种假热的现象，让整个实验变成了一场自我实现预言。所以，大家只要心里相信一首歌很热门，随后这首歌就会真的热门起来，而人气也有这样的规律。[18]

歌与人在人气上有一个共同点，那就是热门与冷门之间的差距有着天壤之别。

这种现象叫作"马太效应"，[19] 原文出自《圣经·马太福音》25 章 29 节："因为凡有的，还要加给他，叫他有余。没有的，连他所有的，也要夺过来。"通俗点说，就是富的更富，穷的更穷。因为《圣经》这一寓言的存在，人们本能地发现其背后的积累优势原理已经存在了上千年。

20 世纪 60 年代，著名社会学家罗伯特·默顿首次将其命名为马太效应，但此前科学家们已经从统计学、政治学等多个学科中分别认识到了这一现象，比如英国统计学家乔治·U. 尤尔于 1925 年发现，[20] 美国社会科学家赫伯特·西蒙于 1955 年发现，[21]

英国科学计量学家德里克·普赖斯于 1976 年发现并以另一个名字为其命名。[22] 不同的是，物理学家艾伯特-拉斯洛·巴拉巴西和雷卡·奥尔贝特解释了在人际网中，我们所观察到的人气高低如此两极分化的原因。

巴拉巴西模型表明，假如在同一个人际网之中，某个人的联系数量是另一个人的两倍，那么当一个新人加入该人际网时，他与前者成为朋友的可能性也会是与后者的两倍。[23] 简单地说，你的联系人越多，你的人际网就越容易发展壮大。

该现象被称为"择优连接"，[24] 它指的是，哪怕在早期人气只是差之毫厘的两个人，在未来的声望仍然会有天壤之别。这就是谢普·戈登的宣传手段效果出众的原因，他经常搞一些噱头，比如让成名好友帮忙带着他的新客户一起活动，从而为新人迅速积累大量的曝光度和知名度。

运作一个庞大的人际网非常困难。但在度过某个关键节点之后，扩展你的人际网就变得轻而易举了。问题的关键是弄清楚如何管理它，而不是如何扩展它。

在理解成功的因素时，人们往往会低估运气的作用。相反，人们在分析一件事情发生的原因时，往往会归功于那些在脑海中显而易见的因素。这首歌当然会成为热门，因为它很好听；她当然会赢下这场比赛，因为她水平高人一等；他当然会有一大堆朋友，因为他魅力四射；她当然会声名鹊起，看看她长得有多漂亮就知道了。

这种心理倾向一般被称为"后视偏差",[25] 也叫"事后诸葛亮",当事件本身难以预测时,这种现象尤其常见。长尾事件就特别难以预测,因为我们一开始想不到后来会发生什么变数,尽管早期的一些事情可以通过积累优势逐渐带来巨大的收益。由于存在各种各样的因素,我们无法真正预知哪些事、哪些人最终会火,尽管如此,广告商们每年还是会在颇具影响力的名人身上投入数十亿美元,意图打造下一首热门歌曲、下一款流行鞋子、下一种大众药品。[26]

但这并非意味着扩张者就是普普通通的人。数十项研究表明,如果知道一个人三岁时的人气,你就可以准确预测出他在小学阶段乃至成年以后的人气。[27] 哪怕他从一处到另一处,换了不同的环境,这种人气仍会持续。与此同时,也有一些人在上学时不太受欢迎,成年后却发现自己人气很高。正如莱尔·洛维特低声唱道:"哎,当我上高中时,我不怎么受欢迎。现在我长大了,这已经无所谓了。"[28] 除了莱尔·洛维特以外,泰勒·斯威夫特、Lady Gaga(美国女歌手)和亚当·莱文在学校时的人气都不太高。[29]

扩张者之所以人气高,究竟是因为他们幸运地成了择优连接的获益者,还是因为他们具备了与众不同的社交技能?这取决于你如何定义运气这个词。

遗传算不算运气呢？荷兰格罗宁根大学的学者们进行了一项研究，认为含着金钥匙出生会让你这一生人气爆棚。他们对 5-羟色胺 2A 受体基因多态性进行了分析，并称其为"高人气的秘密配方"。[30]

为了弄清楚遗传对人气的影响有多大，研究人员詹姆斯·福勒、克里斯托弗·道斯和尼古拉斯·克里斯塔基斯把 1 110 对双胞胎分为同性同卵双生、同性异卵双生两组进行比较，以确定遗传特征。同卵双胞胎的遗传物质几乎完全相同，而异卵双胞胎的遗传物质有近一半相同。通过比较同卵双胞胎和异卵双胞胎之中各有多少扩张者，研究人员就可以粗略判断出扩张者的特质有大比例是可以遗传的。当研究这些双胞胎的人际网时，福勒、道斯和克里斯塔基斯发现了强有力的证据，其充分证明扩张者和中介者两者都是可以遗传的。[31]遗传因素对人际网规模总体方差的贡献度几乎占到了一半——46%。

但是人气也有可能并非由基因本身决定，而是由其他一些可遗传的因素决定的，比如外表？我们知道身体特征是可以遗传的。双胞胎之所以拥有相似的人际网，也许是因为他们外表相似？也许是因为他们遗传的人格特质或行为相似？

长相好看的孩子受欢迎的概率是相貌平平的孩子的两倍。[32]该情况在成年人身上也存在，只是相对来说没那么明显罢了。为了测试美貌的力量，学者们使用了各种各样的方法，比如让受试者给照片打分，比如用计算机生成理想的美貌图片。后一种方法尤其有趣，因为它同时揭示了漂亮的两个关键维度——对称、平衡。得克萨斯大学奥斯汀分校教授朱迪丝·朗格卢瓦及其同事洛丽·罗格曼提取了诸多合照中的人脸，并运行算法对其进行反复叠加计算，得到了并非平均意义上的所谓"平均脸"[33]——人们认为这种容貌就是漂亮的。一个人的外表对其个人经历、社会地位乃至社交的成功率都有着密切的影响。

小孩子也会看脸，这说明我们爱美是天生的，而并非社会化的结果。在一项研究中，父母被蒙住双眼、怀抱婴儿，研究人员给婴儿展示两张图片，婴儿会把注意力放在图片中更漂亮的那张脸上。当那张图片从一个屏幕移到另一个屏幕时，婴儿的目光也会随之移动。[34] 在另一项研究中，研究人员依次给一位职业女演员戴上不同的戏剧面具，并对其中一副面具做了微调——眼睛更窄、眉毛更低、鼻子更长，使它看上去不那么漂亮，但也算不上丑。同时研究人员为了确保这位女演员的前后举止不受面具的影响，不让她知道自己戴的是什么面具，因为这些面具都是根据她的脸型制作的，内侧形状一样，同时周围也没有镜子或任何对面具的提示。当她戴上的面具更漂亮时，一岁大的孩子明显和她玩儿得更开心。

我们不仅关注他人的美貌，还会关注其人气和地位。

猴子在这点上和人类一样。在一项实验中，猴子如果能朝着研究人员指定的方向看，就会得到一口果汁的奖励。在恒河猴的族群里，雄性猴子喜欢盯着人气高的猴子的脸，不惜以放弃果汁为代价。（它们也会为了看雌性猴子的臀部而放弃果汁。）如果研究人员希望它们去看地位较低的猴子的脸，就得奖励它们更多的果汁。[35]

一项对学龄前儿童为期 9 个月的跟踪研究发现，交友最多的孩子在教室里更有可能受到其他孩子的关注。[36]青少年也一样，当给他们展示一张人气高的和一张人气低的同学的照片时，他们会先看高人气者的照片，并且盯着的时间更长。[37]由此，成年人会从视觉上关注其他高人气的成年人就不足为奇了。即使排除外表因素，这一结论仍然成立。当然，人气与外表是存在某种相关性的，但是外表这一单独因素并不能解释人气高的原因。

人们的第一反应都是先看人气高的那张脸，这表明对人气的反应是下意识的。但随后人们仍然会继续盯着这些脸，这说明即使我们激活了大脑中有意识的区域，人气仍然会发挥作用。

社会地位感知的神经学解释

尽管对人气的关注是人类大脑进化的普遍结果，但其中扩张者的大脑尤其适合处理地位信号，他们遇见高人气的人更加容易兴奋。

为了探究大脑对人气的神经处理机制，哥伦比亚大学的诺姆·泽鲁巴维尔和彼得·比尔曼为首的一项研究比较了群体中高人气者和低人气者的功能性磁共振成像结果。[38] 研究小组为了评估所有人的人气，先询问两个俱乐部的成员对其他每名成员的喜欢程度，将这些分数汇总得到一张人气排行榜。然后，研究人员运用功能性磁共振成像技术，观察当他们看到这些俱乐部成员在社会上不同地位的照片时，他们的大脑发生了什么变化。

俱乐部成员看到高人气者的照片时会激活大脑的两个区域：先激活的是神经评估系统，这个系统反过来作用于社会认知系统。神经评估系统用来区分灵长类动物的地位高低，[39] 这一点在之前对猴子的研究中已经得到了证明，而社会认知系统则用来判断他人的心理状态和做事意图。该项研究开创性地解释了人类大脑对他人社会地位的编码与评估的规律。这种地位评估机制指导着我们的行为，我们会不自觉地揣摩人际网背后的一些深层次因素。

高人气者更善于发现地位上的差距。从神经学角度讲，扩张者更认可和重视地位，并从中获得某种优势。

判断他人的人气高低是一件很有价值的事。这不像在高中，那个时候判断谁的人气高非常容易（因为有人经常得到"校花"或"校草"等称号）。而在社会中，各种心理偏差经常导致人们对人气的高低产生误判。

你的朋友几乎总是比你人气高，这一事实使得你更加难以准确判断人气的高低。这并非在歪曲社会现实，而是源于一种"友谊悖论"的现象。[40] 20 世纪 90 年代初，社会学家斯科特·费尔德利用 20 世纪 60 年代青少年学校之间的友谊数据揭示了这一现象。针对 7 亿多脸书用户和近 600 万推特用户的多项研究也发现了这一悖论。[41] 它在各种关系之间普遍存在，如性伴侣之间——你的性伴侣通常比你拥有更多的性伴侣，[42] 如科研协作人员之间。[43]

以脸书的好友数为例。尽管你在发帖、跟帖、交友上投入了大量的业余时间，但是你那些朋友的平均好友数还是会多于你的好友数。一个由脸书、康奈尔大学和密歇根大学的研究人员组成的团队研究了脸书上所有活跃用户的人际网——用户数接近当时世界总人口数的 10%，并将每个用户的好友数与他们人际网中其他人的好友数进行了比较。在绝大多数情况下，他们的好友数都少于朋友们的平均好友数。[44]

怎么会出现这种情况？这还得说回到幂律分布。在人际网中，多数人拥有少数的朋友，但少数人拥有大量的朋友。这是因为长尾部分——极端的扩张者拥有极多的朋友——制造了这种悖论。这种好友数很多的人首先会成为你的朋友，然后导致你的朋友们的平均好友数陡增。

扩张者能够准确判断人气的高低，这也许能解释他们为什么从一开始就很受欢迎。如果你能看清圈子里的人来人往，你就能一直待在这个圈子之内，和大家朝夕相处。这是一种光环效应。

谢普·戈登称之为"牵连犯"。[45] 正如他所描述的那样："如果你把一个知名人士放在一个无名之辈身边，那么后者就会吸收前者的名声。"他成功运用这个规律一手打造了加拿大民谣歌手安妮·莫莉。[46] 刚刚来到洛杉矶时，初出茅庐的莫莉默默无闻、一无所有，甚至还得身穿洋娃娃同款连衣裤登台表演。为了增加这位民谣歌手的知名度，戈登几乎是跪下乞求艾利斯·库珀、约翰·列侬和好莱坞吸血鬼乐队的成员，请他们跟她合一张影，他们勉强同意了。莫莉说道："这张照片比我这辈子的任何一张照片都重要……我一夜之间变成了一名时尚女郎。"

解读他人与误读他人

扩张者非常善于解读他人，擅长一对一的互动，懂得如何快速建立联系。也许这就是他们更讨人喜欢的原因。

数十年的心理学研究发现，人类会用口头提示和身体动作发出强烈的社交信号。如果把完整的互动过程切分为一个个短小的片段，也就是所谓的薄片，[47] 然后对其进行观察，我们就可以准确预测出从薪资谈判的结果到教师的学期考核等一切事情。

在一项针对900多次闪电约会的研究中，斯坦福大学教授丹·麦克法兰和任韶堂发现，通过观察少数行为可以猜出他们是否还会有下一次约会。[48] 那什么最能体现人与人之间的好感度呢？男人用笑声表达兴趣；女人则会兴奋地高声谈论自己，这意味着对面的男性有望成为她的未来伴侣。

让我们换个角度，通过什么现象可以看出你最终是否能够说服他人？举例来说，麻省理工学院教授阿莱克斯·彭特兰研究了各个求职者和招聘者之间的薪资谈判案例，发现不同的说服结果有 1/3 的差异可以解释为：在谈判最开始的几分钟里，两个人会不会模仿对方的言行习惯，模仿到什么程度。[49] 从婴儿时期开始，我们就会学习并模仿我们所信任的人。

根据彭特兰的观点，模仿度只是检验社交往来好坏与否的四种线索之一，另外三种线索分别是一致性、活跃度和影响力。人们说话时的音调在高、中、低之间的波动率被称为一致性，这一点很好地反映了他们精神集中到了何种程度，一致性越高说明专注度越高；人们语言及身体的总体活跃程度，则是反映其兴趣与兴奋水平的晴雨表，活跃度越高说明兴趣度越高；最后，从一个人引导他人模仿自己说话方式的成功率，可以观察出这个人的影响力。

麻省理工学院举办了一场比赛，比赛内容是由各个高管对自己的商业计划书进行宣讲。彭特兰及其同事要求参赛者在比赛中佩戴上一种社交测量仪，这种手机大小的传感器可以检测面对面的交互、采集对话信息、测量身体的活跃度。他们还要求这些工作 10 年以上的高管对彼此的商业计划书的说服力进行评分。总的来说，一致性、模仿度和影响力三项因素拉开了近 1/3 的评分差距。在另一项研究中，他们发现同样的因素还可以解释面试结果的差距，影响效果类似。

扩张者也有自己的社会签名。他们之所以能将人际网发展得异常庞大，是因为他们有很多特长，比如善于观察肢体动作、解读对话中的"嗯"和"啊"、配合谈话的节奏等。为了理解这些谈话线索、行为特征，我和我的同事们对十三个不同办公室里的数百名职场人士进行了研究，发现相比其同事，扩张者说起话来时间更长、次数更多、更不容易被打断。[50] 我们这种语言习惯，其背后原理与黑猩猩双脚站立、耸动肩膀和投掷石头等肢体动作如出一辙。

口才与语言能力的重要性还可以解释一项令人困惑的发现，即性格与能否成为扩张者无关。[51] 如你所料，那些善于社交、活泼开朗、自信果敢的性格外向者更容易成为扩张者。但是，不保守地说，这种性格上的影响相当之小。例如，在一项针对数百名 MBA 学生的研究中，极端外向者只比极端内向者多 12 个朋友。[52]

外向的性格本身并不重要，重要的是外向者和内向者的沟通习惯存在差异。外向者说话更用力、语速更快。在实验中，人们只要看了某个陌生人说话的短视频，就可以准确判断出此人的外向程度。[53]

外向者的口才似乎不是先天的，而是后天培养的。芬兰赫尔辛基大学的研究人员对 750 多名七八岁孩子的父母进行了一项研究，要求他们对自己孩子的外向程度进行评价。父母的看法可以预测孩子在未来一年的人气如何，但父母的这种看法在很大程度上又取决于教师们对孩子的口头表达能力的评价。决定孩子们人气高低的原因是他们是否能够清晰流畅地表达自己的想法，而不仅仅是他们的性格。

自我实现预言的现象再次产生。童年早期在语言能力和社交能力上的微小优势，会让孩子的社交次数更多、人气更高。这些反过来又让他们在交往中练习得越来越多，自信心也越来越强，久而久之培养出强大的社交能力。[54]

说得大声比说得正确更重要吗

导致人气更高的因素不仅有社交能力，更重要的是自信。[55]加利福尼亚大学伯克利分校哈斯商学院心理学家卡梅伦·安德森提出了这一观点。他列了一张清单，上面除了真实的名字、事件和概念外，还有一些传说主角，比如温德米尔湖水怪和沙多克女王。学期开始时，他问 243 名 MBA 学生对其中哪些条目比较熟悉。这让安德森及其同事看到了 MBA 学生对自己的知识储备高估到了什么地步。学期结束后，他们评估了这些学生的人气，那些声称自己更熟悉传说主角的学生拥有的人气更高。

存在这种现象的不仅有 MBA 课堂（我们也许认为过度自信会受到重视），还有商学院。商学院就像一座竞技场，年轻人已经在此取得了非凡的成就，但在毕业时为了迈向最高的职业阶梯仍要展开较量。他们中的许多人过去从未遭遇过失败，但转眼之间，他们必须为了麦肯锡、高盛的少数几个职位一争高低。在人与人水平相差无几的世界里，自信心有时确实能带来回报，对权威专家来说也是如此。

吉姆·克拉默就是个过于自信甚至傲慢的典型。2008 年 3 月 11 日，他在担任 CNBC 节目《疯狂金钱》主持人时，一个名叫彼得的观众询问是否应该卖出贝尔斯登公司的股票。克拉默尖叫道："不，不，不，贝尔斯登好着呢。"[56]

6 天之后，贝尔斯登的股票下跌了 90%。[57] 可笑的是，在权威专家的世界里，对与错根本无所谓。在克拉默这次惨不忍睹的预言之后，《疯狂金钱》的收视率反而大幅飙升。[58]

说得大声比说得正确更重要——至少对权威人士来说是这样的。内布拉斯加大学奥马哈分校和宾夕法尼亚州立大学的两位经济学家分析了关于 2012 年棒球季后赛的 10 多亿条推文，他们先剔除了非预测性的推文，再将剩下的每条推文都根据其自信程度进行了编码，比如像"必胜"和"完胜"这样的词汇比"击败"

拥有更高的权重。使用充满自信的词汇能使权威专家的粉丝数增加17%——远远超过使用正确的词汇。[59] 相比之下，即使一位权威专家对所有比赛结果全部预测正确，他的粉丝数也只会增加3.5%。

过于自信的外在表现——胸有成竹的表情、悠然自得的姿势、温文尔雅的风度、滔滔不绝的讲话、坚定不移的语调——都会让人更受欢迎。通常在MBA课程开课的一周之内，我们就能知道学生之中谁会成功出任大家梦寐以求的班长，而其能力或智力并不怎么重要。一个人过于自信常被误认为是高水平的体现，从而给其带来更高的地位。[60] 即使大家发现了这个人只是过于自信，看清了他的真正水平，大家仍然会重视这个人。[61] 这种规律进一步强化了过于自信和人气之间的关系。

付出在先，索取在后

扩张者不仅无比自信，其慷慨的品质也颇为惊人。

Y Combinator 孵化器公司的 CEO 迈克尔·塞贝尔大部分时间都在帮助他人。Y Combinator 已经孵化了 2 000 多家创业公司，其中包括 Airbnb（爱彼迎）和 Dropbox（多宝箱），总估值超过 1 000 亿美元。[62] "创业者们总是对我能够回复他们的电子邮件感到惊讶，我的电子邮件地址就公开在推特的个人简介里。互助互利是科技型创业公司的核心价值观，每个人都应该这么做，因为创业社区就像一个大家庭——我们应该互相照顾"。[63]

想通过邮件帮助陌生人的人不只有塞贝尔，亚当·里夫金也会采用类似的策略。这种想法很简单，里夫金称其为"5分钟的举手之劳"。他说："对于连5分钟都用不了的事，你应该心甘情愿地去为别人提供帮助。"[64]

里夫金和塞贝尔可能与你对扩张者的看法不一样。里夫金经常被比作害羞的熊猫，爱好是看《星际迷航》、玩字谜游戏，以及钻研科技。然而，《财富》杂志却把他评为年度最佳交际者之一；[65]亚当·格兰特的《沃顿商学院最受欢迎的成功课》一书将他立为榜样，因为他的慷慨品质为其建立了格外成功的人际网。[66]

基思·法拉奇则更接近大家对扩张者的典型印象。他写了一本畅销书《别独自用餐》。[67]每次走进人的房间，他脸上就会绽放出灿烂笑容，并不遗余力地投入交流，把气氛瞬间搞得热火朝天。尽管法拉奇与塞贝尔、里夫金有一定的性格差异，但他们传达出的要点是相似的："正确的做法是付出在先，索取在后。付出后你心里也不要惦记这个事，只要待人慷慨，你的回报自然随之而来。"

谢普·戈登则更为言简意赅："日行一善。"[68]尽管艾利斯·库珀有一首热门歌曲《不会再有好好先生了》，但"日行一善"依然是戈登的座右铭。

戈登、里夫金、塞贝尔、法拉奇的忠告在研究中得到了证实。在《圣经·路加福音》6 章 38 节中，贤者也给出了相同的忠告："你们要给人，就必有给你们的。"因为付出者的人际网要更为广阔。[69]

付出有很多途径。你可以私下为别人提供建议忠告、精神支持；也可以公开去献血，担当志愿者，为各种社会组织做出自己的贡献。但极少有人能同时做到这两个方面——扩张者除外。

一项研究对近 1 000 名受访者的人际网和亲社会行为进行了分析。研究发现，对拥有稠密强关系的召集者来说，他们往往会提供社会支持，但极少会做出有组织的亲社会行为；然而，对扩张者来说，他们更乐于向认识的人伸出援手，也更乐于向志愿者组织奉献自己的时间、金钱和血液。[70]

相比于私下付出，扩张者似乎更愿意公开付出，这一点倒也不令人意外。一项研究对 200 多个孩子的人气和付出行为进行了分析，研究人员先发给每个孩子 4 条彩色腕带，再要求他们决定其中几条要送给别的孩子，然后观察他们送腕带的行为是否受私下场合或公开场合的影响。高人气的孩子更有可能送出他们的腕带，但只有在公开场合被要求这么做的时候；低人气的孩子在两种场合的行为则不会有太大的区别。[71] 扩张者之所以愿意在公开场合表现出这种亲社会行为，是因为他们深刻理解这种做法的价值，这也许是他们能够建立大型人际网的原因之一。

扩张者人际网的本质也使付出变得更容易。人际网越广阔，他们就越容易知道能为谁提供社会支持和忠告建议，别人也越容易招募他们成为志愿者。有大约 2/3 的志愿者不是自己主动申请的，而是被别人招募的。[72] 扩张者不仅容易被招为志愿者，他们的人际网本质还会在他们后续的志愿者工作中起到作用。慈善捐款也类似，大多数人都是因为对方请求他们捐款而捐款。[73] 当人们被问及最近为什么会这么做时，80% 左右的回答是"因为有人要我捐的"。仅仅是因为扩张者认识的人多，别人就会希望他们多付出。而他们付出的越多，他们的人际网就越宽广，他们慷慨的品质就越会声名远扬。

同时，他们也面临着慷慨造成的心理倦怠风险。亚当·格兰特的书里提出了一道关于慷慨的难题。[74] 像戈登、里夫金和塞贝尔这样帮助他人且不计回报的付出者更容易获得成功，但他们也更有可能失败或成为受害者。相比于索取者，付出者其实希望得到的东西并不止他们所付出的这么多，但实际上他们获得的收益比索取者少 14%，成为犯罪目标的概率是索取者的两倍，看上去权力也要比索取者小。然而，一项针对数千个业务部门数十项研究的综合分析发现，只要付出得越多，那么其经济效益、工作效率、客户满意度就会越高，内部的人员流失率也会越低。对付出者来说，如果能做到防止心理倦怠、避免被人利用，他们就会取得成功；如若解决不了这道难题，他们就会比那些自私自利者更加四面楚歌。

成功的付出者需要做到自我保存。为了让付出变得有意义，扩张者尤其要注意避免产生心理倦怠。

扩张者若能小心翼翼地划清某种界限，就可以远离这种心理倦怠。里夫金做的是 5 分钟的举手之劳，而不是 5 个小时的倾囊相助；谢普·戈登做的是日行一善，而不是每天做不计其数的善事。

格兰特还提出了另一种可能的解决之道，就是付出集中化。如果你将一大块时间专门用于付出，你的付出就会变得更专注、更高效，随之而来的心理回报也会变大。

最后要说的是，这其中还存在一点儿矛盾。加利福尼亚大学洛杉矶分校安德森商学院的凯茜·莫吉尔纳·霍姆斯为首的一项研究发现，付出的现实时间越多，会让你产生自己拥有的时间越多的错觉。[75] 研究人员在实验中要求参与者把时间用来帮助他人，而不是用在自己身上或者浪费掉，那么他们就会主观地认为自己的时间更加充裕。

如何高效管理你的人际网

就算你自以为时间很多，但这和真正创造出很多时间完全是两码事。正如我们在前文提到的，时间和认知能力是限制一个人人际网规模的两大因素。扩张者往往擅长构建社会关系，但发展和维持这种关系比较困难。由于他们很难培养深厚的社会关系，因此他们很难从自己的人际网中获得价值。

为了让建立的关系行之有效，每个扩张者都应该管理自己的人际网系统。弗农·乔丹的黑色活页文件夹摆了满满一柜子，里面有联系人的座机号码、手机号码及其家人信息；戴维·洛克菲勒的卡片上记录了过去会面的种种细节；罗纳德·里根则存着写有名言和笑话的便签纸。[76]

办公室人士每天平均收到 200 封电子邮件，每周平均会在电子邮件上花费 12.5 小时以上。[77] 2018 年，人们在社交媒体上每天平均花费 142 分钟以上，每周平均花费 16 个小时以上。[78] 而扩张者花费的时间要比平均值高出许多。

扩张者通过合理配置自己的人际网管理系统，使原本难管理的事情变得可管理：运用客户关系管理工具，这类工具通常是销售人员用来存储联系人信息的；保存通话记录日志；创建待办事项列表；设置联络时间提醒；详细记下与某个人之前的会面细节及其个人信息。这些工作大部分都可以用一个简单的 Excel（电子表格）文件来完成——但如果你想维持的人际网非常庞大，你就必须做到细致入微并持之以恒。

对于电子邮件的处理也可以这么做，有现成的个人系统（和辅助工具）可以直接拿来借鉴。例如，迈克尔·塞贝尔处理邮件时通常只回复一两句话，几乎拒绝所有请他做公开演讲的邮件，并且每周在日程软件中设置有限的几个预约时段，以便他人知道何时可以与他通电话。他会对博客上大家问得最多的问题进行统一答复，并推荐给更多的人。"我刚刚意识到，90% 的价值来源于有人回复"。[79]

基思·法拉奇不仅记录了已经认识的人，他还存有一份"前途无量的联系人"名单，那是他想去认识但还没认识的人。[80] "我经常把各种榜单从杂志上剪下来……多年来，我每年都会剪下来'40 岁以下的 40 位精英'的榜单，直到今天还在这么做。榜单编制者花了大量时间进行分析，把一些人归为后起之秀、意见领袖、知识精英，这些都是我想与之相处的人。我把顶级 CEO 榜单、最受人尊敬的 CEO 榜单、各个地区的榜单都剪了下来。"法拉奇或其助手将这些榜单上的名字输入数据库，对每个人进行背景调查，然后法拉奇根据地区分组，创建出各个地区的联系人清单。

创建联系人清单的想法并不是最近才出现的。至少自 1887 年起，类似的形式就存在于美国的精英阶层之间，叫作《社会名流录》。[81] 路易斯·凯勒是其最初的缔造者，人们在讣告中形容他为"国内外最为人熟知的纽约市市民"。《社会名流录》记录了美国声名显赫的家族的名字及地址，最初的版本有 2 000 个家族，而如今已容纳了大约 25 000 个条目，并且记录了这些人的主要居住地、假日别墅的位置、游艇的名字、所在会员俱乐部的缩写代码（例如，"Sfg"代表旧金山高尔夫俱乐部，"BtP"代表棕榈滩沐浴网球俱乐部）。[82] 根据美国著名编剧、慈善家、社会名流布鲁克·艾斯特的说法："一个人如果没被列入名单，这就等于没人认识他。"[83]

分身乏术

在签约新艺人时，谢普·戈登会坐下来警告他的客户："只有杀了你，我才能大功告成。"[84] 因为，一个人一旦拥有了人气和声望，大量麻烦就接踵而至。随手翻开一本名人八卦杂志，你就能明白戈登的警告是认真的。

在人际关系的构建过程中，扩张者有陷入分身乏术的危险。克里斯蒂娜·法尔奇和克丽·麦克尼利的研究发现，拥有的"朋友"太多会增加患抑郁症的风险（朋友太少也会有同样的效果）。人际关系通常伴随着彼此之间的期望与责任。随着一个人周围的关系数量的增加，别人对他的期望、他身上承担的责任也会随之增加。这最终会产生一种叫作"角色紧张"的现象，即扩张者本人无法达到承担多重角色的要求。这种现象还会反过来引发抑郁和心理疲劳。[85]

朋友太多之所以会增加抑郁和孤独的风险，是因为我们还面临着人际关系的强度与数量之间的权衡。美国达特茅斯卫生政策与临床实践研究所的詹姆斯·奥马利及哈佛大学的塞缪尔·阿贝斯曼为首的一项研究发现，一个人的关系数量越多，他与人际网中其他人的亲密感就越低。[86] 这一结论在另一项使用完全不同的数据样本集的研究中也得到了证实。人际网较小的人认为他们的非家人关系中大约有 6% 是"非常亲密的"；而对人际网更为宽广的扩张者来说，这个比例还不到前者的一半。

这会造成一种情况，扩张者认识的人非常多，却感觉任何人都不是自己的朋友。正如歌手兼演员赛琳娜·戈麦斯所说："我认识所有的人，却没有朋友。"[87]

在与同事协同工作时，高人气也会导致负担过重和心理倦怠。亚当·格兰特、雷布·雷贝利和罗布·克罗斯针对 300 多家机构的研究发现，有 3%~5% 的员工在协作实现的增值中起到了20%~35% 的作用，他们毫无疑问是非常受欢迎的协作者。[88] 但是，他们自己对工作最不满意，想要摆脱这种现状。

北卡罗来纳大学教授米奇·普林斯汀在他的《欢迎度》一书中指出，拥有一个极其庞大的人际网也有其不利的一面。人气可以分为两种，其中一种是我们一直在讨论的，也就是普林斯汀所说的身份地位，这种对人际关系是最具有破坏性的，因为它处处体现着我们的"知名度、权力和影响力"。[89] 这就是戴尔·卡内基所教授的内容令人望而却步的原因，也解释了为什么 MBA 学生在举办婚礼时不愿邀请那些爱出风头的同学。

但还有另一种人气，被称为可爱型人气，其作用则要积极得多。普林斯汀认为，大多数人究其一生都在错误地追求前一种人气。

一个人在孩童时期可爱的理由，同样也是几十年后可爱的理由。[90] 可爱型人气可以持续的时间超乎一般人的想象。普林斯汀认为，受人喜爱的人不会咄咄逼人、飞扬跋扈，他们喜欢聆听，交谈时从来不抢先插话，他们让别人感到受重视、受欢迎。

一项针对14 000多名瑞典青少年长达40年的跟踪研究发现，最可爱的孩子变成了最成功的成年人。[91] 即使排除了认知能力、社会经济地位、父母的心理健康状况、行为不端等许多人们认为在多年里会影响成功的因素，可爱的孩子仍然更容易从高中、大学毕业，更容易在工作中取得成功。他们不太会面临经济困难，也不太需要与抑郁症、焦虑症、成瘾症进行斗争。

多数情况下，可爱度与人气或人际网规模无关。在人际网中，拥有高身份地位同时又讨人喜欢的人只有30%。当孩子还小的时候，这两者密不可分；但随着青春期神经系统的变化，孩子逐渐树立起对身份地位的追求，两者开始出现分化。随着积累优势发挥作用，引发人气的潜在人类特征——可爱度——与人气本身之间的差异就会越来越大。

最卓有成效、持之以恒的扩张者既能赫赫有名，又能受人爱戴，比如谢普·戈登。但即便是戈登，也没能避免高人气带来的所有问题。

当戈登躺在病床上时，他的内心充满了孤独感。就像他所说："我想，这是因为我为自己感到难过，我内心的声音大概是这样的：'是的，是的，也许这是摆脱这件事的好办法。如果还活着，我们就拍部电影吧。'"[92] 在持续了十几年的婉拒之后，此时的他终于同意让贝丝·阿拉和麦克·梅尔斯拍摄一部关于他的纪录片。如果没有这部电影，那么戈登可能会永远不为大众所知。

虽然他制作这部电影最初的真实目的可能只是满足自己内心的一时需要，但是他的慷慨大方、乐善好施在这部电影中体现得淋漓尽致。美国中西部地区的一对夫妇在看过这部电影之后找到了他："他们说，'我们非常感激，我们想和你谈谈。我们刚从圣托马斯搬来这里，孩子们都长大了，我们成了茫然无措的空巢老人。从电影院回来后，我们才意识到还有很多好事、很多值得祝福的事可以去做。这部电影让我们意识到，我们必须改变自己的生活。'"[93]

付出、奉献、感恩能够对抗孤独。通过名厨罗歇·韦尔热的教导，戈登学会了"如何通过奉献让他人过上幸福而充实的生活"。[94] 他学会了如何既讨人喜欢又受人欢迎。

第六章
混合型

"人人渴望归属感……对归属感的渴望植根于人类内心深处，因而单独囚禁是最严重的刑罚。我们为关系而生……人之所以做各种蠢事，是因为他们想有所归属。"华理克牧师讲道。马鞍峰教会的教徒们称他为"理克爸爸"。

当初，华理克带着妻子和四个月大的孩子，从得克萨斯州乘敞篷车一路抵达加州的奥兰治县。他肩负给那些不喜欢教堂的人修建教堂的任务，于是他挨家挨户敲门，问人们为什么不愿去教堂。这个问题是可以从社会学的角度解释的。他说道："一对年轻情侣走进教堂时，他们会先问：'这里还有别的年轻情侣吗？'如果放眼望去只能看到白发苍苍的老人，那么他们压根儿不会待在这儿。"[1]

他要将教堂建成一种社区，让礼拜这件事变得触手可及，还要颇具娱乐性。在马鞍峰教会，没有管风琴，没有唱诗班，取而代之的是一支摇滚乐队。这里有播放福音歌曲的"赞美"帐篷、播放老式赞美诗的"传统"区、播放基督风重摇滚乐的"超载"区，此外还提供西班牙语服务。人们来时穿着牛仔裤，孩子们肆意玩耍。洗礼仪式结束后，大伙一起聚在海滩上吃烧烤。[2]

华理克十几岁时留着长发，立志成为一名摇滚明星，而一次皈依经历把他带进了宗教事业的大门。"马鞍峰"最初只是华理克和他妻子凯怡在家中的圣经学习室的名字。为了招募新成员入会，华理克写了一封信，他和凯怡以及他的小教友们亲手在信封上写好地址，将其寄给了 15 000 多名社区成员。在 1980 年复活节那天，马鞍峰教会在拉古纳山高中剧院举行了第一次正式仪式，共吸纳了 205 人入会。[3]

如今，华理克已经成为福音派教会的摇滚明星。他每周吸纳近 2.2 万人入会，当地 1/9 的人认为马鞍峰教会就是他们的宗教家园。[4] 不仅如此，马鞍峰教会可谓是"一个教会，处处可见"，它遍及世界很多地方，远至布宜诺斯艾利斯和柏林。[5] 华理克的书《标竿人生》[6] 销量超过 3 400 万册。[7]

"跟任何大型自愿组织一样，教会也存在着一个核心矛盾。为了吸纳新成员，它们的入会门槛必须低一些，它们必须亲和友善，融入当地文化。然而为了留住教会成员，它们又不能让会员身份完全等同于当地文化。所以它们需要给教徒们灌输一种社区意识。"马尔科姆·格拉德威尔在关于马鞍峰的一篇文章中写道。[8] 这也是召集者和扩张者共同面临的棘手问题,而华理克采用祈祷小组的模式妥善解决了这一问题。

祈祷小组由三个及三个以上的人组成,他们一同进行礼拜,一同参加社交活动,这是一种稠密的召集式人际网。在洛杉矶,通常每周三会召开100多个祈祷小组会议。祈祷小组五花八门,有军人小组、五年级学生小组、西班牙语小组、育儿妈妈小组、巴德的沙滩伙伴小组、罪大恶极小组、祈祷咸菜小组等。[9]

祈祷小组模式使华理克成为美国最成功的"牧师企业家",这是一种人际网天才式的成功。[10] 马尔科姆·格拉德威尔将这种模式称为"蜂窝式教会"。这些祈祷小组并没有给教会带来额外的成本,礼拜者还可以随意选择最易于相处的人。格拉德威尔相信,这些宗教小组的4 000万美国人如今已经带来了"美国宗教历史上本质意义深远的转变"。[11]

蜂窝模式实际上是一种人际网的人际网,它通过将召集者、中介者、扩张者这三种角色混合起来,突破了三者各自的许多局限性。这种快速扩张的人际网仍然保持着社区意识,它满足了人们与同自己相似的人交往的喜好。与此同时,这种人际网还高度多样化,可以容纳各色各样的人,无论是罪大恶极小组还是祈祷咸菜小组。

这和有80多年历史的匿名戒酒互助会是同一种模式,其界定原则是"永远不应该组织"[12]。

华理克、弗农·乔丹、海蒂·罗伊森等少数杰出人物已经有能力创建一种可以同时让召集者、中介者、扩张者三者的利益最大化、损失最小化的人际网。绝大多数人虽然没必要用自己的人际网招募什么超大规模的教会，但认识到多种人际网风格混合的潜在价值，可以帮助你最大限度地利用好你的人际网。

人际网无所谓好或正确。根据我对上千人规模的人际网进行的分析，其中 1/3 的人没有什么明确的风格，还有 20%~25% 的人是混合型的——他们可以同时是中介者和扩张者，或者同时是召集者和扩张者，诸如此类。我们能够预见到，这种模棱两可的混合风格也是一种颇具价值的资产。

最适合你的人际网是与你的个人目标、职业发展阶段及各种需求相匹配的。扩张者的知名度、人气、权力，对于那些处于职业生涯早期，或者需要吸引关注的人往往最有意义；中介者的创新性，对于在工作中需要发挥创造性、独特性的人最具价值；召集者的信用和声誉，有助于你保持良好心态，远离孤独、心理倦怠等负面情绪，还能让你应对很多充满未知的人际交往场合。处于不同的时刻，面临不同的挑战时，你需要不同的人际网。正如你的情绪、社交和工作需要随着时间的推移不断变化，你应该让你的人际网也随之变化。

掌控力比权力更重要

　　每天早上五点半，马尔温·鲍威尔离家前往位于密歇根州的庞蒂亚克装配中心上班，负责装配雪佛兰索罗德和通用商务之星西拉皮卡。他是一位非裔美国人，身材高大而结实，在他临近40岁时跟随父亲的脚步踏进了汽车装配行业。"这不是我向往的工作，至少可以这么讲。"鲍威尔说道。[13] 但是，正因为有这份工作，他才能在容纳多种族的中产阶层社区金斯利庄园安家，带孩子去迪士尼乐园游玩，周末叫外卖。

　　鲍威尔是6号工厂最后仅存的600名员工之一。2003年，这里有大约3 000名员工，每天可以生产1 300辆卡车。然而，2009年的一个周一，公司召开全体会议，生产线因此停止运转，此时离鲍威尔打卡上班刚过去两个小时。会议宣布，工厂即将关闭。

　　鲍威尔是一名信念坚定的乐观主义者。"假以时日，我会没事的。"他说。他打算去附近的另一条汽车装配线找份工作。然而，《纽约时报杂志》作者乔纳森·马勒在提到鲍威尔时写道："我一直以来都很纠结。一方面我被他的惊人信念折服，他坚信一切问题都会得到解决；另一方面，他急需四处走走，每天读读报纸，了解社会的发展趋势，为未来制订可行的计划，以防一切为时过晚。"[14]

惠普公司前副总裁、哈佛商学院毕业生马克·戈勒姆被解雇的时间与鲍威尔相仿。不同的是，戈勒姆采用了另一种策略，他听取了个人职业教练杰弗里·雷德蒙的建议，着手建立他的人际网，具体方法是每天联系三个人，目标是每月联系六十个人。他的第一通电话打给了一位近十年都没有联系过的前同事。为了打这一通电话，他跟他的职业教练排练了好几周，在拿起电话听筒前又反复练习了五次以上。[15]

"我当时很害怕的原因之一是要告诉别人自己失业了，而我以前没有失业过。"戈勒姆回忆说，"但我很快意识到，打这通电话不是为了说：'嘿！你能给我份工作吗？'而是希望他能基本了解我的现状，再针对我的计划提出建议。结果他非常热心，给我出了一大堆主意，后来说：'我们再一起工作吧。'事后我也在反思，其实没必要担心成这样。"

研究人员内德·毕晓普·史密斯、塔尼娅·梅农和利·汤普森引用鲍威尔和戈勒姆的事例，来阐述人们面临失业危机时截然不同的认知反应。[16]当鲍威尔把注意力放到朋友和家人身上时，戈勒姆选择了扩大自己的人际网。

鲍威尔和戈勒姆分别缩小和扩大了自己的人际网，研究人员感兴趣的是，他们的这种行为是否具有普遍性。研究人员还想了解，处于不同社会经济地位的人对人际网的反应是否有所不同。社会心理学的大量研究表明，权力大的人在面对风险时更加乐观自信；与此相反的是，由于害怕会加重无力感，资源匮乏、权力较小的人不愿找人帮忙，而且还会寻求一种安全的、小型的、稠密的、类召集式局部人际网。

他们首先通过调查数据证实了自己的直觉。考虑到资源丰富的人拥有更大、更深的人际网，他们在排除了这一因素后，研究了多达806名受访者在面临失业危机时的社交规模以及偏好。倘若受访者认为自己明年大概率会被解雇，他们就会去扩大自己的人际网。失业概率与扩大人际网之间具有密切的相关性。而当排除失业概率因素时，那些权力较小的人会去收缩自己的人际网，使其变成更小、更类召集式的人际网。

研究人员还想看看这种相关性是否意味着因果关系——是否真的是失业危机引起了人们对其人际网的态度转变。他们招募了108名即将毕业投身新工作的学生参与实验。研究人员随机让一半人想象这样一个场景：工作一年后，公司裁员，他们被解雇了。在这样一个高度失业危机的想象过后，研究人员再让他们写下面临不幸的感受。同时，研究人员让另外一半人思考并写下：如果他们得到了理想的工作，那么他们会有什么感受，但是研究人员不告诉他们失业的事。随后，两组人都要列举出他们会找谁探讨这一重大问题，以及他们找过的这些人彼此之间有什么关系。

三名研究人员再次发现：地位较低者，面临失业时更有可能寻求更小、更类召集式的人际网；而地位较高者，在面临同样的危机时会寻求更大、更广的人际网。从心理上讲，资源及经济条件更好的人会寻求更有助于成功应聘的人际网。

当存在不确定性时，缩小人际网特别不好。这种情况下，虽然稠密的类召集式人际网可以给予他们心理慰藉，但是更大、更多样化的人际网才会为其提供可能的工作机会。

失业危机并不是导致人际网缩小的唯一原因。当遇到艰难障碍、不确定性、负面情绪时，相比人们实际拥有的人际网，他们会感觉该人际网更小、更类召集式。研究人员随机要求受试者们分别回忆积极的、消极的和中性的生活经历，其中回忆最糟糕时刻的人们会寻求更类召集式的人际网。实验是随机分配的，所以实际上这些受试者彼此之间的潜在人际网或生活经历可能差不多。他们并非自始就是召集者，但那些负面经历会让他们寻求更密集的局部人际网，接着他们很可能会进一步利用这一局部人际网。每时每刻，我们的人际网都在随着情绪状态的变化而变化。[17]

当一个人碰到难题时，比方说需要照顾病榻上的配偶，或者自己身患抑郁症，寻求最稠密的类召集式的局部人际网是很有帮助的，这可以给他带来安全感与精神支持；但在面临不确定性或某种威胁时，拥有信息优势的中介式人际网更能解决问题。当员工遭遇一轮又一轮的裁员、企业家面临突如其来的竞争、执法人员搜寻恐怖分子、股民遭遇股价暴跌、医生要找出疫情暴发的源头时，他们的人际网就萎缩了。[18] 他们会更偏于内向，只用到最密、最强的关系，而这与他们理应做的恰好相反。

如果说无力感是导致问题的一方面因素，那么赋予其权力貌似是一种合理的解决途径。或许，让一个人有权力在握的感觉，会激发出必要的信心，让人挣脱这种稠密的类召集式局部人际网。但事实上，这种方法会适得其反。

塔尼娅·梅农和内德·毕晓普·史密斯让受试者们"回想起对别的一个或多个人使用权力的某些事件"，[19] 他们发现建立权力感会导致那些平常没什么权力的人缩小人际网，但这些人反而最需要扩大人际网。产生这种结果的原因是，他们的身份经历与这种权力感产生了矛盾，他们已经习惯手中无权，此时突然给他们赋予权力反而会带来很大的威胁感和不确定性。

事实证明，找到自我定位是一种更成功的策略，而不是赋予权力。根据研究人员的说法："从心理上讲，如果一个人能够感到舒适自在、尽在掌控，说明他找到了自己的定位。"[20] 掌控力比权力更为重要，权力只是赋予人们一种尽在控制的幻觉。相比赋予权力的方式，让一个人有能力改变周遭的事物，可以更好地解决不确定性因素带来的心理问题。

动荡和恐惧会使人们浪费掉他们的人际网资源。当陷入困境时，人们只是自以为人际网更小或者更类召集式，但实际并非如此。与其去建立新的人际关系，不如发挥其更多样化、更深的局部人际网的作用——要扩大疆域，不要退避三舍。

做你的年龄该做的事

在工作与生活的某些特定时候，止步不前是有意义的。当芝加哥大学教授罗恩·伯特首次发现中介的价值后，他又调查了中介给人一生带来的回报，从而发现了一种与众不同的规律。[21] 伯特研究了计算机制造、人力资源、金融服务、银行、供应链管理、软件工程等行业中的近 2 200 名经理人的人际网，发现中介者在职业生涯的中期最为多见。40 岁左右的经理人最有可能成为中介者。

中年经理人成为中介者所获得的回报也是最多的。中介者要想成功，除了需要有很多奇思妙想以外，还需要具备足够的声望与地位把这些想法付诸实施。对新员工来说，尽管他们的想法非常有开拓性，但因为他们缺乏足够的政治影响力，难于将想法付诸实施。伯特发现，在人力资源、计算机制造等行业中，中介的作用会体现得略显迟缓。不过，年轻员工从来不可能成为中介的最大受益者。

对年轻人来说，非常宽广的人际网可能会让利益最大化。假设作为一名大学毕业生，你刚刚参加工作，处于公司组织结构最底层，没有经验、没有资源、没有权力。任何人都比你权力大，信息与资源也比你多。所以此时，你结识的人越多越好。

随着时间的推移，这种处境发生了变化。假设你工作做得很好，你和你的同事拥有的资源越来越多，与此同时，拥有那些你所不具备的资源和信息的人则越来越少。当沿着这座社会金字塔往上爬时，你会发现越走越窄，因为你所需的资源多于或等同于你已拥有的资源，而周围具备这样条件的人却越来越少。相反，大家还希望你付出时间和精力来帮助他们。此时，作为一名扩张者的价值也会变得越来越小。[22]

同时，中介者人际网也会越来越举步维艰。我们也许可以轻松游弋在三四个社交领域之间，有的人可能多达五六个社交领域。但是，一旦这个数字超过某一阈值，无论你的水平高到何种地步，都不可能在不计其数的社交圈之间继续扮演好中介者的角色。此时，你需要找一些你信任的人来担当你的联络人，你需要的是许多人际网组成的人际网。

如果不这样做，你可能就会陷入一种常见的人际网陷阱。美国巴布森学院教授罗布·克罗斯在对数千名中层管理人员、高管的人际网进行研究的过程中发现了这一陷阱，即管理者拥有的许多成功特质——聪明睿智、和蔼可亲、乐于助人、反应神速——最终可能导致他们的协作负担过重。[23]这一点尤其重要，在协同工作工具唾手可得的今天，任何员工都能够快捷地直接联系到管理者本人。如果这些中层管理人员和高管不能顺利培养出他们的子人际网——与下层的人之间再多建立几层联系，那么他们最终将把自己搞得焦头烂额。

海蒂·罗伊森在她职业生涯中期做到了这一点。当时她身为苹果全球开发者关系副总裁，每天开会 8~10 个小时，接收堆积如山的数百封电子邮件。尽管有两名助理帮她处理事务，但她还是疲于应付。[24] 正如我的大学好友罗亚尔·法罗斯所说："从罗伊森发给我的电子邮件的正文长度，我都能看出苹果面临的压力有多大。她刚到那儿的时候，给我发的邮件里至少有一整段话，几个月后变成了短句，到年底时只剩下一些零星碎语。"

海蒂·罗伊森是硅谷人脉最广的女性之一，哈佛商学院将她纳入了社交能力研究案例。她陆续做过企业家、苹果技术高管和风险投资家。罗伊森在有意或无意间成为一位教科书式的榜样，她在职业生涯中成功实现了人际网的持续演进。

从斯坦福大学毕业后，罗伊森投入了撰写公司简讯的工作，这一职业选择可能有点儿令人费解。但她解释道："如果你缺乏与人交流的理由，那么想和任何人建立职业关系都会十分困难，更别说去见高管了。你新加入一家公司，然后说：'哎呀，我想我该去认识一下 CEO。'除非 CEO 有会见你的理由，否则这基本没戏。而作为公司内部报纸的编辑，我是有充分理由去找 CEO 交谈的——我是他与员工之间沟通的主要渠道之一。此时的你可以选择放弃这个机会，也可以选择抓住这个机会并告诉自己：'此次机会难得，我可以拿出我最好的工作表现，让大家看到我在工作上一以贯之的专注和信守承诺的品质……还可以建立声望。'我选择了后者。"[25]

罗伊森的早期工作——天联电脑公司的内部报纸编辑、最早的电子表格软件公司之一的创始人、苹果全球开发者关系副总裁——让她在科技领域拥有了非凡的影响力。她早期接触的许多人，如比尔·盖茨，后来都成了家喻户晓的人物。"建立这个人际网花费了我很多年。你不可能一觉醒来就拥有一个由重量级人士组成的人际网……当我第一次见到这些人的时候，他们并非都特别出众。他们现在可能成了行业大佬，但在当年并没有那么出众，我也是其中之一。"[26]

作为一名风险投资家，罗伊森能够做到把这些人际关系资本化。成功的风险投资家要在创业者和他们需要认识的人——技术专家、行业专家、其他投资者、顾问、客户、可能加入公司的牛人——之间扮演好中介者的角色。

但是她的工作给她带来的负担太重了。她每天都会收到数百封电子邮件和一打左右的商业计划书，发件人有她认识的人，也有她认识的人推荐的人。为了应对这种复杂局面，她必须要提高工作效率。

罗伊森的前同事布赖恩·金泰尔讲述了这种改变："就像星空是由诸多星座组成的一样，人际网也是由许多不同的子人际网组成的……能成为人际网核心的人少之又少，但罗伊森就是其中之一。在她庞大的人际网中，她既是自己人际网的核心，同时又与其他人际网的核心人士建立了密切联系，这样她就能与其他人际网中的所有人联系上了。我难以想象罗伊森能够接触到的人际网到底有多少。"[27]

人际网的轨迹与震荡

人际网随时间而演进，这种演进有时是自然而然的，有时是人为促成的。新的关系产生，旧的关系消失。通过人际网中的身份地位，有些人获益良多，有些人身败名裂。当中介机会不复存在时，中介者会变成召集者；当工作从一处换到另一处时，召集者又变成中介者。海蒂·罗伊森先是从一位扩张者变成了一位中介者，后来又成为一位核心召集者。

罗恩·伯特及其同事珍妮弗·梅卢齐研究了346位银行家，并记录了他们的人际网演进轨迹的相同之处。在四年的时间里，大多数银行家的人际网都经历了相当大的变动——他们建立了新的人际网，而旧的人际网却逐渐消失了。他们之中，近20%的人地位稳步上升，13%的人地位有所下降，40%的人地位上下波动。与此数据相似的是，大约10%的人发现了更多的中介机会，13%的人失去了中介能力，45%的人的中介际遇有起有伏。

这些轨迹类型之中，在中介者和召集者之间来回震荡是最为有益的。[28]它会让你拿到更高的薪酬，比如当几个月的召集者，然后当几个月的中介者，再当回召集者，如此循环往复。

　　震荡可以克服纯粹的中介者常常面临的信任问题。事实上，中介者从震荡中获益最多。震荡有利的另一个可能原因是，它通过不断变换身份，进一步促进了变化的流动性与灵活性。例如，成长过程中辗转多国的孩子可以在不同的语言文化之间切换自如，工作也是如此。正如伯特和梅卢齐所写的："这次的改变是为下一次改变做准备。"[29] 这种灵活性可以让你在开展新工作时，更快地适应社交环境的变化。

　　你可以通过改变环境或行为来改变你的人际网风格。在工作之中，加入轮岗计划、更换不同的项目团队可以形成震荡的效果；在工作之外，参加体育联赛、申请成为志愿者也有同样的效果。如此穿梭于不同的社交空间之间是产生震荡效果的最简单的手段，但除此之外，你还可以通过调整自己的行为来改变你的人际网。你可以通过自我表露、换位思考、表现脆弱而变为召集者，也可以通过游走于不同圈子之间而变为中介者。此外，还有一种方法是用人际网改变人际网——寻求他人的帮助。

结交新人，留住旧友

　　住在你家路口的那个人，你还记得吗？比起你最信任的人，他可能会为你提供更好的建议。研究人员丹尼尔·莱文、豪尔赫·瓦尔特和 J. 基思·莫尼根要求 EMBA（高级管理人员工商管理硕士）课程上的数百名高管与他们三年以上都没有联系过的前同事重新取得联系。研究人员称这种关系为休眠关系。[30]

研究人员请这些高管就一个正在进行的项目向处于休眠状态的对方寻求建议，当面联系、电话联系均可。如你所料，高管们对这项任务没有半点儿兴趣。[31]有人说："就算有这样的休眠关系，对方处于休眠状态也是有原因的，对吧？我为什么要联系他们？"还有人描述了可能产生的尴尬："当我打算跟他们重新取得联系的时候……我发现自己相当紧张。有一些问题总在我的脑海挥之不去：第一次联系且不被拒绝的最佳方法是什么？如果他们不回我的电话怎么办？隔了这么久重新取得联系，他们会不会感到别扭？我该如何开口？如果谈话遇到尴尬怎么办？如果他们不愿为我的项目提供帮助怎么办？"[32]

然而，重新取得联系是有所回报的。与前文提及的强关系和弱关系相比，休眠关系能够为你提供更多有用且新鲜的信息。

这些老朋友的建议十分有用，因为他们不在你的回音室里，他们持有的观点很新颖，能够创造与中介者相同的价值。更重要的是，你一旦与朋友、同事建立了密切的联系，你们之间形成的信任和共识就不会随时间而消失。强休眠关系既能带来中介者的新颖视角，也具备召集者的信任优势。

唤醒那些休眠关系可以使你在现有的人际网风格中混入其他

类型的人际网风格。

大多数人拥有的熟人多达上千个，某些好友即使曾经亲密无间，现在可能也没有联系了，而扩张者拥有的熟人则更多。你究竟应该去联系谁呢？也许是在各自领域出类拔萃、有所成就的人？还有一种思路是，去找你觉得最乐于助人的人，或者去找你认识最久、交往最多的人。

为了观察人们最有可能联系到哪些旧人，以及谁真正充实了他们的生活，三位研究人员进行了第二项研究。[33] 他们再次招募了参加 EMBA 课程的高管们，要求这次的 156 人列出 10 个他们可能重新取得联系的处于休眠状态的人，并对其优先级进行排序。在这 10 个人中，研究人员要求他们联系两个人——其中一个是优先级最高的，另一个则是研究人员从剩下的 9 个人中随机挑选的。

当拥有自主选择的机会时，这些高管会去联系那些他们认识最久、交往最多的人。但事实证明，在诸多过去的同事之中，对他们来说最有意义的并不是这些人，而是那些地位最高、值得信赖、乐于助人的人。即便如此，你能想到的所有休眠关系也几乎都有价值。

如果这些日渐消失的关系尚有如此多价值亟待挖掘，那么为什么人们还会对重新取得联系如此犹豫不决？其一是时间不合适，其二是对许久未曾谋面感到尴尬，其三是不想强人所难、不知如何开口。但其中最主要的原因还是害怕尴尬。[34]

实验中那些犹豫不决的高管证明了这一点："当我请求他们为我的项目提供帮助时，我发现自己完全低估了他们的反应，所以之前的担心完全是杞人忧天……虽然一开始我很紧张，但现在我很希望能同时在两个层面——工作层面和私人层面维持这种关系，因为我相信这会让彼此都相得益彰。"一年过去了，他们仍然保持着联系。

拿起你的电话，放手去做吧。如果你还是忐忑不安，那么发电子邮件也行。其实这件事没有你想的那么尴尬。想想看，如果一位许久未见的老朋友主动联系了你，那么你愿意听到他的声音吗？

人际网中的光环效应

罗斯柴尔德男爵曾经碰上一位熟人向他借钱，据说他当时回答道："我自己不会借钱给你，但只要我和你手挽手走过证券交易所的大厅，很快就会有人愿意借钱给你。"[35] 罗斯柴尔德明白人际关联的价值。跟我们联系起来的人和事，会深深影响到我们在他人眼中的形象，哪怕我们与他们的成功毫不相干。

在一项实验中，研究人员将每一名男性随机和一名"女友"进行配对，结果发现那些"女友"美丽动人的男性比那些"女友"

相貌平平的男性更受欢迎。[36] 如果他们的约会对象如此漂亮，那么他们要么聪慧过人，要么事业有成，对吧？他们必有可取之处。

你几乎一定遇到过这些情景：你的朋友或熟人在谈话中借他人之名抬高自己，比如他们聊及在一家餐馆吃饭的时候，一位名人就坐在隔壁桌上；所在大学的足球队赢了比赛，为了享受胜利带来的喜悦，学生们喜欢穿上印有校名、球队吉祥物的运动衫和T恤，谈及球队时主语更多使用的是我们，反之若比赛输了则不会这么做；[37] 在选举结束以后，获胜者的竞选标语要比失败者的竞选标语挂的时间更久。[38]

大量研究证实了这样一种观点：大家会通过某个人身边的人来判断这个人。1960 年左右，在英国温斯顿帕尔瓦村进行的一项调查证实了这一论断，书名为《内局群体与外局群体》。[39] "外来者来到这个'村子'的'好街道'定居，除非他们是众所周知的'好人'，否则村子里的人总是会对他们的地位、水平产生怀疑。因此他们需要度过一段考验期，以便让那些已经处于内局群体的'好家庭'放心——保证其身份地位不会受到负面影响。"文化社会学家诺贝特·埃利亚斯写道，"有这么一个案例，一位刚搬到附近的妇女被指责为'害群之马'，遭到了邻居们的排斥。她是这么评价她的邻里关系的：'他们极度保守，他们只会和这条街上的人交谈。'然后她讲述了她曾'在一个寒风凛冽的冬天请垃圾清洁工喝杯热茶'，而当她返回到这条街上时……'他们都听说了这件事，所有人瞠目结舌'。"

就像请清洁工喝茶会毁掉你的名声，反过来与知名人士交往也可以提振你的名声。例如，如果一名员工的老板有权有势，那么这名员工就很容易发展出庞大的人际网。[40]

伦敦大学学院教授马汀·奇达夫及卡内基梅隆大学戴维·克拉克哈特感兴趣的是，在工作中，大家对一名员工的看法是否会受到他的同事、合作伙伴的身份地位的影响，特别是大家对其人际网的看法如何影响了对其工作表现的看法。研究人员采集了公司所有员工的朋友及其求助者的数据信息，然后询问他们，他们觉得同事们会向谁寻求建议、会和谁做朋友。举例来说，研究人员会询问史蒂夫有哪些朋友，再让史蒂夫说出他觉得玛丽亚会和谁做朋友。研究人员通过这种方式在公司内部构建起了一个真实的友谊人际网，外加一个基于人际关联的看法人际网。

研究发现，基于人际关联的看法远比公司内部真实的友谊更为重要。玛丽亚的有权力的朋友也会让她在人群之中获得更大的权力，即便这群人全都不是她的朋友也无关紧要。看来罗斯柴尔德男爵是对的，这种基于人际关联的看法太过重要——也许比真实更为重要。[41]

奇达夫和克拉克哈特发现光环效应在人们彼此不熟的大型组织或社区中起到的作用最为明显。他们研究了一个约有35名成员的组织，人们对某些同事或潜在朋友知之越少，光环效应就越强，而且经常和高人气的人在一起相处也许会让你获得更大的权力。

与正确的同事建立关系不只会给你带来名声，还会让你看上去更值得信任。众所周知，团队正式领导者对你的信任可以让你获得同事的信任（而不必主动去争取信任）。[42] 多项信任相关的研究发现，同事对你的信任有 7% 以上取决于你是否帮过他们，而作为对比，有 6% 归结为团队领导者是否信任你。有趣的是，他们对领导者本人的信任无关紧要——尽管如此，拥有领导者的信任仍然是一种认可。如果团队表现不佳，那么领导者对你的信任尤其重要；如果一切进展顺利，团队表现出色，那么他们会更相信其他同事对你的判断；如果团队表现不好不坏，那么他们还是会听领导者的。

你还可以通过培养你的拥护者来获取大家的信任。你最理想的拥护者是这么一群人，他们是召集者，并且他们的联系人与你的联系人没有交集。此外，他们的人际网越稠密，影响力就越大。王思思为首的一项研究对一家提供紧急响应服务的大型公司的经理人进行了分析，发现有些人会经常为那些跟其关系不大的人提供建议，而他们是拥护者的最佳人选。[43] 他们会让更多人了解到你的乐善好施、坚韧不拔的品质，使你声名远扬。有一类拥护者可以自如往来于你触不可及的部门之间，还有一类拥护者的人际网虽然庞大但仅限于你也能接触到的部门。前者所带来的价值尤其巨大，在其影响下，同事对你的信任程度要比后者高 70%。

然而，王思思及其论文的共同作者也提醒道："经理人不应该仅仅依赖拥护者的作用，自身不再去为他人提供帮助。相反，拥护者只是他们建立声望的辅助手段。"因此，帮助他人比领导者对你的支持更为重要。信任——不同于声望或人气——不能仅靠光环效应，必须要去主动争取。尽管如此，精心培养你的拥护者仍然可以进一步增强别人对你的信任。

对身为信息掮客的中介者来说，情况则更为复杂。正如我们之前提到的，中介者常常会面临声誉危机。他们身份的特点——横跨不同的社交圈——使他们不可避免地受人怀疑，有时受人怀疑的理由还十分充分。中介者有能力做到策略性地隐藏某些信息，就算把这些信息分享出来，他们的联系人也未必能从中获益。许多的中介创新都来自对专业知识的重组，但中介者自身未必是专家，所以在给同事分享、转换信息的过程中，他们可能由于表达不清而丢失了某些创新性的信息。然而，即便他们表达得清晰到位，这些信息仍然可能被忽略掉，因为有充分证据表明，人与人之间的谈话内容主要集中于彼此的共识。

针对猎头、发明家等群体的研究都发现了中介者关系的黑暗面。明尼苏达大学教授罗素·芬克发现，在一个由 37 家制药公司的 1.8 万多名研发者组成的人际网中，科学家一旦与中介者建立关系，随后申请专利、发明新药的可能性就会变得更小。[44] 猎头们也会因中介者的行为而付出代价。[45] 伦敦商学院教授伊莎贝尔·费尔南德斯-马特奥的研究表明，中介者往往偏袒、造福其中一方并侵犯另一方的利益。在其他情况下，尽管中介者并不从中作梗，但双方仍然无法从中获得额外利益，真正的受益人只有中介者。[46]

不过，似乎也存在一种例外，即中介者是你的老板。与上级的中介者建立联系后，你就可以帮助你的同事。欧洲工商管理学院和新加坡管理大学的研究人员针对2 200多位银行家进行的一项研究发现，与你同级或下级的中介者建立联系，并不能让你惠及更多的人；但如果你的老板或级别更高的人是中介者，跟他们建立联系，你就可以为周围的人带来更多的利益。[47]

老板作为中介者之所以更加有利，是因为他们具备更多的合作和分享信息的动力。同级的中介者如果和你存在激烈竞争，那么他们可能会向你隐瞒一些信息，但你的老板取得的成功至少在一定程度上也来源于你的个人成功。

换句话说，当为中介行为赋予合作动机时，二者的组合会使得利益最大化。当中介者是你的老板或组织中级别更高的人的时候，这种组合能够产生巨大的作用，因为此时你的个人成功并不会对他们构成威胁。基于相同逻辑还有一种情况，即中介者与召集者的联手也是十分有利的组合。

即便在工作之外，中介者加召集者的组合也同样有利，这种思路合情合理。许多造成中介者心理紧张的状况——如角色紧张、不当行为——可以通过与召集者的联系来抵消，因为召集者更能提供社交支持、精神支持。儿童翻译官是指移民家庭的孩子在语言不通的父母与医生、学校教师、其他机构工作人员之间扮演中间人，为他们担当翻译。这就是一个很好的例子。[48] 安妮·周是其中一员，儿时随父母从中国移民到了澳大利亚。她回忆起当初陪父母一起去银行开户时的情景："我记得当时我踮着脚尖，努力想看到坐在对面的柜员，那时我还那么小……我十分焦急，如果有些东西我不知道，那么我都不知道该向谁咨询。"[49] 一些可能发生在中介者身上的压力可以通过家庭内部的强关系、学校或其他外部机构的支持来抵消。研究发现，担当儿童翻译官的大多数孩子不仅不会屈服于压力，还会坚定不移地忠于自己的家庭。

如果条件合适，中介者与召集者就可以联手做到互惠互利，但是彼此之间的合作与信任也是必不可少的。

成功的 6 种关键角色

罗布·克罗斯和罗伯特·托马斯对诸多公司高管的人际网进行了研究，这些高管所在的公司始终位于幸福感排行榜和业绩排行榜的前 20%。研究人员发现这些人际网具有一系列非常具体的特点，核心人际网通常由 12~18 个联系人、6 种关键角色组成。

在他们的核心圈子里，至少有一个人可以为他们提供：

1. 信息渠道

2. 正式权力

3. 发展反馈

4. 个人支持

5. 目标感

6. 对平衡工作与生活的支持

在他们的核心圈子里，一个人也可以扮演多种角色。关键是，这些事情他们都不会自己去完成。

前三种角色是职业成功的关键。正如我们将在第九章中阐述的，导师和赞助人在信息渠道、正式权力、发展反馈三方面可以发挥重要作用。此外，在他们的核心圈子里，还有人可以聆听他们的倾诉、提供个人支持，如门徒、老板、客户、朋友或家人，这些人能够帮助他们找到工作的意义，并重新引导他们朝着主要目标前进，符合这些条件的高管们是最幸福的。最后，他们还有一些支持者，这些人会时刻提醒他们审视自己的价值观，注意维持工作与生活之间的平衡。提供与精神支持、强身健体有关的活动均可，比如报艺术班、上音乐课、去健身房、当志愿者等，但如果没有人鼓励你加入这些活动，工作就很容易霸占你的生活。

除了这些角色以外，克罗斯和托马斯认为："真正重要的是结构：必须在更小、更多样化的不同群体之间搭建起核心联系，跨越层级、组织、职能和地域的界限。"[50] 你的召集式核心人际网中要有中介者的存在。

人际网存在流动性，它可以随着我们的生活、情感和工作需求的变化而变化。比如一些人在职业生涯早期从事销售工作，后来逐步进入了高级管理层，即便是当年最理想的人际网结构，如今也未必能够满足他们的工作要求。比如一名二十多岁的交际花失去了她的配偶，她的扩张者人际网无法提供她在痛苦时所需的精神支持。而搬家、失业和生孩子等人生大事都需要我们去适应、去调整。

尽管人际网在不断演进，但仍有一些是不变的，比如我们生活中仍然需要一些人，比如即使再短暂的邂逅也能够给我们带来精神鼓励。在下一章中，我们将把讨论的重点从如何建立更持久的人际网结构，转到我们人际关系的质量是如何由每时每刻的行动决定的。

第七章
每时每刻：
如何建立更持久的人际网

玛丽娜·阿布拉莫维奇与对方相隔约 1 米，相对而坐，凝望对方眉心，一言不发，一动不动，呼吸放慢"直到'几乎无法察觉'"。[1] 她说，这样的对视每次最好持续一个小时以上。在近 3 个月的时间里，她每天 8 小时，每周 6 天，在 MoMA（现代艺术博物馆）完成了与 1 500 多个陌生人的对视挑战，这是她的行为艺术表演《艺术家在场》的一部分。

　　"没有人能料到……任何人都愿意花时间坐下来，和我相互凝视。"阿布拉莫维奇说。[2] 人们在第 53 街上通宵排队，只为有机会能与这位举世瞩目的塞尔维亚行为艺术家面对面。在这 1 000 多场对视之中，许多人哭了，有些人笑了，少数人激动不已，有一个男人专门去文身以纪念他与阿布拉莫维奇的 21 场对视。[3]

　　"人们心中有太多的痛苦与孤独。当你注视着陌生人的双眼时，你会从中发现很多不可思议的东西。因为整个过程你沉默不语，但一切就这样发生了。"[4] 阿布拉莫维奇认为，缺乏眼神交流是一种社会毒瘤，[5] 我们应该在酒店大堂、购物中心等公共场所设立"眼神交流站"。"这完全出乎意料……人类对彼此交往有着如此巨大的需求。"[6]

人类有一种刻骨铭心的需求，需要被人看到、被人听到、被人理解，但这在现实中常常是奢望。"她在 MoMA 的艺术之美，"该馆前首席策展人克劳斯·比森巴赫说，"在于她付出了同样的关注和同样的尊重——去真心对待遇到的每一个人，这太令人震惊了。有些人对此受宠若惊；有些人认为他们理应得到重视，并最终在此如愿以偿；有些人爱上了她。"[7]

连一句话都没说就爱上了一个人，这怎么可能？北卡罗来纳大学教堂山分校凯南-弗拉格勒商学院杰出心理学教授芭芭拉·弗雷德里克森认为：爱，是一种情绪。[8] 像所有的情绪一样，它是在短暂交往中产生的。

瞬间——就像阿布拉莫维奇想要创造的那样——决定了我们交往的质量。密歇根大学荣誉教授简·达顿把这种交往称为高质量联系。[9] 根据达顿、约翰·保罗·斯蒂芬斯和埃米莉·希菲的说法，这种联系让人充满活力、如沐春风，使他们欣然于互帮互助。正如治疗师莉萨·乌伊莱因所说："它能给你带来活力感、存在感、生命感。根据我的切身经历，两人陷入恋情的生活是如此丰富多彩。能够好好地活在当下才是真正令人惊叹的。"[10]与爱情不同的是，这些交往一般来说未必是积极的。交往双方不一定很开心，但会拥有很高的情绪承受能力。[11]与普通的交往相比，他们能够承载更多的情绪，包括积极的和消极的。这让他们的复原力很强，能够从逆境中很快振作起来。

当我们处于高质量联系中时，我们的身体会做出生理反应：血压降低、心跳变慢、激素释放。[12]你可以切身感受到高质量联系的存在，这也许能解释为什么会有50多万人集休见证了阿布拉莫维奇与陌生人之间的联系。

瞬间产生的潜在联系——电梯里短短几秒钟的打招呼所产生的效果如同爱人的额头一吻——可以解释社会生活中一个更令人困惑的问题，那就是即使再短暂的交互，也能对我们的生活和幸福感产生变革性的影响。虽然我们的人际网是通过反复交互形成的，但瞬间决定着我们的情绪体验。

假设你要去点一杯咖啡，你走到咖啡师旁边，问问他今天过得怎么样，跟他眼神接触的同时微笑着递上信用卡；然后，还是假设去喝咖啡的情景，但这次的你急不可耐，你以迅雷不及掩耳之势下了单。加拿大英属哥伦比亚大学的吉莉恩·桑德斯特罗姆和伊丽莎白·邓恩进行了一项研究，他们将受试者随机分配到这两种情境中，发现之所以与咖啡师短暂交流会让彼此更加开心，很大程度上是因为人们会获得很强的归属感。[13]

当你走在街上时，他人的一颦一笑也会产生同样的效果。在美国中西部的一所大学的一项研究中，一位研究助理从 282 个陌生人身边逐个擦肩而过，有时面带微笑地看着对方的眼睛，有时看着对方的眼睛但是面无表情，有时不看对方只是盯着走路的方向。德语中专门用一个词组来形容最后一种行为：wie Luft behandeln，即"视而不见"。然后，换另一位研究人员走过他们身边。这一次无论是否有眼神接触，这位研究人员都会问他们："在最后一刻，你觉得自己与他人有多么疏远？"人们会用微笑来表示对他人的认可，甚至是在陌生人之间。这会让参与者产生更强的社会联系感，前提是他们必须能注意到对方的微笑。对没有注意到一颦一笑的人来说，其中 55% 的人的社会联系感与被人视而不见时的水平相当。[14]

跟陌生人、咖啡师随便聊几分钟，跟爱人相处同样的时间，二者带给我们的快乐程度是一样的。加拿大英属哥伦比亚大学的研究人员开展的一项研究表明，跟陌生人交谈与跟爱人交谈令人同样愉悦的原因是，我们在跟陌生人交谈时往往会尽力表现出自己最好的一面，而恰恰是这种试图表现快乐的行为会真的让我们发自内心地感到快乐。[15]

我们天生就具有建立变革性联系的能力，并且知道如何取得这种联系，即使是和陌生人之间——只要我们愿意去尝试。我们日常的所作所为其实决定了我们社会联系的水平，但我们很少会去反思它们。用心观察，用心聆听，可以让你与他人顺利建立起联系。然而，大多数时候，我们要么操之过急，要么惧怕和他人走得太近。

分心会使关系疏远

《圣经·路加福音》10 章 25—37 节中，耶稣基督讲述了一则寓言。一名犹太人在从耶路撒冷前往耶利哥的路上遭到了抢劫，强盗剥光了他的衣服，殴打一顿，随后弃之路边。这时先后走来了一名祭司、一名利未人，两个人从他身边经过却未提供任何援助。最后一名撒玛利亚人走上前来，帮他包扎伤口，扶他骑上自己的牲口并带到店里，还自己掏钱让店主好生照顾他。[16]

20 世纪 70 年代，两位心理学家在普林斯顿大学格林楼附近重新演绎了这个寓言。他们想知道为什么祭司和利未人从这个人身边经过却不闻不问。对这名祭司来说，他对其宗教价值观只是表面上的侍奉，心里却不真正相信这些？还是说，对那名撒玛利亚人来说，其内心的价值观使他更情愿伸出援手？

约翰·达利教授和丹尼尔·巴特森教授从普林斯顿神学院招募了 47 名牧师进修生，希望搞清人们帮助他人的动机。他们假装是在研究这些神学生毕业后的职业前景，于是让一半学生准备关于职业前景的演讲，让另一半学生准备关于好撒玛利亚人①寓言的演讲。在准备妥当以后，学生们再前往隔壁另一座大楼里录制自己的布道演讲。

在去往隔壁大楼的路上，他们在大门口碰到了一个人。这个人装成受伤者，趴在地面，低垂着头，紧闭双眼。当神学生们经过时，他咳嗽了两下并发出一阵呻吟。

谁停下了脚步？尽管有些人回想起了这则寓言，尽管有些人所准备的演讲主题就是这则寓言，但他们仍然不愿停下脚步。正如研究人员提到的那样："事实上，有少数几个神学生，虽然他们的演讲主题就是好撒玛利亚人的寓言，但在匆忙赶往演讲地点时，他们实实在在地从受伤者身边走了过去！"[17]

是否告诉他们"你已经迟到了，你要抓紧时间"这句话，结果的差别很大。被告知这一点时，只有10%的神学生驻足确认受伤者的情况；当未被告知这一点时，则有63%的人停下了脚步。

近1/4的美国人总是感觉自己很忙。"当今世界变化太快，人们难以集中注意力。"[18]惠特尼美国艺术博物馆策展人克丽茜·艾尔斯在描述玛丽娜·阿布拉莫维奇的作品时说："她让每个人大脑的运转都慢了下来。她让我们一动不动地在那里坐上许久，而我们平常并不会这么做。结果证明，她改变了我们。"[19]

---

① 宗教历史上，犹太人和撒玛利亚人世代为仇。因此，这里的"好撒玛利亚人"在西方文化中成为好心人、见义勇为的代名词。——译者注

我们处于匆忙状态时，我们与朋友、家人、同事、陌生人联系的能力就会下降。而一旦进入急不可耐、心神不定的状态，我们就难以去解读他人情绪上的表达，比如他们的眼神交流、他们的说话语调。[20]当心烦意乱、倍感压力、时间紧迫时，我们就往往会以自己为中心，进入自我专注的状态，此时就没法做到很好地理解他人。[21]

现在想象一下，如果参加这项研究的神学生人手一部手机，那么也许他们压根儿没发现有这么个需要帮助的人。使用手机会引发研究人员所称的无意视盲[22]，它指的是，当人们没有把全部注意力都集中在身边的人和事上时，尽管某种刺激似乎一目了然，但是假如他们事先不知道，往往就会感知不到这种刺激。举例来说，假设一名小丑骑着独轮车从你身前经过，正常来讲你肯定会注意到他。但在一项关于无意视盲的研究中，正在使用手机的用户只有 1/4 注意到小丑骑着独轮车擦肩而过，正在与他人交谈的人有 2/3 以上注意到了小丑。

我们即使与他人待在一起，常常也没法完全集中注意力。近90% 的智能手机用户承认，他们在最近一次聚会中刷手机。[23]1/10 的成年人甚至会在做爱过程中查看手机。[24]

当我们分心时，我们很难注意到周遭发生的事情，我们解读他人情绪的能力也会下降，最终造成我们与他人的社交关系越发疏远。[25]即使我们原本打算和亲近的人多相处一些时间，手机的存在也会削弱我们的社交能力。在温哥华的一家博物馆内，研究人员请带着孩子参观的父母们参与一项研究，他们被随机分配为两组，一组尽可能多地使用手机，另一组则尽量避免使用手机。结果显示，在参观完博物馆后，使用手机的父母与不使用手机的父母相比，前者与他人的社会联系感低了23%。[26]

手机的存在对你的人际关系十分有害。有一项研究将300个参加朋友或家庭聚餐的人随机分为两组，一组把手机放在桌上，另一组把手机收起来。研究发现，仅仅是把手机放在桌上这一动作就可以降低聚餐带来的愉悦。[27]这种影响虽然不算特别巨大，但是很容易观察出来，并且非常重要。如果在观察过程中再结合人们所谈论的话题，你就会发现这种影响将变得更大。举例来说，一项研究请参与者的一半人随便闲聊有关塑料制圣诞树的话题，另一半人则讨论他们过去一年生活中最为重要的事件。对那些随便闲聊的人来说，手机对谈话的影响并不算太大；然而，当一场颇具意义的讨论中有手机的存在时，谈话的整体质量则要低得多，这是因为人们对信任和共情的感知力下降了。[28]如果你把手机放自己旁边，那么无论用不用，你最好的做法是跟别人聊聊塑料制的圣诞树，而不是讨论一个颇具意义的话题。

尽管手机看上去微不足道，但手机带来的累积效应不可忽视，它甚至会损害成年人最长久、最持续的关系——婚姻。一项名为"我的手机是造成我的生活分崩离析的罪魁祸首"的研究发现，如果夫妻中有一方在吃饭时频繁查看手机，或者两人相处时抓着手机不放，那么两人感情的整体质量就会大不如前。[29] 婚姻满意度下降的主要源头就是手机引发的争端，而这种冲突又会进而导致生活满意度降低、抑郁率升高。小小手机所产生的影响竟如此巨大，这令人很难相信，但此后一项针对 243 名中国成年人进行的研究也同样发现，使用手机会降低婚姻满意度，最终引发抑郁。[30]

当然，婚姻不幸的人、心中不快的人更愿意通过手机麻痹自己、分散自己的注意力。手机甚至被证明是一种有效的麻醉剂。对正处于治疗过程中的患者们来说，有些人不使用手机，而有些人会用手机给陌生人发短信，结果发现前者需要追加止痛剂的可能性是后者的 6 倍以上。[31]

但是，社交关系恶化的原因不只是手机带来的麻木或冲突，最重要的是手机导致人们分心。研究人员分析了参观科技博物馆的父母们和用餐中的夫妻们觉得不愉快的原因，他们发现，人们之所以会感到彼此距离疏远，是因为手机会让他们分心——就像那些神学生一样。[32]

看着陌生人的眼睛

想象一下，在一个秋高气爽的日子里，你从一家咖啡店推门而出，在人行道上惬意地踱着步。路面宽敞，行人寥寥。此时距你三四米远，有一位陌生人独自向你走来。他没有打电话，没有抽烟，也没有吃东西，只是在走路。你不看着他，而是只盯着自己脚下。请问，此时他会看着你吗？玛丽娜·阿布拉莫维奇的回答大概是"不会"。

只有不足一半的陌生人会在这种情况下看过去。但如果你瞥了一眼他们又会如何？此时他们看向你的概率增加到了55%。而当你面带微笑地看向他们时，他们与你进行眼神交流的概率比当你盯着自己脚下时的概率要高 2.75 倍。[33]

如果你不是在圣路易斯，而是身处日本，那么你的目光会让对方立马露出微笑的概率只有 2%。[34] 一般来说，人们对眼神交流的接纳程度因文化而异。尽管如此，有一项被业界认为是跨文化研究"金本位"的民族学研究，其针对全球 306 种文化进行分析后发现，人与人之间的和睦相处大都是由眼神交流开始的。[35] 无论是古罗马人还是伊朗人、爪哇人还是希瓦罗人、土耳其人还是特罗布里恩群岛的土著，眼神交流与好感度之间都存在着正相关性。只有一种人（祖鲁人）是例外，其族群内的眼神接触带有负面含义。

眼神交流的最佳持续时间是多长？当你在购物中心、酒店大堂或人行道漫步遇到陌生人时，你俩之间的眼神交流通常都十分短暂，此时将眼神交流维持在三秒钟左右最让人感到舒适。[36] 若持续时间再短一点儿，你就好像是在躲闪对方的目光；若持续时间再长一点儿，你就可能会给人留下不熟装熟或盛气凌人的印象。

此外还有一些规律：在交谈之中，人们倾听时的眼神交流的可能性是发言时的 2~3 倍；当人们讨论私事时，往往很少有眼神接触；人们相互合作时比相互竞争时更愿意看着对方。[37]

当有人直视你时，你很难视而不见。婴儿从出生之日起就喜欢相互直视，而不会转移视线。[38] 我们越容易察觉到他人的直视，就会越多地产生生理反应，心跳也会加快。当我们互相直视时，彼此的联合注意力、共情力、记忆力都会增强。相比于转移视线，这种（合理范围内）直接的眼神接触可以使人更迷人可爱、更聪明睿智、更值得信任、更有权力感。

哈佛大学心理学家齐克·鲁宾的一项经典研究表明，彼此深爱的夫妇在交谈中互相注视的时间比那些感情淡漠的夫妇长 26%。[39]

在随后一项名为"看与爱"的研究中，研究人员想知道陌生人彼此对视是否会让他们心生爱慕。[40] 研究人员将 96 名陌生人分别随机与一名异性配对，请他们有的看对方的手，有的看对方的眼睛，有的数数对方在两分钟内眨了几下眼睛。一切都在计划之中，这些看的动作都是为接下来的真正实验做准备的。随后，研究人员不再让他们看着对方的手或计算眨眼数，而是请他们凝视着对方的双眼，结果发现此时他们对彼此的好感大幅提升。所以，我们不仅仅是喜欢注视所爱的人，注视这件事本身也能反过来让你坠入爱河。

我们的眼睛能够传递我们内心的感受，无论这种感受是喜爱、愉悦、傲慢还是恼怒。而解读他人眼神的能力是测试一个人社交商高低的最佳指标之一。20 世纪 90 年代末，西蒙·巴伦-科恩最先发明了一项用来诊断自闭症的测试，即"眼神读心术"[41]（你可以在此处进行这项测试：http://socialintelligence.labinthewild. org）。该测试展示了 36 张男女演员眼部的黑白照片，他们表达着不同的情绪状态，你可以从每张照片旁边的 4 个表示情绪状态的选项中选择其一。这位皱着眉头的男人是不安的还是恼怒的？那位扬起浓眉的男人是烦躁的还是友善的？你越善于通过眼神来推断别人的情绪状态，你就越是亲社会型的人，就越容易融入人群并做出共情反应。

所以去看向别人的眼睛吧，但是也不要盯得时间太久。心理学家乔瓦尼·卡普托发现，在光线不足的环境下相互凝视 10 分钟，人们会逐渐感觉自己游离于现实世界之外。不仅如此，它还会产生诡异的幻觉，那些长时间对视的受试者大多觉得对方面部出现了扭曲，甚至看见了一种"鬼怪般的幻象"，还有很多人感觉时间的流逝变慢了。[42] 或许不妨一试？

提出最有力的问题

在一场鸡尾酒会上，你手握酒杯，走到一张高脚桌旁，向一位刚嚼完脆饼的陌生人介绍自己。其间，你把手机深深藏进了包里，与对方进行了完美的眼神交流——持续时间刚刚好。然后你会跟他说什么？

在经典著作《人性的弱点》中，戴尔·卡内基给出了建议："问别人喜欢回答的问题。"[43] 该书出版的 80 多年后，哈佛大学的一个研究团队证实了卡内基的建议是明智的，你可以通过提问的方式与他人建立联系。

卡伦·黄、迈克尔·约曼斯、艾莉森·伍德·布鲁克斯、朱莉娅·明森和弗朗西斯卡·吉诺为了验证卡内基的说法，调查了人们在谈话中提出的问题数与对方对其的好感度之间的关系。在这项研究中，研究人员让 400 名参与者在行为实验室里两两配对，进行 15 分钟一对一的线上聊天；再对他们进行随机分配，让每个配对组中的一人在聊天中提出 4~9 个问题（这是基于已有研究得到的阈值）。结果发现，相比只被提寥寥数个问题的人，被提很多问题的人喜欢对方的比例高了 9% 左右。

在实验室之外的研究中，卡伦·黄及其同事们还调查了 110 个人在闪电约会中提出的问题。他们每人参加了 15 次左右的闪电约会，每次持续 4 分钟，麦克风录下了他们约会期间的交谈。

研究人员再次发现，这些人问题提得越多，就越容易与陌生人建立联系，双方下一次约会的可能性就越大。

但并非所有的提问都有同样的效果。心理学家们将提问分为6种不同类型：开场式问题、全开关式问题、部分开关式问题、跟进式问题、镜像式问题和修辞式问题。"你好吗？"就是开场式问题的一个简单例子。全开关式问题和部分开关式问题可以用来转移话题。例如，一位陌生人正在一边嚼着脆饼一边跟你聊她的会计工作，你突然插嘴问她有什么爱好，这就是一个全开关式问题。跟进式问题是指提一些与对方刚刚讨论过的事情相关的问题。镜像式问题是指对方刚问过你一个问题，你又问对方相似的问题。比如，如果有人问你有几个孩子，你回答："我有三个孩子，你呢？"这就是一个镜像式问题。镜像式问题和跟进式问题的区别在于，提出镜像式问题之前对方所说的话是疑问句而不是陈述句。

其中，跟进式问题可谓是万能药，它几乎具备交谈提问的所有优点。[44]

跟进式问题是强有力的，这点毋庸置疑，但人们往往忽视了它的力量。当人们回想之前一段对话中被提了多少问题时，他们往往记得一清二楚，但是他们不觉得这些提问和好感度之间有什么关系。

相比于提问，人们更愿意在对话中谈论自己、推销自己，在求职面试、初次约会等加入新的社交场合中时尤其如此。但这样他们反而无法将自己推销得很好。提出问题，特别是跟进式问题，可以让你把注意力放到对方身上，促使对方表露自我，从而建立起融洽的关系。提及对方的名字、配合对方讲话的风格、肯定对方讲话的内容，这些都是以对方为中心的谈话行为，相关研究表明，这些做法都能够增加对方对你的好感。[45]

人们在谈论自己时，还能从内心获得快乐。在多项实验中，人们为了回答事关自己的问题，甚至不惜放弃金钱；而且为了让更多的人听到自己的事，可以放弃更多的金钱。[46]在召集者一章中，我们已经认识到了自我表露的力量。[47]亚瑟·阿伦给出的36个问题外加4分钟凝视的测试，[48]已经充分证明了提问的力量，但这36个问题中缺少了神奇无比的跟进式问题。

首要义务就是倾听

跟进式问题的神奇之处在于，它表明你在真正地倾听。我们花在倾听上的时间接近44%，[49]但实际上很少有人能把别人说的话真正听进去。

能够被倾听如同收到一份赠礼。正如越南的一行禅师所说："我们能给爱人最好的礼物就是我们真正的存在，我们真正的倾听。"神学家、哲学家保罗·蒂利希也曾说过："爱的首要义务就是倾听。"

卡尔梅莱内·夏尼回忆起与一位朋友的一次深度谈话，那次谈话让她承诺在以后的倾听中自己要更加深入。[50] 夏尼的朋友在童年的一次事故中严重受伤，这位朋友透露了她拒绝继续治疗的原因。她 15 岁时接受了皮肤移植手术，而每一寸移植的皮肤都让她回想起当年的创伤。每一处伤疤都让她感到更加孤独。"我还像身处井底，抬头看到我的母亲及其他家人趴在井边望着下面的我，"她告诉夏尼，"'我们在这里等你……我们爱你。'他们反复对我说。他们从未离开过井边，但也没有人下到井底陪着我。"她继续平静地说道："我希望他们当时能听我说话……我当时希望他们让我保持原样，让我能够感受害怕和痛苦。我希望他们当时没有告诉我痛苦会消失，这样有一天我会慢慢地好起来。我希望他们能让我谈谈我当时的感受，即使那时我还小，也不应该否认自己经历过什么。"

有的时候，人们所需要的既不是建议，也不是安慰。

倾听真的可以让痛苦消失。多项临床试验发现，倾听可以减轻患者的身体疼痛。[51] 有效倾听可以改善领导能力、销售业绩、学习成绩、婚姻关系，可以应对青春期或爱哭闹的子女，乃至改变人质谈判的结果，等等。[52] 员工如果感觉到老板会用心倾听他们的想法，他们就不太会感到精神疲惫，也就更不容易辞职。[53] 当人们感到你在倾听时，他们就会更信任你、喜欢你，并且精神振奋。[54]

然而，真正的倾听比看上去要更加困难。正如临床心理学家理查德·舒斯特所写的那样："尽管这件事看起来易如反掌，但实际上它不断地从我们指间溜走。我们似乎都知道如何倾听，但我们中的许多人（甚至是训练有素的心理治疗师）无法做到正确地倾听。"[55] 因为每个人脑袋上都有左右两条耳道，声音由此传入，所以人们都自以为知道如何倾听。

　　不仅如此，几乎所有人都自以为很擅长倾听。[56] 埃森哲公司对 30 个国家的 3 600 多名职场人士进行的一项调查发现，96% 的受访者认为自己是优秀的倾听者，[57] 但是任何人（哪怕只工作过一天的人）都知道：这根本不可能。即使是受访者也承认自己的注意力会高度分散，而且他们还要经常并行处理多项任务。

　　这是一种叫作积极错觉的心理学现象，是指人们一再对自己做出不切实际的积极评价。

　　观众们对于刚刚看完的晚间新闻只能回忆起不到 1/4 的内容。[58] 事实证明，倾听是极其困难的。一般来说，人的谈话速度是每分钟 150 个词，而人的理解速度则要比这快得多。[59] 因此在谈话中我们拥有的思考空间太大，以至常常心不在焉。马特·基林斯沃思和丹·吉尔伯特进行了一项研究，利用手机技术发送并接收报文，观察参与者走神的频率。根据研究结果，在醒着的时间里，我们有 47% 的时间在想我们手头所做以外的事情。[60]

　　何为一名优秀的倾听者？明尼苏达大学教授拉尔夫·尼科尔

斯一开始研究这个问题是因为他认为学生们在课堂上没有认真听他讲课。他招募了明尼阿波利斯市从小学一年级到高中三年级的教师们来帮助他解决这个问题，他让这些教师在讲课过程中偶尔停下来，然后问学生："我刚才讲了什么？"

他在与伦纳德·史蒂文斯合著的书《你在听吗？》中写道："如果我们把优秀倾听者定义为对讲述者全神贯注的人，那么小学一年级的孩子是所有人中最优秀的倾听者。"[61] 如果你有年幼的孩子，那么你可能很难相信这一点。但结论显示，小学一年级和二年级学生有 90% 的时间都在用心听课；中学生中，好好听课的学生不足一半；高中生更是不足三成。

为什么孩子比成年人更擅于倾听？这并不是因为上小学的孩子更为专心，而是因为人一生的注意力水平在整个上学读书阶段内都在不断提高，通常要在离开学校之后很久才会开始下降。[62]

在"倾听领域之父"[63]尼科尔斯调查了听课问题的许多年之后，另一项研究考察了人们在一生中对自己倾听技能的认知水平。[64]从小学生到老年人，无论在哪个年龄段，大多数人都认为自己是"有能力的倾听者"。但孩子们拥有一种品质，可以说是有效倾听的最重要的、唯一的标准品质——开放的心态。加利福尼亚大学伯克利分校的艾莉森·高普尼克牵头主持的一项研究表明，年轻人思想更开放，脑筋更灵活，也更具探索性，孩子们"因已有知识而产生的偏见也更少"[65]。也许这就是研究发现小学生更善于倾听的原因吧。

当一个人在倾听时，开放的心态是一种颇具价值的资产。因为人们常常只能听见他们想听见的内容，根据尼科尔斯和史蒂文斯的观点，这是有效倾听的最大障碍之一。[66] "我们的倾听能力会受到情绪的影响，"他们写道，"形象的说法是，我们会伸手按动开关，把我们内心不想听见的声音拒之门外。或者，从另一方面说，当有人说了一些我们特别想听的内容时，我们会竖起耳朵认真听，接收他所说的一切——真的、假的、真假参半的。因此，情绪就如同声音的滤波器。有时它会导致听力大幅下降，有时它又会使得听力大幅上升。"

这一切都回避了一个问题：做一个有效倾听者意味着什么？研究倾听的领域中，至少有 65 种测试倾听的不同方法，[67] 但这些都可以归结为少数几个基础维度。[68] 比如认知因素：你真的听到了声音并记住了你所听到的吗？（"我听懂了。"）行为因素：你是否投入并表现出一名优秀倾听者的典型行为，比如眼神交流、微笑和点头？（"我做到了。"）情感因素：你是否真正抓住了对方表达的意思和情绪？（"我体会到了。"）还有被称为"道德"的维度——你是否在带有批判性地倾听对方说的话。

据估计，只有不到 2% 的人接受过有组织的倾听训练。[69] 在这不到 2% 的人中，绝大多数人都接受过积极倾听等类型的训练，这类训练专注于锻炼人的认知部分和行为部分。很多人认为有效倾听就是点头、微笑、提出开放式问题和试探型问题、释意①，这些都属于认知因素和行为因素。

但是仅仅听懂意思还不够，倾听还要做到不急于下结论。明尼苏达大学的一个研究团队将这种形式的倾听称为深度倾听，它是"一个学习的倾听过程"[70]。

过多专注于"优秀倾听者应如何表现"——该微笑的时候微笑，思考提什么跟进式问题，会让你从真正的倾听中分心。沉默所起到的作用其实与点头、微笑、发出"嗯哼"等行为是一样的。在一项针对167名学生的研究中，研究人员将学生们分为两组，其中一组强制保持沉默长达12个小时，另一组则参加了讲解倾听类型和常见倾听障碍的简短课程。然后，经过比较两组的倾听效果，他们发现两组的测试结果差不多。然而，长时间沉默那组的学生，对自身行为有了启发性的深刻认识。[71]正如一名参与者所说："倾听是很难的，因为我总是沉醉于自己的思维。"另一名参与者则意识到："我越安静，我周围的人就越想畅所欲言。"还有一名参与者说得恰到好处："人们想说的比想听的多。"

达到同样的效果、形成类似的认识不需要12个小时，只需不到12分钟的练习。你可以找一个朋友或同事，花两分钟时间听他回答这个简单的问题："今天的你是什么样子的？"不要打断对方，

---

① 一方用自己的话解释对方所说的话，以达成理解上的共识。——译者注

不要提出问题，不要提供建议，不要表示肯定——只是倾听。

整个过程在刚开始尝试的时候都是很让人难受的。随时注意你可能要打断对方的任何想法。这些想法在什么时候出现？为什么出现？你有没有发现自己想要打断别人？是不是想要说你自己的事？

如果想成为一名更优秀的倾听者，你就必须了解自己的谈话习惯。俗话说：面对它，挑战它，驯服它。

对讲述者来说，面对这种倾听者可以让他们身心舒畅，这让他们获得了超乎寻常的倾听空间；但同时，我又不止一次地看到身为倾听者的高管们被这项小小的练习逼得痛苦不堪。当在陌生人之间进行这项练习时，他们经常说，在这240秒内对彼此的了解比花上两个星期对彼此的了解还要多。

这项练习就是深度倾听的一种形式。根据一行禅师的说法："深度倾听是一种可以化解他人痛苦的倾听之道，你也可称之为慈悲的倾听。你倾听的目的只有一个：助他放空他的心……即使他所言之事充满了谬误、充满了痛苦，你仍需以慈悲心去倾听。因为你知道，像那样慈悲地倾听，你就赋予了他一次减轻痛苦的机会。若你还想助他纠正谬误，那请静待下一次吧。就此次而言，你只是带着慈悲心去倾听，助他减轻痛苦……倾听只需一个小时，可以带来变化，带来治愈。"[72]

当我们深度倾听时，我们的大脑会与讲述者同步。在一项开创性的研究中，普林斯顿大学的乌里·哈桑及其同事们发现，随着谈话内容的展开，人们会在大脑中与讲述者共舞。实验里一位女士担任讲述者，她提到过去自己找舞伴跳了一支舞蹈，但因为没有提前练习，结果出了差错。当她讲述这个故事时，研究人员用功能性磁共振成像仪来观察她的大脑的哪个区域会被激活；然后，他们招募了 11 个人倾听这个故事的录音，同样用功能性磁共振成像仪进行观察。他们发现，倾听者和故事讲述者的大脑是彼此耦合的。当故事讲到相同之处时，讲述者和倾听者的大脑的相同区域会被同时激活；当该故事用俄语讲述时（倾听者听不懂的语言），这种同步性就不复存在了；当讲述者所讲的与倾听者所听的不是同一个故事时，情况也是如此——不存在同步性。彼此的相互理解会形成神经上的彼此协调。[73] 还有，对那些倾听得最为深入的人来说，这种大脑的耦合也是最强的。他们甚至偶尔还会先于讲述者产生大脑活动，他们提前就能知道讲述者接下来要说什么。

深度倾听可以让人们通过语言和语调来表达自己。正如拉尔夫·尼科尔斯所写的："人类最基本的需求就是理解和被理解。理解他人最好的方式就是去倾听他们。"

身体接触是社交媒介

近日，我数了一下有人在工作时故意触碰我的次数，三天内总共有两次，而且触碰来自同一个人。触觉是最容易被我们忽视的感官之一，无论从科学上还是在生活中都是如此。约翰斯·霍普金斯大学神经科学教授、《触感引擎》一书的作者戴维·林登表示："在过去 50 年的科学文献中，有关视觉的论文每出现 100 篇，有关触觉的论文只会出现 1 篇。"[74] 除了科学领域之外，触觉还缺乏真正的艺术形式，而其他所有感官都拥有其专属艺术[75]：绘画、素描、雕塑是视觉的盛宴；音乐是听觉的享受；美食是味觉的旅程；香水是嗅觉的特供，即便嗅觉经常被人忽视。然而，类似对应的艺术形式在触觉上却不存在。我们可以通过音频和视频传递声音和画面，却无法用类似的媒介来传递触感。[76]

然而，触觉却是人类最先发育出的感官。据估计，触觉早在胚胎发育的头三个月内就产生了。成年人的平均皮肤面积达到约 2 平方米，[77] 而皮肤又处于我们人体的最外层。根据加利福尼亚大学伯克利分校教授达契尔·克特纳的说法："身体接触是'主要的道德体验'。"[78] 他解释道："肌肤与肌肤之间，父母与孩子之间，身体接触就是我们社交生活中的社交语言。它为情绪表达奠定了基础。"

马修·赫滕斯坦、克特纳及其同事们想探究人们仅通过身体接触是否能将情绪传递出去，他们在两个陌生人之间竖起了一道形状略显诡异的隔板。其中一个人把一只胳膊通过隔板的缝隙伸到对面；另一个人则根据研究人员提供的情绪列表，试图通过触摸的方式将这些情绪逐一传递给对方。研究人员预期，被触摸的人如果纯靠猜测去揣摩对方的情绪，那么正确率应该为25%。但实际结果令人十分惊讶，50%以上的参与者都能够通过简单的身体接触正确分辨出感激、愤怒、喜爱和同情等情绪。[79] 抚摸和轻拍可以传递同情，颤抖可以传递恐惧，击打和挤压可以传递愤怒。

更重要的一点是，喜爱和感激这两种情绪也可以通过身体接触来区分，而即使通过面部表情和语言沟通，人们也常常无法很好地将这两种情绪区分开来。当通过短语音分辨喜爱或感激的情绪时，人们的正确率还不到20%，而通过身体接触分辨的正确率则要高得多。研究还发现，有些情绪是难以通过身体接触传递的，比如尴尬、惊讶、嫉妒、骄傲等与自我关注有关的情绪。因此，身体接触似乎是一种社交媒介，而非自我表达的媒介。

如果你想请求一个人做些什么，那么在合适的时机触碰这个人能增加其答应你的可能性。当你想请对方透露自己的个人信息、在酒吧跳一支舞、[80] 借给你一些零钱、[81] 配合做一份调查、[82] 多给一点儿小费[83] 或者品尝一口比萨[84] 时，与对方有身体接触都会让对方同意的概率更高。

人们被触摸时更有可能同意对方的要求，是因为他们对触摸自己的人会产生更多的正面评价。无论研究对象是教师、图书管理员还是服务员，无论对方对身体接触这一举动持接受态度还是厌恶态度，多项研究发现，被触摸者通常都认为对方更加友好、真诚、随和、善良，这些正面认知可以解释为什么他们会同意对方的请求。[85] 甚至在一项研究对象为二手车销售员的实验中，情况也是如此。二手车销售员是一种通常情况下人们会对其持怀疑态度的职业，按理说人们应该不喜欢与他们有什么身体接触。然而，与没有身体接触的男性们相比，与销售员只接触了一秒钟的男性们认为对方的友好度高28%、真挚度高38%、诚实度高34%。

身体接触听上去就像是现代版的万能药：它能够减轻压力，降低血压，减缓心率。在上台做外科手术、做公开演讲等使人倍感压力的事情之前，与他人握手、拥抱可以减轻焦虑，降低血压和皮质醇水平，其中皮质醇是与压力相关的一种生物标志物。[86]

握手、拥抱还可以增强你的免疫系统，抵御普通感冒。卡内基梅隆大学、弗吉尼亚大学健康科学中心和匹兹堡大学的研究人员让400多名成年人在后续的实验过程中记录下他们所有的社交行为，包括打架和拥抱。交代清楚之后，研究人员将他们隔离在一个酒店的独立楼层里，使他们暴露在满是感冒病毒的空间之内（研究人员事先采集并检验了他们的血液，确保他们不会对这种病毒免疫），然后观察最后谁会得病。结果发现，超过30%的参与者的病情达到了临床诊断标准。尽管如此，拥有社会支持越多的人感冒的概率越低，拥抱这一行为贡献了社会支持所产生效果的近 1/3。虽然我们通常认为拥抱是感冒的传染途径之一，但它在预防感冒方面的效果反而出奇地好。[87]

恰到好处的身体接触——无论是爱抚、拥抱，还是紧紧握手——还能让我们感觉良好、减轻痛苦、与周围的人建立同步性。

帕维尔·戈尔茨坦在他的女儿出生之时，发现牵着妻子的手似乎能减轻妻子分娩的阵痛。[88]于是他开展了一项调查，以证明人类彼此之间的身体接触存在着深远的影响，并开始阐述它具有如此巨大社交影响力的可能原因。

戈尔茨坦及其同事们招募了 22 对共同生活了一年以上的夫妻，将他们分为三组：坐在不同的房间里、坐在一起但没有身体接触、坐在一起手牵着手，然后观测他们的脑电波、心率和呼吸的变化。当仅仅是坐在彼此旁边时，无论他们是否有身体接触，两人的 α 波的同步性都会因此增强（α 波与对疼痛的感知和共情具有相关性），心率和呼吸的同步性也会随之增强。[89]

当热敷在女方的前臂使其疼痛时，彼此没有身体接触的夫妻的大脑耦合、呼吸和心率变得不再同步。但在那些手牵着手的夫妻中，两人的同步性增强了，女方的疼痛也减轻了。夫妻二人的脑电波耦合性越强，女方就越感到放松。

此外，男方的共情能力越强，夫妻脑电波的同步性就越强。那些认同"我认为自己是一个心软的人"等陈述的男方更容易与他们的妻子同步。[90]关于身体接触、共情和疼痛的科学研究还处于起步阶段，目前还难以确定当一方有同理心时，双方大脑之间的同步性究竟是如何减少疼痛的。但戈尔茨坦及其同事们解释了一种可能的原因："一种可能是男方的身体接触增强了耦合性，这使女方被对方理解的感觉更强烈了。"[91]过去的研究已经发现，共情作用和被理解的感觉可以降低对痛苦的感知，进而增加愉悦感。"你也许对妻子所承受的痛苦深感同情，"戈尔茨坦说，"但如果没有身体接触，也许这种心情就无法完全传递给对方。"[92]

从生物学和神经学的角度来看，恰到好处的身体接触，即使是在共情作用之下，也是极其复杂的。轻柔的爱抚只有在非常合适的速度和力度下才会让对方真正感觉到。如果速度太慢，感觉就如同虫子爬过；如果速度太快，感觉就是应付了事。

那么，从神经科学角度来说，完美的触摸是什么样子的？"感受到皮肤的温度……力度适中，以每秒三厘米的速度移动。"[93]

触觉不是一种单一的感官。按照戴维·林登的说法，它是由多个并行工作的触觉神经产生的。[94]各个神经纤维分别用来感觉寒冷、疼痛、瘙痒、振动和压力。你身体的不同部位有不同密度的神经，这使得某些身体部位对某种类型的触觉更为敏感，而对其他类型的触觉则不太敏感。比如，你的手指对压力特别敏感，这也是手部按摩令人感觉舒服的原因之一，而同样的按摩用在你的大腿或眼球上则不会有同样的效果。

瑞典哥德堡大学的哈坎·奥劳森及其同事们发现了专门负责

感觉人与人之间身体接触的神经末梢。这些神经纤维可以感受到爱抚，被称为 C 类触觉纤维。与其他触觉神经不同的是，它的神经传导非常缓慢。这种爱抚感觉纤维发送的神经信号仅以约每小时 3 千米的缓慢速度向大脑传输；而其他触觉神经，比如那些发送振动和压力的感觉神经，则以约每小时 193 千米的速度把信息发送出去，是前者的 60 多倍。打个比方来说，爱抚感觉纤维的传导速度就像一位母亲手推婴儿车的速度，而其他触觉神经的传导速度则更类似于跑车的速度。

这两种不同的触觉系统向大脑的不同部位发送信号，其中，爱抚感觉纤维所激活的大脑区域具备区分积极情绪与消极情绪的能力。人类的身体能够将感情上、情绪上的身体接触与中性的身体接触区分开来，这多少有些不可思议。倘若没有这种机制，打喷嚏和性高潮的感觉将会十分相似。此外，它还强调了身体接触的环境属性：同样的身体接触可能被人接受，也可能被人排斥，这取决于对方是朋友还是陌生人。[95] 产生个中差异的因素不仅仅是环境，还有触摸这一行为本身的实际感觉。

文化环境也很重要。在意大利，你可能会看到人们用拥抱以及一次亲吻（甚至两次亲吻）来问候对方；在日本，人们之间只会鞠躬，没有身体接触；在英国，一项研究发现，咖啡店的情侣们相处一个小时而完全没有身体接触；[96] 在美国，人们相对开放，双方每个小时会有两次身体接触；在巴黎，你在一个小时内能看到 110 次人与人的接触。

尽管在高接触文化和低接触文化中，身体接触的频率存在着很大的差异，但对于谁能够触碰谁，以及什么身体部位被触碰会感到舒适，似乎存在着放之四海而皆准的规矩。[97]在一项针对 5 个国家近 1 400 人的研究中，研究人员通过使用人体部位图观察人们在被陌生人、熟人、朋友、表亲、父母或伴侣触碰时，什么身体部位会令他们感到舒适。不出所料，当人们离得越近时，彼此可以触碰的身体部位越多。对于来自芬兰、法国、俄罗斯、意大利、英国的受访者，结果都是如此。情侣之间几乎可以触碰身体的任何位置，朋友和亲戚之间可以摸到头部和上半身，陌生人之间则仅局限于握手。

如果你对于身体接触何为恰到好处拿捏不清，那么这说明你对于自己处于何种人际关系也拿捏不清。在美国，这一般会陷入到底是应该拥抱还是应该握手的窘境。考虑一下沙恩·斯诺提出的一个问题，这个问题曾在互联网上引发了激烈的争论："当我在工作场合遇到一位男性熟人时，我确切地知道该如何问候——和他握手。但遇到女性时，我经常会感觉进退两难……第一次见面，我们握了手，这不难。但下次我们再见面的时候呢？此时握手会不会显得太过正式了（尤其是我们上次相处得还不错）？但是拥抱又会不会显得太尴尬？"[98]大家讨论后得出的结论似乎是，其中一个人必须坚定自信地做出选择，而最差的结果是两人互相展开试探性的拥抱。

人际关系与身体接触之间的这种复杂性恰恰证明了身体接触的力量。正如蒂法尼·菲尔德在她的书《接触》中所引用的那样："身体接触的力量是语言沟通或情绪沟通的 10 倍，它几乎会影响我们所做的一切。其他感官都不能像触觉这样唤醒你……我们忘记了触觉不仅代表着人类物种的基本能力，也是开启这种能力的关键。"[99]

什么都不做反而更好

在 MoMA 的三个月里，玛丽娜·阿布拉莫维奇只有一次打破了她的诺言——她当年的行为艺术情侣乌雷走过来坐在了她的对面。1988 年，阿布拉莫维奇和乌雷在万里长城上分道扬镳，结束了两人长达 12 年的恋爱关系。他们开始本打算在长城上结婚，最后却选择了在那里分手。因为此前乌雷出轨他的翻译并使对方怀孕了，随之而来的是阿布拉莫维奇和乌雷在法庭上持续多年的唇枪舌剑。

当乌雷坐下时，阿布拉莫维奇笑了。乌雷吸了一口气，向左侧摇了摇头，似乎在诉说只有她懂得的事情。也许这是一次道歉？她喘了口气，然后伸出双手，隔着桌子与对方紧紧交握。整个过程她一言不发，持续了不到两分钟。"我们来到了这个真正和平的时刻。"阿布拉莫维奇说道。

在一段关系中，两分钟可以具有比之前的 22 年更大的变革性的力量。虽然我们的人际网是由持之以恒的不断交互所创造出的一个个星座，但我们关系的质量是由每时每刻决定的。

每时每刻，我们都有权选择是否要与我们面前的人建立联系，建立到何种程度。有些时候，出现在对方面前需要巨大的勇气。在困难时刻，比如一位朋友历经父母去世或陷入离婚的痛苦，你并不总是知道该说些什么。在其他时刻，这还需要自我遗忘——当你忙得焦头烂额，但有人在走廊上非要抓住你聊几分钟时。

无论对方是你最爱的人还是一个完全陌生的人，社交的力量只会在某一时刻产生。它通过我们人类最基本的感官——视觉、听觉和触觉——产生。虽然关于如何增强魅力和人际关系的书籍多如牛毛，然而可以说的是，什么都不做反而是建立更有意义的人际关系的最佳途径。正如阿布拉莫维奇所说："最难的事情是去做一件近乎于什么都不做的事情，因为这需要你们所有人参与。"[100]

第八章
以人为本:
如何在职场中更受欢迎

"窗外漆黑一片，向遥远的下方望去，我能看到地面上街道两侧的路灯所连成的一条条光线。突然间眼前的一切倾斜，紧接着耳中传来了巨大的爆炸声，随之而来的又是一次巨大的爆炸声。与此同时，飞机开始在夜空中四处颠簸。我胆战心惊、汗毛直立，因为……我们此时距离地面还非常遥远。"克里斯·汤普森讲述道。他是一个孩子的父亲，当时他刚参加完一场游艇展，从伦敦乘机而归，座位号是 1E。

飞机开始剧烈地摇晃，浓烟涌进了客舱。机长凯文·亨特是一位 43 岁的资深飞行员，他平静地宣布右发动机出了故障，他正打算关闭右发动机，在东米德兰兹机场紧急着陆。此时浓烟散去了一些，机组人员开始清理托盘、收拾客舱，为即将到来的着陆做一些准备。

乘客们感到十分困惑，尤其是那些座位处于机身后部的乘客。

面包外送员默文·芬利是担心飞行员可能犯了错的人之一，他当时正赶回去见自己的妻子和儿子，座位号是21A。他感到困惑的并不是飞行员关闭发动机的原因，而是到底坏的是哪个发动机。他们看到浓烟和火焰是从机身左侧的发动机喷射而出的，而不是右侧的发动机。

"我们在想：'他为什么要这么做？'因为我们看到火焰从左发动机冒出来。[1]但我只是个送面包的，我又懂什么呢？"芬利回忆说。

乘客们什么也没说。空乘人员应该看到了起火的是左发动机，但他们也没有说出来。几分钟后，这架波音737从凯格沃思村外的高速公路上方低空掠过，此时距离机场跑道只有不到1 000米。飞机穿过一片田野，冲过一棵棵树木，最后坠毁在堤围之下，机身前部完全断裂。行李从行李架上飞了出来，飞机共载有118名乘客，其中大多数人头部被砸伤。座椅跟座椅挤到了一起，许多人的腿骨被压碎。默文·芬利和克里斯·汤普森是凯格沃思空难的幸存者，芬利的"脊柱'左半边勉强连在一起'"，汤普森的双腿全部骨折。1989年1月8日的这场空难造成共计47人死亡。

空乘人员或乘客之中只要有一个人站出来说出自己的想法，近50个人就可能会因此得救，但是没有人这么做。在飞机临将坠落的最后时刻，飞行员试图重新启动被他错误关闭的发动机，但为时已晚。针对该事故的调查结论中写道："在发现左发动机故障的机组人员之中，只要有一个人主动采取行动，这起事故本来是可以避免的。"[2]

人为错误是飞机失事最常见的原因。[3]根据美国国家运输安全委员会对1978—1990年坠机事故进行的调查分析，在由飞行员人为失误造成的事故中，有84%是因为初级机组成员害怕制造恐慌、害怕与高级飞行员发生冲突，以及缺乏监督机制。[4]为了避免凯格沃思空难这样的悲剧重演，各个航空公司的机组成员培训课程普遍鼓励初级机组人员说出自己的想法，但效果似乎并不明显。即使在出于安全考虑，乘务员、乘务长和飞行员认为有发言必要的情况下，大约有一半的时候他们还是什么也没说。[5]

为什么人们在性命攸关之际仍然会保持沉默？为什么他们不能在迫在眉睫之际当即去联络他人？

答案是恐惧。苏黎世联邦理工学院管理学教授娜丁·宾纳费尔德和古德拉·格罗特表示，机组成员们之所以不愿意说出自己的想法，是因为他们害怕会因此破坏与同事之间的关系，而且还会面临对方报复的风险。[6]正如一名乘务员所言："我不想惹麻烦，这会在我的个人档案中留下负面记录。我很确定，如果我跟她（指乘务长）说，她的某一项行为违反了安全规定，那么她一定会恼羞成怒。到那时，我只能寄希望于再也不必和她服务同一架航班。"

人们害怕大声说出自己的想法，这一现象不仅仅存在于航空业中。在一项针对金融服务、制药等行业的职场人士的研究中，85% 的受访者表示，他们至少有过一次害怕在工作中提出重要问题的经历。[7]他们的理由与机组成员的理由差不多：害怕惹麻烦、害怕破坏关系、害怕遭到报复。

不管是在飞机上还是在办公室里，人们都因为害怕遭受负面对待而无法畅所欲言。大多数人都希望自己看上去友好、能干、聪慧。尽管这是一种完全正常的心态，它可以让人在机场候机室中为他人提供帮助，但这在工作中可能是有害的甚至致命的。而且从另一方面讲，这种消极沟通对团队的生产力、创造力和幸福感也有着特别大的影响。

机构组织、领导者和团队成员如何才能创建坦然相对、战胜恐惧的团队呢？怎样可以做到更多的积极沟通而非消极沟通？怎样可以做到既说真话又不伤感情？怎样可以做到大家既能融洽相处又能完成工作任务？在家庭之外，我们最有可能面临的最大的人际关系挑战就是在工作之中，让我们从这里着手吧。

打造完美团队的 5 个因素

如果说恐惧和沉默会给团队和组织带来灾难性的后果，那么何为解决之道呢？如果我们要为完美团队创建一张内部互动的人际网图，那么这张人际网图该是什么样子的？

谷歌意图打造出这种完美团队，它发起了一个代号为"亚里士多德计划"的项目，其得名于亚里士多德的名言"整体大于部分之和"。[8]该项目共历时两年，研究了 180 个团队。如今，许多公司都在拥抱大数据技术，通过大数据弄清楚如何让员工的生产力更高（或更快乐），谷歌就是其中的佼佼者。

为了建立完美团队，亚里士多德计划分析了诸多因素，比如大家共同用餐的频率，团队成员是内向者、外向者还是两者皆有。该项目总计进行了 200 多场访谈，分析了 250 多个团队的特征。

正如亚里士多德计划的研究员尤利娅·罗佐夫斯基所说："我们非常有信心找出必要的个人特质和技能的完美组合，我们的研究对象是一流团队，包括一名罗德学者、两名外向者、一名在 AngularJS 软件开发前端框架团队工作的工程师、一名博士。瞧，一支'梦之队'成立了，对吧？大错特错。团队成员是什么人并不重要，重要的是团队成员之间如何进行交互、如何将工作组织起来、如何共享研究成果。所谓完美团队的神奇算法就是这么简单。"[9]

随着团队工作的开展更为深入，不同表现的团队的文化差异很大，尤其是高效能的团队似乎与众不同。但文化一词的定义多少有点儿含糊，而如何衡量它则更为困难。有些高效团队在工作之余也会聚在一起，有些团队只在办公室才可以互相见面。有些表现最好的团队拥有一个能力强悍的团队经理，有些则没有这种明确的职责划分。[10]

亚里士多德计划最终归纳了一流团队的五大关键因素：心理学家所说的心理安全、可靠性、目标与角色的结构与清晰度、个人工作意义的发现、对于团队工作重要性的信念。罗佐夫斯基说："心理安全无疑是我们发现的 5 个因素中最重要的一个，它是其他 4 个因素的基础。"[11]

心理安全是指人们在大声说出自己想法、承担人际风险时感到安全的一种氛围。这与友谊或喜爱度无关，而是关注于如何从人际恐惧中解脱出来。这种感觉并不是个体拥有的，而是群体共有的。如果团队的成员们认为自己能够承担团队内部的人际风险，他们就可以大胆提出各种棘手的问题，就可以付出努力而不必担心有人从中作梗，就可以勇于犯错而不必担心遭受指责，就可以向他人寻求帮助，就可以让技能和人才价值得到重视，从而使得整个团队进入心理安全的状态。

在亚里士多德计划启动的 15 年前，哈佛商学院现任教授埃米·埃德蒙森偶然发现了工作中的心理安全的价值。就读研究生期间，埃德蒙森研究了一些表现出色的医疗团队，她通过调查了解了各个团队的合作水平，并观察了他们的行动。她事先假设，表现出色的团队出现的医疗过失更少。但对数据进行分析后，她发现结果恰恰相反，合作良好的团队反而过失率最高，而且不同团队之间的差异巨大。埃德蒙森疑惑不已，为什么更好的团队过失率会更高？最后她发现，这并不是因为优秀团队犯的错误更多，而是因为优秀团队更勇于承认错误、讨论错误，并从中汲取教训。[12]

埃德蒙森在回想之前的研究时，认为心理安全未必是最贴切的用词，因为它实在让人内心感觉太好、太温暖、太舒适了。心理安全并不是要求你表现得友善。"关键是要坦诚。"埃德蒙森说，"关键是要直截了当、勇于承担风险，敢于坦白：'我搞砸了。'当你力不从心的时候，愿意寻求他人的帮助。"[13]

在埃德蒙森已有研究的基础上，接下来的 20 多年里，她和她的同事们又研究了医院、学校、工厂、政府等机构内部的心理安全课题。数十项研究发现，当公司存在模糊性、波动性、复杂性或不确定性时，心理安全可以挽救生命、让员工更投入、增加公司盈利。[14]

然而，只有 30% 的美国劳动者认为他们的意见得到了上层的重视。假如将该数字翻番，安全事故可减少 40%，离职率可降低 27%，生产率可提高 12%。[15]

心理安全使得公司及团队能够获得更大的成功，因为它提升了员工们的创新能力和学习动力。在针对德国工业和服务企业、中国台湾科技企业的团队研究中，研究人员发现，在缺乏心理安全的情况下，员工们不愿意提出创新的观点，因为他们害怕被人拒绝，害怕遭遇尴尬。[16]

恐惧会阻碍学习进步，尽管恐惧可以在短期内提供一种有效的学习动力。如果你需要速战速决，那么恐惧可能会起到作用。但是，当我们感到害怕时，身体和认知上的需求——心跳加速、手心出汗、呼吸急促——使得我们难以另辟蹊径、推陈出新。当我们感到惊恐时，我们的生理资源会从大脑中负责管理工作记忆和处理信息的区域中转移出来，去处理我们的身体认为更为迫在眉睫的问题。

不要再玩指责的游戏

新生儿重症监护室的医护人员夜以继日地工作，以挽救那些眼睛尚未睁开、皮肤粉红的小病人的生命，其中体型最小的婴儿可以安卧在爸爸的掌心里。这是一项要求极其严格的技术工作，两勺的输血量可以挽救一个生命，但是相同剂量的错误也可能导致一个生命的结束。

2010 年 9 月 14 日，在西雅图儿童医院，新生儿重症监护室护士金伯莉·希亚特惊慌失措地向周围同事求助，因为她刚刚发现自己给一个 8 个月大的婴儿凯雅·扎特纳服用的药物是正常剂量的 10 倍。虽然这是她 24 年护士生涯中犯下的唯一一次重大失误，但是与希亚特一同抚养孩子的伴侣说，这次事故让她"万念俱灰"。希亚特无法接受这次失误，最终结束了自己的生命。深陷过错的极度痛苦使希亚特成为这次医疗事故的"第二名受害者"。[17]

想象一下，在一个如此高风险的环境之中，承认自己的过错是多么困难。为了防止金伯莉·希亚特和凯雅·扎特纳的悲剧重演，沃顿商学院的教授埃米·埃德蒙森和英格丽德·内姆哈德研究了 1 440 名在新生儿重症监护室工作的医生、新生儿学家、护士、呼吸治疗师、社会工作者及其他卫生保健专业人员，意图研究如何创造出心理安全氛围。[18]如果他们在如此艰难的环境中都能够创造出心理安全氛围，那么在普通环境中应该也能做到。

埃德蒙森和内姆哈德发现，领导者们应该鼓励大家各抒己见。他们需要不厌其烦地多问问其他同事的想法，保持亲切友善、平易近人，并勇于承认自己的错误。在协作或开会时，领导者们应该先征求完他人的意见后再自己发言，以免自己的言论对他人的发言产生不必要的影响。

朱莉·莫拉特成为明尼苏达儿童医院的首席运营官后，着手针对医疗过失的问题开诚布公，以此奠定基础并实现她的终极目标——病人 100% 的安全。她承认，卫生保健系统过于错综复杂，医生、护士和医疗助理们的工作失误在所难免。她不是让大家回答发现了什么问题或失误，而是鼓励大家各抒己见。[19]她问道："一切的安全是否如你所愿？"她用好奇取代了责备。[20]

责备难道不是必要的吗？没有它，工作难道不会变成一团糟吗？人们有没有可能在无人责备的情况下主动承担责任？这个问题埃德蒙森听过很多次。毫无疑问，有些失败理应受到谴责，比如故意而为之的离经叛道、坑蒙拐骗等行为。如果一名员工三番五次地犯下粗心大意的错误，那么他可能理应受到处罚。一次失败可能是应受责备的，也可能是应受赞扬的，而在这两者之间某个阈值的一侧，导致出错的是系统机制本身的问题，而并非员工能力不足。最后要说的是，如果失败是在测试过程中发现的，团队或公司就可以从中汲取教训，还应庆幸提前发现了这一问题。

"我请高管们思考应受责备和应受赞扬这两点之外的范围，让他们估计一下公司里发生的失败有多少是真正应受责备的，他们的回答通常是 2%~5%。"埃德蒙森说，"但当我问有多少人应受责备时，他们（停顿或大笑之后）说：'70%~90%。'不幸的是，如此多的失败后来都没有总结，他们也没能从中吸取教训。"[21]

哪些失败是应受责备的，哪些失败是应受赞扬的，若能将这两者清晰地区分开，领导者就可以创造、加强心理安全的状态。但并非只有领导者能够创造心理安全氛围，团队本身也可以成为心理安全的建筑师。

当团队处于心理安全的状态时，他们彼此交织的人际关系就会形成召集式人际网。一项针对从事政府社区项目的 69 个团队的为期 10 个月的跟踪研究发现，心理安全水平较高的团队拥有的人际网更为稠密，同事之间的合作也更为频繁。[22]

这并不出人意料，因为召集式人际网是充满了安全与信任的。但信任和心理安全并不是一回事。虽然这两者有所关联，但信任是两个人或两个派系之间的一种人际关系。比如这个人值得你信任吗？而心理安全的对象是整个群体。即使人们在某些成员是否值得信任的问题上尚有分歧，此时他们也经常会在群体是否具有心理安全氛围的问题上达成共识。信任还关乎未来。比如你是否期望某人后续会信守承诺、履行义务？而心理安全是一种存在于当下的体验。[23] 比如你觉得此时此刻你可以说些什么？

不过，考虑到两者的共同点，高信任度人际网和高心理安全度人际网看上去十分相似也颇具道理。

假设有这么一个团队，你也是该团队中的一员，团队中的每个人不论级别高低都觉得自己的意见能够得到重视，在勇敢承认"我犯下了一个错误"之前并不需要焦虑几个钟头。当你必须打电话求助他人时，你不会觉得电话听筒重如千钧。在这样一个圈子里，同事们会非常乐意向对方寻求建议，这是理所当然的。

巴黎高等商学院教授马西斯·舒尔特及其沃顿商学院的合作者发现情况确实如此，他们研究了团队内部的人际网和心理安全认知是如何随着时间推移而演变的。心理安全水平的高低可以反映出该团队是否会成为召集式团队。此外，随着团队内部的人际关系变得更强，各个成员会对团队的心理安全度逐渐达成共识。[24]

心理安全是会传染的。一旦有人认为其团队是具备心理安全氛围的，他的同事也会如此认为。这形成了一场自我实现预言。

当团队中的召集者点燃了星星之火时，这种心理安全效应会加速蔓延开来，因为召集者可以建立起一种必要联系，为心理安全埋下生长的种子。团队中的联系越多，人们越坦诚。

团队刚刚组建之时是形成心理安全的最佳时机。一旦错过了这一时机，团队就可能需要数年时间才能进入心理安全的状态。一项针对115个研发团队的研究发现，新团队和老团队的心理安全水平最高，而组建时间既不长也不短的团队的心理安全水平最低。[25] 平均而言，只有当彼此相处近6年时，团队成员的心理安全水平才能恢复到刚刚组建6个月时的水平。利用好团队新组建这一良机，确保团队里有人扮演召集者的角色，培养大家各抒己见的习惯，可以让团队尽可能良好地运转起来。

成为职场浑蛋的风险

若要摧毁心理安全的状态，一句挖苦足矣。想象一下，你已经和5个人密切合作了几个月。你的团队已经积累了一些实践和原则，以确保每个人都感到别人能听到自己的声音、能尊重自己的意见。同事们互相倾听，带着求知欲诚恳地发问，对于应受责备与不应受责备的区分拥有清晰的认识。今天是周一，为了优化工作流程，你执行了一次头脑风暴，并向同事提出了你的新想法，而你得到的回答却是"真的，这根本行不通"或"我们已经试过了"，甚至只是不经意的鄙视。你可能与大多数人一样，在会议结束后的很长时间内一直琢磨这件事，反复回想着刚才的对话，心里说着你想说但没说出来的话，或者无数遍咒骂着你的浑蛋同事。从此以后，若再想向同事提出建议，你都会三思而后行，而团队的其他成员也会如此。整个团队的心理安全就这样受到了一次冲击。

有些话看似温和实则粗鲁，甚至有可能危及性命。在距离埃德蒙森研究心理安全之处的几千千米之外，一组研究人员为了观察害群之马可能导致的后果，将 4 家医院的 24 个新生儿重症监护室的医生和护士随机分配到各个团队中，并告知他们将有一位美国专家指导他们的工作。"专家"在长篇大论之中夹杂了许多不文明用语，值得一提的是，他所在部门的其他团队在他的指导下"撑不过一周"。而在受控条件之下，他没有口出恶言。在听从"专家"的建议后，团队需要诊断出一个早产几个月的婴儿的肠道正在迅速衰竭的原因。[26]

一个团队的成员若听到不文明用语，就不太会分享信息和寻求帮助，因此就不太可能准确诊断出婴儿的身体状况，对实验室的检查结果、心肺复苏的执行、正确用药的要求都会随之降低。总的来说，人们的不文明用语在诊断结果的差异中能够产生50%

以上的影响，在有效治疗手段的差异中能够产生 43% 的影响。而相比之下，慢性睡眠剥夺只能解释 1/4 的临床表现差异。[27] 你宁可找一个 30 小时未眠的医疗团队为你治疗，也别碰上一个刚刚遭遇了害群之马影响的医疗团队。

然而，遇到这种问题的人不仅仅是护士，粗鲁无礼是大多数组织中普遍存在的现象。乔治城大学教授克里斯蒂娜·波拉特的研究发现，98% 的员工声称自己在工作中受到过粗鲁对待，每周有近一半的员工沦为无礼行为的受害者。[28] 同事关系是我们最棘手的人际关系之一。

几乎每个遭受过无礼对待的人都会以各种各样的负面手段进行回应，比方说打击报复。在受到无礼对待的员工中，近 95% 的人表示他们"回敬"了对方，88% 的人表示他们对雇主施加了报复行为。[29] 这种行为通常会逐渐失控，起初小小的粗鲁行为最终会演变成公然的势不两立。

还有一种常见结果是辞职。一位经理人回忆："当时我很受伤、很生气，还有点儿害怕。我一开始想以牙还牙，但是这样做风险太大了。我试着跟他心平气和地讲道理，但这让他更生气，当他再次大发雷霆时，我知道他做得太过火了——事情的性质已经变了。我又在那里待了两年，但我再也没有像之前那样努力工作了。一切对我来说都无所谓了。"[30]

克里斯蒂娜·波拉特和克里斯蒂娜·皮尔逊在《无礼的代价》

一文中提到，被无礼对待的办公室受害者会发生很多重大改变：48% 的人工作不再那么努力，47% 的人花在工作上的时间更少，38% 的人故意降低自己的工作产出水平，80% 的人因为纠结此事而失去了宝贵时间，78% 的人不再效忠于所在组织，66% 的人工作业绩表现变差，12% 的人最终选择了辞职。[31]

就算某人的粗鲁言行没有让员工人为地降低工作效率，其所表现出来的傲慢态度给员工带来的强烈的负面情绪也会使他们的工作表现变差。举例来说，愤怒会使人的认知功能下降，并消耗人的心理资源。在一项研究中，波拉特和她的同事阿米尔·埃雷兹召集了诸多参与者准备进行一项实验，并故意安排一名演员在参加实验时姗姗来迟。研究人员要求这名演员必须离开，理由是他迟到了。当他离开之后，研究人员就对参与该实验的其他人说道："你们这些大学生是怎么回事？你们总是迟到，你们太不专业了。我在其他大学也做过这种研究，我可以告诉你们，你们这些在场的学生要想作为实验参与者，还有很多地方有待提高。"波拉特和埃雷兹随后要求参与者们说出一块砖头有多少种用途——这是一种评估创造力高低的方法，略显突兀却十分常用。受到无礼对待的参与者想出的点子比其他人少 25%，而且所提出的点子也很缺乏创意。[32]

就像心理安全一样，负面情绪也具有传染性。愤怒、焦虑、孤独和恐惧都是会传染的，它们会通过人际网传播开来。[33]

"无礼言行是一种四散传播的病毒，"波拉特写道，"每个感染的人都会生活得更加困难。无礼言行可能产生于某一间办公室之内，在你还没反应过来时，它已经蔓延到了走廊尽头、三层楼上和员工休息室，传染给了那些可能与客户、消费者直接来往的员工。如果得不到遏制，无礼言行可能就会拖垮整个组织。它使人们变得更不友善、更不耐烦、更不活跃、更不有趣。那些接触到无礼言行的人的工作成果也更少。"[34]

为了研究这种传染是如何扩散开来的，威尔·费尔普斯组建了许多工作团队，每个团队由三名大学生和同一名演员组成。他们的工作目标是做出一些相当简单的商业决策，表现最好的团队将得到 100 美元的奖励。团队中的这名演员叫尼克，他会表演得像"一个浑蛋、一个懒鬼或一个悲观主义者"。在某些团队中，尼克会抛出各种侮辱性的言论，比如"你在开玩笑吗"或者"你真的上过商学课吗"；在某些团队中，他会表现得像个懒鬼，一边把脚放在桌子上，一边吃着零食给朋友发短信；而作为悲观主义者，他常常会低下头，追思他过世的猫。

尽管有所谓的团队力量的存在，但当尼克表现不佳时，所属团队的表现总是更糟糕。此时，就算所属团队的其他成员再聪明绝顶、才华横溢、魅力四射也没有用。一次又一次的实验表明，有浑蛋、懒鬼或悲观主义者的团队的表现要差 30%~40%。

更让研究人员惊讶的是团队成员之间的行为。当尼克表现得像个浑蛋时，人们不但会互相隐瞒信息，而且还会发生矛盾。"但略显诡异的是，这些团队成员的性格开始跟他有些许相像。"费尔普斯拍下了各个团队合作的视频。当尼克为浑蛋时，团队的其他成员就会变得出言不逊、令人生厌；当他为懒鬼时，这种行为也会蔓延开来。在一段视频中，"团队的所有成员一开始都正襟危坐、充满热情，对这项可能颇具趣味性和挑战性的任务感到十分兴奋。但到了最后，他们都像尼克一样趴在桌子上"。他的悲观情绪感染了整个团队。

一粒老鼠屎坏了一锅汤，多数情况都是如此，但有这么一个案例与众不同，这个团队没有因为尼克的行为而一蹶不振。该团队的一名成员是外交官的儿子，他问了大家很多问题，征求每个人的意见，并且让每个人都用心倾听彼此的意见。《美国生活》主播艾拉·格拉斯在回忆起当初对费尔普斯的一段采访时谈到了这一点："如果真的是这样，如果只需倾听就可以克服不良行为，如果倾听可以战胜吝啬、懒惰、抑郁，那么这看上去不像是真的，好似童话或歪门邪道一般。但这其实是一个黄金法则：通过倾听彼此，试着理解彼此，我们可以达到和谐共处的境界。"[35]

无礼言行既然如此有害，又为什么会发生得如此频繁？克里斯蒂娜·波拉特对多于17个行业的数百名员工进行了调查，发现这主要可以归于两个原因，超过50%的员工表示他们之所以表现粗鲁是因为已经不堪重负，40% 的人说他们没有表达友善的那个闲工夫。[36]

此外，还有一个原因是权力。多达 1/4 的员工认为，表现友善的人不会被视为领导者，[37] 他们的这种想法有时可能是对的。一项研究对 4 428 名员工进行了调查，调查表明一个人体现出友善、合作、同情对他的晋升具有负面影响，尽管这种影响并不大。[38] 还有一项研究发现，待人不善反而还会增加你的观点被他人接受的可能性。[39] 但是，研究还发现，反过来该情况也成立——表现得彬彬有礼也会使人们更认同你的领导力。[40] 而这些研究结论上的差异可能来自这样一个事实：做浑蛋是存在风险的。它会导致两种极端。[41] 譬如一家公司的 CEO 如果非常自以为是，那么这家公司经营得要么特别出色，要么特别糟糕。

不幸的是，随着你的职位晋升得越来越高，做一位谦谦君子就会变得越来越难。无礼者一般都很有权力，在工作中对你出言不逊的人很可能就是你的老板。权力较大的同事[42] 打断谈话、破口辱骂、大喊大叫的可能性是普通员工的三倍。

权力让人粗鲁，让人更爱骂骂咧咧、铤而走险、举止轻浮。哪怕只是得到一点儿虚无缥缈的权力，人们也会变得更加自私和冲动。除此之外，权力还会让人们不再顾及他人的想法。哥伦比亚大学教授亚当·加林斯基及其同事采用了一种颇具新意的实验手法，给我们阐述了权力感是如何让人变得以自我为中心的。[43]

他们先给参与者们分别赋予了高权力感、低权力感，再请他们在自己的额头上写一个字母 E。高权力感的人更多地从自己的方向写 E，即他们自己看是正的，但从别人的角度看是反的。他们这么做的概率是低权力感的人的近三倍。相比之下，大多数低权力感的人在额头上写下的 E，从别人的角度看是正的，但从他们自己的角度看是反的。正如《权力的悖论》作者达契尔·克特纳所总结的那样："当你很有权力感时，你就逐渐失去了与他人的联系，你不再用心顾及别人的想法。"[44]

权力当然是个好东西。它引发了一种行动导向，鼓励人们采取主动，帮助那些处于风险和不确定性中的人。正如克特纳所写："我的研究表明，权力使我们处于一种类似狂躁的状态——让我们感到心态膨胀、精力充沛、无所不能、渴望回报、不惧风险，而这种状态很容易使我们做出冲动轻率、粗鲁无礼的行为。"[45]

为何坏事对情绪影响更大

同事之中，与我们形成真正对抗的比例只有不足 10%。研究发现，我们的工作关系中一般仅有 1%~8% 是消极关系。[46] 不同于无礼言行的是，消极关系是长期的、周而复始的，通常表现为冲突、嫉妒、批评、羞辱和拒绝。这种关系尽管为数不多，但它对我们的工作情绪、幸福感和生产力都有着相当大的影响。

"坏情绪、坏父母、坏反馈要比好情绪、好父母、好反馈产生的影响更大,坏信息也比好信息处理得更彻底……坏印象比好印象更容易形成,也更不被认同。"[47]罗伊·鲍迈斯特及其同事们在一篇关于坏印象力量的开创性论文中写道。

人类的情绪到底可以分为多少种,这件事尚存较大争议,但这里为了举例,让我们看看6种最常见、最基础的情绪:愤怒、恐惧、悲伤、喜悦、厌恶、惊讶。发现它们的规律了吗?我们大多数形容情绪的词汇都是消极的。在一项更深远的研究中,詹姆斯·埃夫里尔搜集了558个形容情绪的英语单词。形容消极情绪的词汇量是形容积极情绪的词汇量的1.5倍以上:62%是消极的,只有38%是积极的。[48]

我们的人生经历与此大致相同。坏事对我们情绪施加的影响要比惊喜对我们的影响更大。与好心情相比,坏心情更有可能延续到第二天,从而产生情绪宿醉的现象。坏东西的力量更大,人与人之间也是如此,当我们与朋友或同事交流不佳时,我们必须通过更多积极的交流来抵消前面那次糟糕的交流。人际关系专家约翰·戈特曼认为在婚姻中这个比例是5∶1。他主张,如果想经营好一段婚姻,那么你们之间的积极交流至少应是消极交流的5倍。低于这个数字有可能让你们的婚姻之船沉没。[49]

坏东西的力量来自它的危险性。正如鲍迈斯特和他的同事所言：

> 在我们看来，坏事比好事具有更强的力量，这是由适者生存进化而来的。我们相信，纵观我们的进化史，那些能够更好地适应逆境的生物更有可能在危险之中生存下来，因此，也就更有可能将他们的基因传递下去……一个人如果忽视了好结果的可能性，他可能就会在未来后悔不已，因为他错过了一个享受快乐或提升自己的机会，但是这并不会产生可怕的直接后果；相比之下，一个人如果忽视了危险的存在（坏结果的可能性），那么这种事情哪怕只降临到头上一次，他也会以伤残或死亡而告终。[50]

虽然办公室的对手不会直接导致你残疾、死亡，但是一项对诸多女性进行了 10 年跟踪调查的研究得出了一个明确的结论，工作的高压会使患心血管疾病的风险提高 38%。[51] 在一项问卷调查中，7% 的员工认为他们生病的源头是工作压力。[52] 当然，并不是所有的工作压力都来自与同事的消极交流。但一项投票显示，一半的受访者认为办公室的工作压力主要是那些坏同事带来的。[53] 因此，无论是在敌人之间、剥削与被剥削阶级之间还是竞争对手之间，消极关系都不仅仅是积极关系的反义词那么简单。

人际网所有重要的基础规则——互惠性、同质化、闭合性——通常并不适用于对抗关系。而其中最令人惊讶的一点是彼此的互惠性较少。你不喜欢某人，并不代表他也不喜欢你。过往研究发现，积极关系——例如友谊——的互惠性大约是消极关系的 3~6 倍。[54] 换句话说，私下的反目成仇要比全民公敌的情况多得多。

只是表现友善并不够

如果公司想倡导文明有礼，而不是成为粗鄙无礼的始作俑者，那么该怎么做呢？"许多公司都在入门大厅里展示了听起来不错的价值观宣言，比如正直、沟通、尊重、卓越。"著名的网飞公司的一组文化幻灯片的开头写道，"安然公司因欺诈行为而破产，高管锒铛入狱。与其大厅里展示的听起来很好的价值观相反的是，公司真正的价值观在于谁能得到奖励、晋升，谁会被解雇。"[55] 这份文档迅速传播开来，脸书的首席运营官雪莉·桑德伯格称其为"硅谷有史以来产生的最重要的文档之一"[56]。

网飞的招聘、晋升策略遵循两项核心价值观：公司不容忍任何低于一流水平的表现，以及"聪明的浑蛋"是不被认可的。[57] 正如 CEO 里德·哈斯廷斯所说："有些公司可以容忍这种人。但对我们来说，团队有效合作的成本太高了。"

网飞的做法十分符合斯坦福大学教授罗伯特·萨顿所说的"拒绝浑蛋守则"。[58]萨顿在著作中给出的建议非常具有批判性，包括：

1. 只要出现一两个蠢货，就会毁掉原本健康宜人的工作环境。
2. 规则，只有加以遵循和执行的才是有效的。"把规则说出来，写下来，然后付诸行动。但如果你不能或不愿遵守这一规则，那么还是什么都不说为好。"
3. 鉴别浑蛋的最好方法之一就是观察他们如何对待权力比他们小的人。

面试是管理者们最能发挥自身作用的场合之一，但是仅靠面试很难辨别出对方到底是个什么样的人。就像美国一家自助建站服务商 Weebly 的 CEO 戴维·卢森科所说："浑蛋们可以在面试时隐藏真实的自己，但不管出于何种原因，他们都无法隐藏整整一周的时间。我不知道为什么，但一周之内就可以看出来。"[59]为了挖出这些潜在的浑蛋，Weebly 会邀请应聘者先来公司工作一周，看看进展如何。

如果公司无法对员工展开这种全方位的试用，那就尽可能多地去获取信息。在审查应聘者时，要向他的上司及下属寻求反馈。几位同事可以带上这位未来可能成为同事的应聘者一同出去吃午饭。看看他是如何对待服务员的？他是滔滔不绝地谈论自己，还是对餐桌上的其他人真正感兴趣？他会歧视妇女或少数族裔吗？最后，如果你从他未来的上司或下属那里听到任何触及红线的反馈，那么一切就结束了。不管他的履历有多出色，他大概都配不上这份工作。

值得指出的是，你可能认为网飞并没有提供一个特别"友善"的工作场所。人们不会闲坐着吃巧克力饼干、喝热牛奶。就像心理安全并非一定要表现友善，彬彬有礼也是这样。网飞可以说是最具竞争力又最近乎无情的公司之一。该公司有一种所谓的"员工留任测试"——他们会解雇任何管理者"不愿极力挽留的人"。[60] 就连帮助编写网飞企业文化幻灯片的帕蒂·麦考德也被该公司的 CEO 解雇了。[61]

网飞的做法可能太过分了，在对其进行公司文化的讨论时，恐惧时常会出现。但重点是，把浑蛋拒之门外并不意味着每个人都要保持友善。

除了招聘面试以外，还有一个重要时机可以鉴别浑蛋，那就是当一个团队刚刚组建并确立了正确的团队文化，此时团队的心理安全水平将是接下来多年之中最高的。每一年 MBA 课程刚开课时，我都会周而复始地看到几十个团队在培训结束后聚在一起。你只需花上不到 30 分钟观察他们的行为，一般就能知道他们几个月后的表现。请团队的成员们用心反思他们的所作所为并记录，并且在团队组建之初就建立起团队规范，这些做法可以让他们看清是如何对待彼此的，从而使团队的运转步入正轨。

对付浑蛋的一个可行办法就是让他看看自己的所作所为，让他自己得出结论。直接对抗并不总是最有效的方法。如果你打算出面和某人对质，就应该指出他不受欢迎的具体行为，这比泛泛而谈要好得多，支持你主张的人和事也越多越好。

当你打算发起攻击时，请不要操之过急。事实是，很多人并没有意识到他们正在散播消极情绪。[62] 你永远无法知道，别人遇到了什么生活变故，这使得他们比平时更加喜怒无常。如果他们正在闹离婚，他们可能就会比平时更加心烦意乱、更容易激化冲突。受伤的人会伤人。你只需要略表关心可能就会化干戈为玉帛。

事实上，我们都可能在某些时候表现得像个浑蛋。举一个职场欺凌的极端例子，根据 2017 年对 1.1 万名美国人的调查，近 20% 的人声称自己遭受过他人的欺凌行为，但只有不到 0.5% 的人表示自己曾经欺凌过他人。员工们指责他人的可能性是发现自己过错的可能性的 60 倍左右。[63] 俗话说，在指责别人之前，先拿面镜子照照自己。

萨顿提供了一些测试题，或许能帮助你发现自己是否越来越像个浑蛋：[64] 你是否把你的同事视为竞争对手？你是否觉得周围人都是蠢货，是否觉得你有义务偶尔帮他们把事情搞清楚？你是否热衷于取笑他人、作弄他人？你是否发现自己已经陷入了电子邮件的扯皮大战？当你走进一个房间后，别人是否纷纷离开了那个房间？

权力、压力和疲惫，往往会让原本甜美、善良的灵魂变成暴君、折磨他人的人。如果你对自己的所作所为偶尔感到内疚，那么也不必过分自责，毕竟我们都是普通人。看看引诱你做出这种行为的周遭环境，你感到被人威胁了吗？你感到害怕吗？你被权力冲昏了头脑吗？要想改变自身的无礼行为，解决掉这些诱因会是一个不错的开始。如果你觉得自己特别勇敢，那么你甚至可以考虑主动道歉。改变自己的行为和观念要比改变办公室里的其他人容易得多。

在办公室里，尊重和坦诚并不仅仅意味着友善。在某些团队和工作场所中，礼貌实际上可能会带来更好的业绩表现，增加晋升的机会。在一家生物科技公司的研发部门，礼貌的员工——人们认为这些员工尊重他人、彬彬有礼——接受他人询问、建议的次数更多，而且"被视为领导者的可能性两倍于"不礼貌的员工。[65]

尊重他人最终会得到回报有两个原因。第一是防止报复，近1/3的不礼貌行为的受害者会通过散布谣言或隐瞒信息等方式向对方进行报复。[66]第二，礼貌可以让你解决苏珊·菲斯克及其同事们所提出的"热情与能力之间的权衡"问题。[67]热情及能力可以解释别人对你的看法及接受程度近90%的差异。问题在于，若别人认为你很热情，通常就会认为你能力不足；若别人认为你能力很强，就会认为你不够热情。然而，波拉特发现表示礼貌的小举动——微笑和感谢——可以使别人对你热情和能力的认识水平分别提升 27% 和 13%，反之亦然。[68] 一个即将离开一家"有害的、可怕的、令人沮丧的公司"的员工抱怨道："我的上司从来没有对我说过'早上好'。当我对他说'早上好'的时候，他完全无动于衷。"[69]

问早、感谢等小举动都是文明礼貌的源头。"我们大大低估了感谢的力量，"亚当·格兰特说，"例如，当你在回复一封求职信并在邮件末尾仅仅附加一句简单的谢谢时，你会想到仅仅是一句谢谢就足以让他们愿意再次帮助你的概率增加 50%，而且还会让他们更愿意帮助其他求助的人吗？"[70] 尊重他人并不需要彻底改变你的性格。

本书的大部分内容在讲解社会关系所能提供的诸多好处，但是我们人际关系的健康与否最终取决于积极因素和消极因素之间是否平衡。在家庭之外，我们最有可能遇到的困难的人际关系就是在工作之中。工作关系往往很脆弱，很多时候它没有朋友关系那样的深度和弹性。我们与家人和朋友的关系通常足够牢固，有足够多的交织，可以同时容纳积极因素和消极因素。但在工作中，情况不是这样，我们的工作关系需要悉心保护，以免受到消极因素的影响。

建立一个快乐、健康、运转良好的团队要比修复一个出了问题的团队容易得多。每个团队诞生之初都有这样一个良机，它可以培养出成功所必需的坦诚——创造一种尊重和文明的团队文化。

然而，有时团队文化也会变得有害，以至离开是更好的选择，就像萨顿所写的："我选择退出。"[71] 一些被激怒的员工会比其他人的离职更具戏剧性。史蒂文·斯莱特是一名从业 20 年的空乘人员，他请求一名女性乘客在飞机还未停稳时不要离开座位，结果遭到了拒绝。当时该乘客正在摆弄的行李从头顶的行李架滑落下来，砸中了斯莱特的头部，接着该乘客开始朝他破口大骂。斯莱特再也忍受不了这种敌意了，他通过机内扩音器对这名乘客喊道"这太棒了"，然后从手推车里抓起两瓶啤酒，打开了飞机的紧急出口，顺着充气滑梯满怀喜悦一走了之。[72]

"斯莱特是我们的偶像。他做出了我只敢想象的事。"一名空乘人员说道。[73] 有些机构组织设法创建一个可以彼此尊重的社区，即使它是建立在交易基础上的，比如说买机票；有些机构组织则不喜欢这么做。但作为个人，我们可以寻求快乐或积极的一面，并为之努力。如果这些尝试全都失败了，那么我们可能是时候走向紧急出口了。

第九章
界限感：
如何平衡工作与生活

在我 40 岁生日的两天前，我、我的丈夫和三个孩子凌晨四点半就挤到面包车里前往机场。我们三个多月没有回家，走了约 5 万千米的路。我的大女儿悉尼在和她同名的城市里冲浪，还是小婴儿的朱利安在哥斯达黎加学会了爬来爬去。三岁的女儿格蕾丝爱上了她的印度尼西亚朋友送给她的毛绒猴玩具。这是我自己的"美食、祈祷、恋爱"[1]之旅，不过我没有寻找精神上的启发，而是在探索工作与生活上的平衡。

　　在我们离家的这 105 天里，我成为全职妈妈。母亲节的时候，悉尼送给我一段她与格蕾丝互动的录像。互动中她问道："妈妈的工作是什么？"格蕾丝看上去有些困惑，停顿了一下回答道："嗯……保护我？"她知道我这一部分的身份能带给我意想不到的快乐。

　　由于我没有休传统的产假，这次旅行才得以进行。朱利安出生 6 个月后，我才能够开始休假。我们两个非常幸运，他的诞生很顺利，并能用奶瓶喝奶。没人告诉过我，我需要在他出生后这么短的时间内就投入工作，不过我也不觉得我还有第二个选择。我作为团队的一员，需要教课，他们是我的朋友，我觉得我有义务这样做。

我们的"大旅行"（我们这么叫它）也是一次对于之前种种劳累的犒劳。当产假结束后我意识到，如果没有在空间上远离办公室，我就不会有时间陪孩子。我也意识到我在工作上花费了比我以为的更多的时间。在这种情况下，我本身是问题的一大部分。

对许多父母来说，抽出更多时间与新生儿在一起在经济上是不可行的。我能够完全从工作中脱离一段时间，我感到很幸运。在美国，1/4 的女性需要在分娩后两周重新开始工作。[2] 娜塔莎·朗在她儿子出生三周后就带着他，在 ACCO（爱可）办公用品厂外面的卡车里一边哺乳、一边哭泣。"我觉得自己很孤独，"她说道，"我想离开这个世界。"

对许多人来说，工作与生活纠缠在一起不仅是由经济上的需要造成的。百事可乐公司的前 CEO 卢英德在离职信中分享了她最大的遗憾之一："认真考虑一下你的时间吧，我们在这个世界上拥有的时间太少了。好好地度过每一天，多为你爱的人留一些空间，他们是最重要的。相信我说的话吧，我有幸拥有成功的职业生涯，不过说实话，我真希望曾经的某些时候我能拿出时间陪一陪孩子及其他家人。所以我想告诉你们的是，前行的路上认真思考每一次选择。"[3] 她保留着多年前女儿写给她的一封信，用来警醒自己。她的女儿在信里写道："亲爱的妈妈，快点儿快点儿快点儿回家吧，我爱你，不过如果你常回家的话，我就会更爱你。"[4]

我曾经听过一句话。当你越过平衡才会意识到平衡。我曾经放弃了保持平衡的想法，这让我感觉好像一个硬币在边缘摇摇欲坠。假期快结束、还有一周就要回单位上班的时候，我有一次又像以前一样在晚餐之前阅读邮件，第二天早上到了原来的上班时间，格蕾丝气呼呼地让我"快走"，我就知道是时候调整自己了，不过这次不再是惬意的旅行，而是艰苦的工作。

工作不仅仅关乎工作本身，还关乎人际关系，有一些关系已经建立，有一些关系因工作而放弃。卢英德把同事看作"家庭"的成员，而有些人对"工作大家庭"这一概念避而远之。我回去工作的原因不是因为被命令或者害怕失业，而是我认为应该对其他同事负责任。

正如我们看到的，职场是最难管理人际关系的场所。但是，当我们的人际关系拥有多个维度时，某些特定的人际网更适合处理随之产生的复杂性。中介者更有可能达到工作与生活的平衡。根据我的调查，那些因为人际网置身于经纪人-召集人连续体的前 10% 的极端中介者，他们认为拥有工作与生活平衡的可能性比召集者多 30%，为什么？

你是分割者还是合一者

一个心脏科医生在谈到自己与办公室的关系时说道："我晚上回家的时候会试着把这个地方抛到脑后，这是漫长的开车回家路上的一件有益身心的事。如果我只需要 5 分钟就能回家，那么我大概会花更多的时间想事情。人得试着在别的地方过生活。"[5]这个心脏科医生显然是一个中介者。

当生活与工作重叠时，每个人对于舒适程度都有不同的容忍度。分割者，比如这个心脏科医生，倾向于将工作和家庭分开，竖起精神上的栅栏，用空间和时间分离这两个领域。分割者倾向于住在需要开车上班的地方，而不是步行就能到的地方，他们为家庭和工作安排不同的时间，甚至使用不同的手机。

合一者对于朋友、家庭、工作之间的界限模糊不清会感到更加舒适，从工作环境转换到家庭环境也更加轻松。[6]对他们来说，上午给孩子换尿布、下午主持一场会议不需要过多的身心投入。家庭照片可以用来装饰办公室的墙，星期六也能在床上回复邮件。

分割者可能更同意这些说法："我愿意把工作留在上班的时候"，以及"我不愿意在家里的时候还要考虑工作的事"。[7]分割者和合一者位于一个连续体上。关于这个主题，布莱克·阿什福思和他的同事们做出的卓越成果中，有两个极端的例子。[8]一个具有异国情调的舞者向朋友和家人隐瞒自己的工作，是个极端的分割者；一个住在修道院的修女是一个极端的合一者。绝大部分人的生活状态处于这两人之间。

对分割者/合一者连续体而言，有许多维度可以研究：如何处理时间、阻断、空间边界，还有需要理性考虑的人际关系界限。这些都能在我们的人际网中反映出来。

我和我的合作者尼古拉斯·卡普兰在调查了500多个个体后发现，根据我们的评价指标，大部分人的性格更偏向于分割者。我们给一个彻底的合一者打1分，给一个彻底的分割者打5分，给一个性格居中的人打3分。被统计人群的平均分数为3.8分，更倾向于分割者性格。但是，有接近1/4的人得到了很高的分数，超过4.5分，他们是真正的分割者。

其他研究也表明了相近的统计数字。由谷歌公司调查的一个项目长时间追踪了超过4 000名谷歌用户。调查指出，31%的被调查人员是分割者。但是更有趣的是，调查中超过一半的合一者想要增强自己"分割"的能力。[9]

尽管如此，人不必优于其他人。[10]合一者在转换不同领域时，可以付出更少的时间和精力。正如脸书首席运营官雪莉·桑德伯格在哈佛商学院做主题演讲时所说："我不相信星期一到星期五有一个职业自我，剩下的时间有一个真实自我。"[11]以这种方式看待工作，可能会让周一变得更轻松一些。合一者有能力将多重身份带入工作，例如母亲、工程师、画家，在分离多种角色时，精神不需要绷得太紧，这也能提高合一者在工作和家庭环境中的表现。例如，如果一个人真的热爱他的工作，并且为此充满激情，这就能在家里产生正面的情感溢出效应。[12]另一方面，工作与生活平衡专家、沃顿商学院教授南希·罗斯巴德总结道："分割者的优势之一是其具有更舒适的生活状态。"[13]

分割者的优势或许来自他们处理关系的方法。分割者并不是简单地"把工作留在工作环境中"，一个"杰出的分割家"还会避免工作友谊，创造这一短语的克里斯汀娜·尼伯特-恩这样解释。[14]对分割者来说，跨越家庭和工作的关系是"各个领域一致性与目的性的威胁"。

吉米是一个30岁的实验室里的机械师，也是3个孩子的父亲，他向克里斯汀娜·尼伯特-恩表述了自己的工作生活被私人生活干涉的不易："不论需要我做什么，我都会去做。前提是非私人问题……人们有时候有婚姻问题或者其他困难，这让我很不适，因为我觉得这是非常私密的事情。首先，我觉得我帮不上什么忙。但是人们会说'倾听也是一种帮助'。不过我只是感觉不自在。就像我说的，尤其是我和他不太熟的情况下，我不想在外面和他有联系。"

对大学研究协调员罗布来说，工作环境和"外面"十分接近。

他是一个合一者、召集人。他时不时在星期二和认识了 12 年的凯拉打排球。凯拉搬到了与他相隔 4 栋房子的地方。在那之后，他要和阿什利及其他 6 个同事一起参加生日酒会。罗布在办公室里属于人见人爱的类型，人们在处理一些办公室政治的问题时会找他帮忙，还会把不告诉其他人的事情告诉他。罗布让所有人感到舒适，削弱了与别人之间的边界。

在筹办 40 岁生日聚会的时候，罗布在思考该邀请的客人。当一个朋友问他想要邀请谁，而不是觉得有责任邀请谁的时候，罗布回答道："嗯……如果可以的话，那么我想邀请我的心理医生、发型师和按摩师。"罗布表述了他的朋友有多么吃惊，朋友感慨道："你是我见过唯一会和自己的按摩师逛街、喝酒，和自己的发型师逛街、喝酒，然后会邀请他们和你最亲密的朋友参加自己生日聚会的人。"

为什么有的人更倾向于模糊工作友情和"真正的友情"、交易关系和情感关系之间的边界？"嗯……我不清楚先天和后天哪个是主要因素，对吧？"罗布说道，"我在土耳其长大，我所在高中的校园里没有多少美国人……几乎所有的外国人都是我的阿姨或叔叔，不管他们年纪有多大……那时我习惯于有这些无血缘关系的亲戚。"由于他父母的工作性质，他们需要经常搬家，他在 5 年里换了 9 所学校。在他看来，"家不是一个实际存在的场所，亲戚也不必有血缘关系"。

性格偏向于分割者还是合一者是由人的成长过程、个性、关心别人的责任感和性别决定的。[15] 但是，工作的需要和本性（如上司是否要求一小时内回复邮件、工作的时间规划是否灵活、公司的社交活动是否是强制性的）才决定了性格可能的方向。

我们正在被推向不同程度的合一化。电子邮件、智能手机、网络会议使这一倾向前所未有地增强，社交媒体使人们的一些曾经不会被同事了解的方面变得可见。随着工作更加全球化，朝九晚五已经不再是许多人的选择。有的公司配备有健身房和日托，还允许员工带宠物上班。它们支持社区服务日，提供免费晚餐并在厨房配备了小桶。人们被这种趋势和CEO说的"把员工的全部带到工作中"推动着，掌权者的这种言论日益猖獗。例如，近期《福布斯》的开篇文章中写道："你有多了解你的同事？很了解他们。你知道他们最高的志向吗？他们小时候的理想是什么？他们晚上为了什么熬夜？即使是工作中的私人对话，我们也有可能停留在表面。"[16]

工作上的朋友是真朋友吗

大多数人在工作中没有很亲密的朋友，我们认为绝大部分人是和同事或者陌生人一起工作。人在工作中平均有 5 个朋友，但是我们通常不会认为他们是最亲近的朋友，其中只有 15% 达到了"真正的朋友"的标准。[17] 换句话说，大部分人在工作中只有一个真正的朋友。

为什么在工作中交朋友如此困难？如果交朋友真的这样困难，那么我们还值得交朋友吗？

员工通常没有太多选择同事的权利，队友、邻桌同事和上司一样，都被安排好了。工作关系的这种非自愿本性，使得在工作中结交朋友要比在"自然状态下"困难得多。

在工作场所更难获得友谊的另一个原因是工作的交易本性。为了获得工资，你同意工作一定的时间或者生产一定的货物。但在友谊中，你帮助朋友是因为他需要帮助，而不是因为你期望得到回报。工作生活主要是为了追求工具性的目标[18]，这个目标一般是挣钱，而友情则是情感性的——爱、欢乐、分享悲伤。

据维多利亚大学的心理学家弗雷德·格鲁泽和他同事的研究，金钱和社会关系是一对冲突的价值。[19] 研究者让 1 854 位住在澳大利亚、埃及、中国、美国、韩国等地方的大学生对 57 种不同目标的重要程度进行排序。这些目标涉及多个领域，包括享乐主义、安全、精神、名气、从众、自我认同和社区。基于被调查者的回答，研究者们绘制了一幅图。一些排名较为相似的目标，比如身体健康和安全，在图上较为接近；一些排名存在差异，一部分人认为重要、一部分人认为不重要的目标，则在相距较远的位置。经济成功与团队精神、人际关系处在截然对立的位置。

许多心理学实验表明，思考或者触摸到金钱会使人变得更不慷慨、不互助、不与人交往。[20] 人类在进行社交行为或性行为时是最快乐的，[21] 但是，仅仅提到金钱就可以改变这一排序，这是加利福尼亚大学洛杉矶分校凯茜·莫吉尔纳·霍姆斯教授的观点。[22]

霍姆斯让 318 个成年人在三分钟内，用给出的四个单词创造尽可能多的三词短句。有的实验者被给予了与金钱有关的词，例如 the（这个）、change（找零）、price（价格），另一些实验者被给予了与时间有关的词，如 the（这个）、change（改变）、clock（时钟），第三组实验者作为对照，被给予了中性词。结果显示，与金钱有关的一组更有可能在之后的 24 小时内计划工作，进行社交行为或性行为的可能性更低。除了研究人们计划做什么，在另一项独立的研究中，被要求思考金钱的人比起思考其他主题的人，工作的可能性更高，社交的可能性更低。

据亚当·格兰特所说，工作的不断增长的交易本性或许能解释一些工作友谊的规律。[23] 在历史上，工作与私人生活重叠的现象要比现在普遍得多。1985 年，接近一半的美国人在办公室中有密友；[24] 到了 2004 年，只有 30% 的人表示有密友。如果我们跨越几代人看，就会发现在 1976 年出生的高中毕业的人中，有54% 的人认为，找到可以交朋友的工作很重要；在老布什担任总统时毕业的 "X 一代"（被遗忘的一代）中，这一数字是 48%；

到了"千禧一代"降到了41%。[25]

　　同时，人们对于娱乐的重视度稳定上升，从1976年到2006年几乎增加了一倍。正如格兰特写道："当我们把工作主要看作娱乐的必经之路，那么人们很自然地会觉得效率对工作最重要，这样就有时间享受工作外的友情。"[26] 工作是为了在工作外好好放松，这种思想逐渐增多。

　　工具性和情感性之间的冲突，使得人们完全不愿意在工作中交朋友，或者使得人们担心走廊里一句友善的"你好"会有更深的动机，或者会让管理和维持办公室友谊变得更加困难。

　　如下这种情况可能已经在许多办公室中发生过稍有不同的版本：当约翰和马里奥的朋友把他们两个介绍给对方的时候，两人一见如故。他们都从事销售工作，都有一个七年级的孩子，而且都是曼彻斯特联队的狂热球迷。他们讨论英超联赛的积分，也会在销售进度缓慢的时候彼此宣泄感情。当马里奥的公司有一个职位空缺时，他帮约翰得到了这个岗位。事情就这样很顺利地发展了一段时间，两家人偶尔聚到一起吃午餐，他们两个还一个月几次边喝咖啡边交流销售技巧。后来，马里奥被派到德国进修6个星期，他想都没想就让约翰接管他的账户。他回来以后，约翰还一直给马里奥的一些客户打电话。但约翰是马里奥的朋友，即使失去了一些佣金，马里奥也没说什么。马里奥心想，可能是约翰误解了，以为自己把账户永久性地给了他。马里奥尝试着忘掉这件事。心结就这样逐渐产生了。周末聚会的邀请被取消了，在讨论销售技巧和办公室政治时，马里奥也有所防备。最终，从前的友谊只剩下两人见面时尴尬而简单的拥抱，和"何时一起聚一聚"的场面话。

公司中的排外现象

对女性和少数族裔来说，不管他们偏好什么，在和同事发展关系时都较为困难，家庭需要和工作需要经常不一致。他们也经常被排除在外。

关于工作人际网中的性别差异的最早研究之一，是由现任伦敦商学院教授的埃米尼亚·伊瓦拉领导进行的。[27]她在20世纪90年代比较了新英格兰的一家广告公司中的男性和女性的交流、建议、社会支持、影响力和人际网。她要求被调查者列出自己的朋友，以及会去寻求建议的人。男性会从朋友那里寻求建议，女性则不然。女性的人际网更加分割化，她们比男性更可能将家庭和工作分成不同的空间。[28]这一差异在职场母亲身上更加显著，她们工作外的生活往往被家庭、学校和孩子的活动占据。

"维持不同的空间对女性是不利的，原因有两点。"伊瓦拉解释道，"第一，管理两个分开的人际网需要花费更多的时间；而边喝酒边谈论公事可以一举两得，这样就能掌握更多的信息。第二，在正式会议以外的场所谈论工作事宜能够产生友谊、增强信任。因为女性一直被排斥在高尔夫、私人晚会等非正式场合之外，所以需要更长的时间才能获得影响力。"[29]

超过一半的女性和 45% 的男性认为，与自己配偶以外的异性共进晚餐是失宜的。《纽约时报》的一项有 5 282 份投票的调查显示，约 40% 的人认为男女同事一起共进午餐是不合适的，1/3 的人觉得孤男寡女坐在一辆车里是不可以的，大约有 1/4 的人认为和异性开工作会也是不合适的。[30]

男女之间是否存在纯洁的友情这一问题，造成了这一紧张的情况。为了探究"柏拉图式的爱情"对男性和女性是否有不同的意义，研究者将 88 对异性朋友带到实验室。研究者希望探究一对异性朋友中是否有一个或者两个人都暗暗期待着"命中注定的爱情"。威斯康星大学欧克莱尔分校的研究团队为了防止友情受到影响，保证了被调查者的回答是匿名、保密的，他们也让参加者亲口承诺在之后不会谈起这次研究。承诺保密之后，这些人被分离开，被询问对另一方爱情方面的想法。

即使对于像青年人这样男女关系边界可能不太严格的群体，也没有充足的证据显示异性朋友对彼此有无吸引力。[31] 实验者用 1 到 9 打分，1 代表异性朋友对自己毫无吸引力，9 代表对自己极其有吸引力，大学生们的平均分数为 4.5，这个结果非常模糊。男性和女性都能认识到吸引异性朋友的负面影响，他们将其视为负担的可能性是将其视为益处的可能性的 5 倍。当下的这种困难是由威胁而不是现实造成的。

正如罗布说的："我的同事大多数都是 29~35 岁的女性，而且几乎所有人都有恋爱关系。我认为我能和她们成为朋友的原因，是很显然我们之间没有关于爱情和性的东西，什么都没有。"

并不仅仅在高尔夫球场上，在每日的交际中，男女也不会走得太近。这种排斥性对职业发展产生巨大的影响。密歇根州的一个物业经理香农·希利对这个问题做了一些总结："如果我不能一对一地和上司交流，我就没办法向他展示自己的才能，获得晋升。"[32]

不仅女性，所有少数族裔都面临着相似的困难。有两个经常出现的关键因素能够解释这一困难为何持续存在：情感上的吸引和自我表露。

公司举办派对和野餐活动并不能解决这一问题，这不仅是关于人们是否有机会认识彼此这一简单的问题。即使人们有机会在工作之外彼此接触，建立跨越文化、种族、性别或性取向界限的关系也非常困难。根据特蕾西·杜马、凯瑟琳·菲利普斯和南希·罗斯巴德的一项研究，这一问题的另一个方面是向自己圈子里的人公开一部分私人生活要更轻松。研究者调查了 228 名 MBA 学生，其中 40% 的人从事全职工作，研究者询问了他们参加的和工作有关的社交活动的类型。

只有一半多的人会去参加假日派对、野餐、观看体育赛事等公司举办的活动。41%的人会参加员工自己组织的社交活动，比如欢乐时光以及午餐。在各种各样的活动中，酒会和欢乐时光是最常见的（35%），其次是假日派对（25%），以及看剧或者体育赛事（13%）。研究者还研究了员工是否会带朋友或家人参加公司聚会，以及他们在工作之外谈论日常生活的多少，研究者把这些称为合一行为。[33]

参加公司派对等行为与心理上较亲近的同事有密切联系，不过这也只针对人种占多数的员工群体。

并不是少数族裔就不参加公司聚会，他们反而更可能参加。不过他们也更可能表示，参加这些活动是因为觉得有责任这样做或者担心不参加会导致不良后果。像这样出于责任或担心的因素而参加一项活动，在其中结交新的关系的可能性几乎为零。

与"工作配偶"的界限

即使结识工作上的朋友存在一些障碍，如缺少机会、工作的功利性强、彼此吸引的倾向弱，以及在逐渐合一化的趋势下寻求工作与私人生活分离的需求等原因，但有些人仍然能够在工作中结交朋友，甚至是很亲密的朋友。

比尔·盖茨和保罗·艾伦是高中时的朋友，创建了微软公司；

本和杰瑞在中学的体育课上相识；哈雷戴维森公司的创始人威廉·哈雷和亚瑟·戴维森，童年时因共同着迷于发明驱动自行车的小型发动机而相遇。许多公司就是由这些人创建的。

"工作配偶"是很有帮助的。[34]他们相当于真正配偶的替代者，能够提供真的像丈夫或者妻子一样的帮助，比如你会去找他要阿司匹林或者是手机充电器，你们还可以一起在大厅里抱怨其他同事。"工作配偶"会知道你的咖啡和午餐喜好。"同事婚姻"的现象非常普遍，但是全球著名职业指南网站 Vault.com 估计，只有30% 的人有"工作配偶"。美剧《我为喜剧狂》中的杰克·多纳吉和利兹·雷蒙是个典型的例子。[35]用他们的话来说，多纳吉是雷蒙的"工作丈夫／叔叔"，雷蒙是多纳吉的"同事／弟弟"。他们曾经试着将关系限制在工作范围内，不过失败了。雷蒙支支吾吾地问："嘿，多纳吉，嗯……生意怎么样？"

"工作配偶"是有益的，这一点是确凿无疑的。一个精神分析学家综合了超过 1 000 个团队的 26 项研究发现，由朋友构成的团队要比仅互相认识的人构成的团队更加优秀。[36]彼此之间的帮助减少了共事者的压力，让人们更好地处理工作和时间，减少了工作与家庭之间的冲突，合理调整人们的精力。[37]汤姆·拉思在《铁杆朋友》中，探究了工作友情与工作表现之间的关系。大量的被调查者数据显示，当员工和"最好的朋友"在一起工作时，员工的敬业程度增加了 7 倍。工作中有亲密朋友的员工更有效率、对工作更满意，甚至更不容易犯错误。有的员工在工作中有超过3个亲密朋友，他们有 96% 的概率表示对工作非常满意。[38]

但是工作朋友的内在矛盾决定了这是一把双刃剑。工作友谊很难维持，使人对此负有责任感，情感上容易疲惫。罗格斯大学的杰西卡·梅索特和同事的一项关于餐饮、保险、零售业从业人员的研究显示，工作朋友的这些缺点会降低员工的生产率，影响员工的情绪健康。[39]

尽管同事间的关系能让人精神振奋，但有时候会让人感到费力。扩张者尤其容易超负荷，存在精疲力竭的风险。当同事们寻求建议或帮助的时候，通常会找这些人帮忙。罗布·克罗斯与合著者雷布·雷贝利、亚当·格兰特的一项研究发现，在协作工作中，有 1/3 的价值是由不到 5% 的员工创造的。正如克罗斯与合著者写道："刚开始的良性循环很快就会变成恶性循环。乐于帮忙的员工不久就会变成结构上的瓶颈：他们不参与，工作就不会有进展。更严重的是，他们非常疲惫，以至无法保持高效工作。"[40]

如何在结交工作朋友时扬长避短？中介者尤其擅长这种事。

为了进一步理解如何平衡工作友谊带来的种种问题，尼克和我调查了大约 500 名员工、学生，研究他们的工作与生活的平衡、失衡状态。我们首先确定他们是分割者还是合一者，然后研究了他们的人际网。被调查者的年龄为 17~64 岁，过半数为女性，

65% 是白种人，绝大多数都在职工作，30% 左右已婚。

据调查，中介者比召集者和扩张者更有可能达到工作与生活的平衡。用 1 表示非常不认同自己处于工作与生活的平衡状态，5 表示非常认同，召集者和扩张者的打分最低，平均都在 3 分左右，而处于顶端的中介者的平均分为 3.7，这一差距相当于从不确定自己处于工作与生活的平衡状态，到非常确定自己正处于这个状态。

中介者的收益在统计学上也体现出不同。为了保证被调查者不被其他因素影响对工作与生活平衡的认知，我们控制了其他变量，包括被调查者的工作时长、从事工作的时间、年龄、性别、种族、婚姻状态、偏向分割者 / 合一者的程度。（工作时间较短的年轻人也会觉得他们的工作与生活更加平衡。在研究中，分割者与合一者没有明显差异。）

工作与生活冲突方面的情况也相同。我们询问了被调查者是否"对工作产生的难以承担的责任感到紧张"，以及工作侵入私人生活的程度。在这一方面，依旧是中介者有明显更少的工作与生活冲突。

和其他研究者一样，我们也发现，有更多关系好甚至是"亲密"的同事的人，更容易感到团结，更不容易感到孤独和精疲力竭。

中介者并不完全回避工作中的关系，但是会用不同的方式对待。他们不会让不同的生活圈子重叠。他们可能和同事、家人、俱乐部朋友都很亲近，但是不会邀请他的同事和家人一起出去玩儿。中介者的人际网结构有助于利用其中的优点，并使缺点最小化。

你有权把工作与生活分开

在这个越来越走向合一化的社会里，中介者拒不妥协，他们的人际网经常是分割化的。西格蒙德·弗洛伊德说过："爱和工作是人性的基石。"中介者不会在这两者间构建桥梁。

将工作与家庭分离开来往往更不易产生二者之间的冲突。不管一个人是否想要生活被分割成两部分，在现实中划分工作与家庭之间的界限的方式往往没有过多选择余地。根据目前的信息，半数的合一者想要更多地将工作和家庭分离。大多数情况下，工作的地点、时间由雇主决定。有的人可能更喜欢在家里舒适地工作，但对大部分人来说这是不可行的；在休息日不回复上司发送的紧急邮件也是不可行的。

根据组织心理学家南希·罗斯巴德、凯瑟琳·菲利普斯和特蕾西·杜马的研究，一个可行方案是寻找一个符合自己喜好的工作环境。[41] 分割者可能不喜欢要求员工"把个人的全部精力投入到工作中"的环境。但是他们可能会震惊于谷歌的"都柏林黑灯计划"，其倡议员工每天晚上把工作设备留在公司。[42] 德国汽车制造公司戴姆勒的"休息日邮件"政策可能会让假期更加愉快。[43] 这一政策使员工可以勾选"自动删除"，这样会通知邮件发送者，收件人正在假期中，邮件将被删除。不过很显然，这些政策无一例外会给合一者带来麻烦，他们更希望公司提供育儿场所和健身房。当工作环境可以模糊工作和家庭的边界时，合一者会更加满意并且对工作更用心，而分割者更喜欢与之相反的环境。

但是如果无法寻得两全其美的状态呢？有些公司和经理会尝试实行让员工控制工作与生活界限的政策，比如允许灵活调整休息时间。[44] 总结了一项类似的政策后，南希·罗斯巴德和阿里亚纳·奥利耶–马拉泰尔表示反对："能显著降低家庭与工作之间冲突的因素，正是员工在工作中受到的控制程度。"[45]

比起工作中的其他方面，我们可以更有效地控制工作中的关系。这不是意味着控制和谁一起工作，而是控制同事间关系的性质。你会利用这种力量变得更加合一化还是分割化？那些乐于分割化的人往往是中介者，分割者是中介者的可能性比合一者高两倍。另外，尽管分割化并不能完全解释中介者有更好的工作和生活的平衡，但我们有能力在关系方面调整工作与生活冲突的程度。比如许多人会参加公司的活动，但并不需要邀请同事参加生日聚会。无论在公司的地位如何，无论是在咖啡馆还是在高盛工作，你都可以控制人际关系的性质。

如何应对公司聚会

对希望将家庭和工作分割开的人来说，公司聚会是件很难处理的事。比如带家人参加公司聚会，在合一者看来是温馨包容的事情，但这会引起分割者彻底的厌恶，他们可能会认为邀请是义务性的。在组织公司活动和聚会的时候充分考虑这些差异，有助于让所有人感到被照顾到。

对女性和少数族裔来说，这些挑战是很困难的。根据西尔维娅·安·休利特、卡罗琳·巴克·卢斯和科尔内尔·韦斯特的研究，少数族裔一般不愿在工作中敞开心扉，因为担心自己得不到理解。[46] "当我试图敞开心扉的时候，其他人就是无法理解我……所以我才不再尝试。"非裔美国人、消费品主管拉提沙如此解释道。亚裔美国人、能源公司执行官迈克尔说他不会向同事讲述自己在一个帮助有信仰人群和少数族裔的著名慈善团体担任董事的经历，因为这涉及"工作场所的禁忌话题：宗教和种族"，他担心这会导致他的同事这样想："你跟我们不一样，我以前还有所怀疑，现在你让我确信了这一点。"对"与众不同"的恐惧会让任何人感到被排斥。

畏惧与众不同主要是因为在寻找相似性。凯瑟琳·菲利普斯和她的同事提出了一个方案：采纳一种新的学习思维，这种思维广泛应用于在工作中建立亲密关系的情况。[47] 不要问"你昨晚有没有看爱国者队的比赛"，而是问"你最近看过什么好看的节目吗"。研究里写道："这使得所有人的选择合理化，防止人们担心会因自己的回答而被他人评判，或者担心某个特定的文化圈变得过于大众化。"这不仅能防止冒犯讨厌爱国者队的人，也不至于跟不是橄榄球迷的人终结话题。

罕见的相似性会带来强烈的亲密感。在一个实验中，人们被告知他们之间有相似的指纹后变得亲密了一点儿。当参加者被告知他们都有非常罕见的仅 2% 的人有的"E 形"指纹时，他们之间的关系变得更加亲近。当你想要建立信任和联系时，亚当·格兰特建议："不要仅仅寻找共性，而是要寻找不常见的共性。"[48]

摄影师本·弗里贝里正在和他的同事一起等待着一次采访。等待的时候，他们讨论起了电影《特洛伊》（希望他没问她有没有看《特洛伊》，而是问她最近看了什么）。"我们还在'互相认识'的阶段。"弗里贝里回忆道，他刚进电视台工作。当他同事指出《伊利亚特》与这部电影的差异时，他们发现彼此都喜欢希腊神话。"我记得我当时在想，'这将会是一种不同的关系'。"弗里贝里回忆道。[49]

正如菲利普斯、杜马、罗斯巴德写道："人与人围绕工作的联系本身就已经很强，尤其是对跨越种族界限合作的人来说。但是随着时间的推移，更进一步的关系需要人们有开放私人世界的态度。[50]为了达到这一点，共事者们必须走出自己的舒适区，加强与不同的人之间的联系。这可能有一些冒险，但是非常值得去做。"

公司尽管不能强迫人们成为朋友，但可以设计一些能充分利用公司内部多样性增强人与人之间信任的活动。缺乏克服对相似性依赖的机会和需要，这本来会让办公室关系的发展变得困难，却能对公司和社会有潜在的巨大益处——前提是公司能正确处理。

在公司，我们会遇到和我们不一样的人——这真的与种族无关。虽然美国的种族隔离问题依旧十分严峻，但办公室里的种族和民族多样性要远远多于学校、志愿组织和教堂。[51] 马丁·路德·金曾经说过："令人震惊的是，在信奉基督教的美国，星期日上午 11 点是美国种族隔离最严重的时间。"60 多年以后，教堂和其他志愿组织是生活中种族隔离第二严重的地方，而学校则比教堂有着更加严重的种族、民族歧视。根据新墨西哥大学教授鲁本·托马斯的一项调查了超过 1 000 名成年人的研究，学校中的友谊只有 13% 是跨种族的。在办公室，拥有跨种族友谊的概率增加了近一倍。接近 1/4 的工作朋友是来自不同种族的。

如果社会能发展成人们互相理解彼此差异的状态，工作就最有可能快速扎根生长。

关乎职业生涯的关系

考虑一下对你的职业生涯影响最大的人，拿出一些时间对他们表示感谢。不管他是你的导师、赞助者或是别的任何身份，他在你人生中的存在越重要，你就越可能成功。工作上的成功，需要有人赏识你、引荐你。这个人有时候是你的朋友，有时候不是。

绝大部分人，即 76% 的男性和 83% 的女性称，在工作中至少有过一名导师。[52] 尽管导师和学生的关系结合了朋友、主管和员工、治疗师和病人等其他关系的元素，但和它们存在差异。导师经验丰富，是学生的模范，向学生提供指导、精神支持、自我反省和发展的机会。正如西蒙斯大学教授斯泰茜·布莱克-比尔德所说，导师关系是"动态的、互惠的关系，对双方都是有利的、有效的"[53]。

正如绝大部分的社会关系，导师与学生的关系通常是基于浅显的相似性形成的。这使女性和有色人种处于不利地位，因为作为 MBA 学生，如果她们的导师是白人男性，她们就要多花大概 28 000 美元才能成为导师的学生。[54] 正如西尔维娅·安·休利特和她的同事在《哈佛商业评论》中写的，"由于跨性别关系可能因性吸引而不正当地建立起来，高素质的女性和高地位的男性会避免这种关系"[55]。由于近期性骚扰事件的增多，因指导女学生而感到不自在的男性导师的数量变为原来的三倍。[56]

但是至今许多研究发现，正如其他最好的关系那样，最好的指导关系需要一些相似性和差异性。一项调查了超过 220 对博士生和其导师的研究发现，大约 2/3 的学生和导师的性别相同。就目前来看，如果一个博士生和导师性别相同，他就可能获得更多的情感支持、帮助、见识和赞助。然而随着时间的推移，关系的发展停滞了，并不会变得更好或更坏。相反地，异性之间的指导关系会随着时间的推移有明显提升。[57]一旦导师和学生解决了和一个不一样的人一起做事的困难，这些差异就会使关系进一步发展。

基于深度相似性的指导关系——信仰、价值观、人生经历——会有更好的效果。例如，一项调查导师能提供多少心理支持和满足感的研究发现，基于更深层次的相似性的关系提供的精神和实践支持远远多于仅基于同性或同种族的关系。

我们被相似吸引，却最有可能从差异中获益。

指导关系向人们提供了权力与影响力、社会经验的积累，创造了建立新关系的机会，获得了他人认可和尊重，是公司能够利用的最有效的关系之一。尽管公司也不应强行建立人际关系，但给员工安排导师是值得提倡的。然而许多公司依然按照人员数量分配导师。招聘人员经常为了女性和少数族裔完善导师分配计划，这种程序会匹配同性、同种族或同性取向的导师。

一个正规化的分配计划能够消除基于个人相似性建立的人际网的缺陷。然而，尽管正规化人际网有潜在的收益，但仍有82%的女性和84%的男性通过私人人际网非正规地找到导师。[58]

加利福尼亚大学伯克利分校教授萨默·斯里瓦斯塔瓦的一项

研究比较了软件开发研究室中高潜力的员工的职业生涯，他们作为对照组，被随机分配了相似职业的导师。[59] 由于参加了指导关系计划，这些被分配了导师的员工更容易接触到有权势的人并建立更广泛的人际网。与之相似地，宾夕法尼亚州立大学的福里斯特·布里斯科和麻省理工大学的凯瑟琳·凯洛格发现，进入公司时被随机分配给高管的律师，他的奖金要比不与高管交往的人平均高出 3 万美元，离职可能性减少了 18%。[60]

埃米尼亚·伊瓦拉和她的同事在一项对全球 MBA 学生的研究中，比较了正规与非正规导师对职业成功的影响。[61] 与正规计划的导师配对的女性的晋升率要比以非正规方式与导师配对的女性高 50%。但这并不适用于男性，因为他们更有可能通过自身关系找到优秀的导师帮助他们，所以从正规化分配中获利的可能性更小。

"双方的意向十分重要，"美国海军学院教授、著有多本关于指导关系书籍的作者 W. 布拉德·约翰逊如此说道，"如果有一个变量能反映指导关系能否发展顺利，那就是关系建立最开始几个月两人的交流频率。"[62]

尽管许多人对提供过指导和情感支持的导师有着开心的回忆，但是有一种更罕见的、对于职业生涯发展更重要的关系：赞助关系。1/5 的男性和 1/8 的女性有赞助人。[63]

赞助人与导师的差异在于，赞助人会支持被赞助人，帮助被赞助人建立社会联系，用自身为被赞助人担保。通用电气公司的前首席多元化官德博拉·伊拉姆说，赞助人与导师的区别是赞助人会用"自己的名誉担保被赞助人"。[64] 尽管导师和赞助人通常都会提供精神和实践帮助，但导师更接近于朋友关系；赞助人是支持者和投资者，他们的支持是公开的，并且用自身的声望支持被赞助人。

根据一项调查了上万名员工和几十种职业成功预测指标的研究，赞助关系是职位晋升和薪资增长的最有效的预测指标之一[65]——几乎与工作时间效果相同。在晋升方面，赞助关系比性别、个性、学历和经验更重要；在职业满足感方面也是如此。职业成功就像是一场获得赞助的游戏，因为这是表现良好的要求之一。

与导师不同，赞助人无法分配给员工。考虑到这种关系的本质，赞助关系必须要自己获取。巴克莱银行宣传和客户体验总经理沙恩·麦金太尔在被询问到如何同三个杰出的赞助人建立关系时说道："我已经做到了。"[66]

如果你想要寻找赞助，那么尽力完成自己的任务，因为这是展示自己技能的机会。另外，你可以自愿接受能使自己与平时无法接触的人交流的工作，比如组织评审团、撰写特殊报告或者参与新员工的招聘。然而，根据休利特所说，良好的个人表现和忠诚度不一定足够获得赞助，你需要彰显自己的独特性。[67]

我们需要工作的赞助人和生活的导师。工作不是全部，我们还有生活。在生活中——正如在工作中——我们需要别人帮我们意识到并实现自己的全部潜能。

爱是唯一的方法

工作朋友能带给你许多益处，但这些友情也会带来许多负担，尤其是在工作朋友变成"真正的"朋友时，比如工作关系和家人、邻居、好友发生交叉的时候。中介者找到了在结交工作朋友的同时减少潜在损害的方法。

中介是一种克服部分工作与生活冲突的个人策略。这种方法的个人化特性，是中介者能够在雇主正在推动更加合一化的情况下，依旧保持工作与生活平衡的原因之一。但是，我们还必须权衡工作与生活的益处。一些扩张者通过结识他人使自己的个人能力和职业生涯得到快速提升和发展，与他人失去联系可能对他们来说才是真正的威胁。召集提供了心理支持，获得支持的渴望对召集者来说，可能比平衡更重要。

走进办公室，每个人都有不同的需求，也带来了不同的角色——父母、儿子、女儿、妻子、丈夫、艺术家、拥护者。无论采取什么方法，满足彼此相互矛盾的需求、协调不同的角色都十分艰难。正如卢英德所说："我觉得很重要的一点是，我们都理解，如果你因为这些选择而感到困扰，那说明你并不是个疯子，反而是个正常人。"[68]

　　当我们旅行结束的 33 天后，我的母亲去世了。在那之后，我深深地依赖亲人，以寻找安慰。我的导师莉萨曾经在我的婚礼上提醒母亲和其他人："爱是唯一的方法。"她还在产房中送给了我好时巧克力，她是唯一一个让我可以敞开心扉的外人。当我从悲伤中走出来时，我给我的赞助人发了邮件。他从来没见到我哭泣，我们也不会因工作以外的原因见面。他的身份不是正式的，但他在我的职业生涯中发挥了重要作用。我知道他会帮我处理工作中的事，给我哀悼的时间。在表达了遗憾后，他说出了我最需要的话："都交给我吧。"

第十章
六度分离：
每个人都有联系

安娜·温图尔是纽约市的一名精英，经常光顾老牌四季酒店的烧烤屋餐厅。她非常喜欢吃牛羊肉。在四季酒店里，她与同为常客的弗农·乔丹不期而遇。弗农·乔丹参加了《华盛顿邮报》出版发行人凯瑟琳·格雷厄姆的葬礼。在葬礼上，马友友演奏了巴赫大提琴组曲第 6 号中的《阿勒曼德舞曲》。这位大提琴演奏家还参加了巴拉克·奥巴马 2009 年的就职典礼，华理克牧师也在那里进行了祈祷。几年前，这位牧师出席了洛杉矶《难以忽视的真相》首映式，坐在离莎朗·斯通不远的地方。这位女演员把她在戛纳电影节的晚宴上认识的前男友谢普·戈登介绍给了其他人。

在约翰·格尔担任编剧的电影《六度分离》中，"地球上的 77 亿人都是紧密相连的"这一观念得到了普及。正如剧中的角色所说的：

我在某个地方读到，地球上的任意两个人之间都只相隔另外六个人，即所谓的六度分离。这适用于我们与地球上其他任何人之间，无论是美国总统，还是威尼斯的贡多拉船夫。写下他们的名字，我发现，我们如此亲密，让人倍感安慰；我们如此亲密，就像滴水刑一样。因为你必须找到合适的六个人来把联系建立起来。他们不仅仅是大人物，可以是任何人。[1]

这一想法通常被认为是由著名心理学家斯坦利·米尔格拉姆在1967年进行的一项巧妙的实验得出的。[2] 在前往马达加斯加和美属萨摩亚群岛等偏远地区的旅行中，米尔格拉姆会让当地人和其他旅行者参与一场游戏。走近某人，也许是在一家俯瞰海滩的酒吧，他会问对方是否会配合自己，看看对方是否能找到朋友或熟人，把彼此联系起来，即发现一个共同的熟人，并感叹"世界真小"。[3] 最后，米尔格拉姆决定正式测试这个命题。这个实验和研究这一发现的论文被恰当地命名为"小世界问题"。[4]

米尔格拉姆和杰弗里·特拉弗斯向内布拉斯加州和波士顿市的近300人发送了邮件，内含的文件上描述了本实验的相关信息。目的是让他们通过尽可能短的链路将包裹传递给目标——一位工作在波士顿、家住马萨诸塞州沙伦镇的股票经纪人。

在链路的起始端，1/3的人住在波士顿附近，但与股票经纪人没有任何其他已知的联系。1/3 是内布拉斯加州人，他们是"蓝筹股股东"，最后 1/3 是随机挑选的其他内布拉斯加州人。这么做是为了看看与目标在地理位置上更接近或专业联系更紧密所产生的链路是否会更短。

这个实验有一个关键的规则：发件人只能把信息发送给自己所熟知的人。如果发件人碰巧认识目标人——这在一开始是不可能的——就可以直接把信息发送给他；如果不认识，就必须把信息发送给自认为离目标更近的人。

从初始发件人到目标所需的平均链路长度，或者说中间人个数，为 5.2。在最初的 296 封邮件中，217 封至少被传递了一次。其中，29% 的邮件最终到达了马萨诸塞州的这位股票经纪人手中。从波士顿出发的链路比从内布拉斯加州出发的要短一些。由波士顿发起的邮件需要经过 4.4 个中间人，而由内布拉斯加州的随机挑选的人所发起的邮件则需要经过 5.7 个中间人。股票持有者没有任何真正的优势，他们的链路长度与其他类型的链路没有区别。为了符合实际，将平均数四舍五入为最接近的整数，就得到了六度分离。

在送达股票经纪人的邮件中，近一半是通过同样的三个人发给他的。其中一个人 G 先生是沙伦镇的服装商人。他参与完成了 25% 的传递链。这说明邮件不是随机传递的，它们像漏斗一样流过关键途径。

在"小世界问题"实验之后的几十年里，三个问题仍然存在：世界变小了吗？为什么世界很小？米尔格拉姆的实验可以复现吗？在米尔格拉姆最初的实验的 30 多年后，社会学家和网络科学家的先驱邓肯·沃茨开始着手解决这些问题。

沃茨与当时同在哥伦比亚大学的合作者彼得·多兹和罗比·穆哈马德，准备再一次看看这个世界有多小。[5] 在他们的实验版本中，166 个国家的 60 000 多名参与者试图将邮件送达 13 个国家的 18 个目标中的一个，其中包括一名挪威陆军兽医、一名澳大利亚警官、一名爱沙尼亚档案检查员和一名印度技术顾问。即使地理距离、社会距离遥远，研究人员还是得出了一个熟悉的结论。在排除了未完成的链路之后，这些信息需要经过大约 6 次传递就能送到目标手中。[6]

然而，这一次，他们没有找到一个 G 先生或凯文·贝肯[①]这样的人物。传递链路并没有呈漏斗形。沃茨写道："普通人……也可以与杰出人士一样，能够跨越社会和职业圈之间、不同国家之间或不同社区之间的鸿沟。"[7]

成功的搜索极大地依赖于职业关系。在工作中，多样性最有可能扎根，我们最有可能与长相或想法与我们不同的人进行互动，

[①] 美国演员。1993 年，几名大学生发明了一款游戏，通过最多 6 部电影，任何一位演艺界明星都能与凯文·贝肯取得联系。从此，凯文·贝肯成为六度分离理论的标志性人物。——译者注

在那里，中介者最有可能蓬勃发展。没有薄弱的纽带或职业关系，世界就不会这么小。不同文化之间的联系所带来的惊奇和敬畏将被削弱。无论是脸书上的朋友还是马萨诸塞州的股票经纪人，无论是华理克牧师还是马友友，我们都有着密切的联系。但是我们该怎么做呢？

完全有序还是完全无序

神经网络、食物链、电网、公司董事会、电影明星、互联网、你的邻居们都拥有着一些相同的网络特性。它们都是一个个的小世界。但正如沃茨所写："'我们的世界有多小？'有人可能会问，'不仅仅是我们的世界，还有任何一个世界，要变小需要什么？'"

他没有深入世界去测量不同的网络，比较它们的特性，而是采取了不同的方法。沃茨和他的论文顾问史蒂文·斯托加茨决定依靠数学模型来解决这个问题。[8]这个问题似乎可以用图论这一研究和表示网络的数学领域来解决。沃茨和斯托加茨通过创造两种极端形式的网络来研究。

一个是他们所谓的"规则"网络。这个名字来源于它一如既往的规律。把一个网络想象成圆周上的 20 个点，每个点代表一个人，并与其他 4 个点之间存在着联系。在一个规则网络中，每个人都与左右两边各紧邻的两个点相连。如果你的邻里关系遵循这一规律，你就会和你隔壁的邻居以及隔壁的隔壁的邻居成为朋友。一个规则网络是完全有序的，它没有任何随机性。

另一个极端是一个完全随机的网络。朋友之间没有固定的模式。你可以扔下 4 颗弹珠，落在圆周上的离你最近的一个点就是你的朋友。与规则网络规模相同的随机网络中没有集群，没有邻居。但圈子里的任何两个人之间都有很短的链。

小世界网络——人类网络只是其中的一个例子——处于两个极端中间。它们既有足够的秩序及可搜索性，又有足够的随机性为创造一个小世界提供必要的捷径。它们在混乱和秩序之间取得了完美的平衡。

为了说明小世界是如何工作的，我们回到上述模型中。想象一下，你坐在一个 20 人的圈子里，试图向对面的人传递信息。每个人只能和右边或左边的人交谈。在这些规则下，要向对面传递信息，就必须经过另外 9 个人。现在想象一下，一个人可以给圈中随机的一个人（即使不坐在旁边）传递信息。传递信息所需的中间人数量可能会减少。如果有几个人拥有这种能力，那么我们几乎可以肯定，所需中间人数量会急剧下降。只要走几条捷径，世界就会迅速变小。[9]

在他们开创性的工作中，沃茨和斯托加茨发现，小世界网络有两个特性：它们有密集连接的群体或派系，以及一些随机连接的联系来连接这些群体，使得在网络中的任意两人之间能够形成短链。小世界也往往有几个节点有大量的连接。这与我们在人际网中看到的特性是一样的——大多数人有成百上千的联系，但扩张者的联系多得多。

换言之，要创造一个小世界，你需要召集者的稠密群体。在他们稠密的人际网中，每个人都很容易被联系到。在召集者稠密的邻里、学校和社区关系内，信息可以迅速传播。对于简单地发送一封邮件，这并不意味着什么。但是，在生存、生育、构建生活、冒险规划未来的时候，这些看似冗余的人际网能够帮助我们找到信任和支持。

小世界网络也需要中介者和扩张者来弥合这些群体之间的鸿沟。在一个简单的笔记传递实验中，他们的角色很相似。然而，在社会上，他们的角色是不同的。中介者有非凡的能力，能与跨越不同社会世界的人建立不同的关系，这从创造力到组织影响力都能带来好处。而扩张者有着更丰富但更浅薄的人脉，他们有着惊人的能力，能够迅速动员团体，激发灵感。

中介者、扩张者和召集者联合起来，使世界变小。他们在有序性和随机性之间取得了一种美丽的平衡。这就是人类大脑、生态系统乃至蚁群的工作原理。尽管他们在个性和偏好上存在差异，但他们都有助于创造一个辉煌、充满活力的人类秩序。

致谢

当我第一次见到达顿出版社的斯蒂芬·莫罗和他的团队时，我未来的儿子还只有蓝莓那么大点儿。自那之后，我们一家产生了恍如隔世之感，朱利安降生到了这个世界上，这本书诞生了，而我的母亲也离开了这个世界。我不知道在一本书的创作过程中我的生活会发生如此大的变化。

在本书创作期间，我的丈夫尼克就像我在身怀朱利安的时候一样，发挥了重要的作用。本书真的是我俩共同努力的结果。尼克制作了人际网测量表，常与我交换想法，帮助我进行研究，合作了第九章的规划，阅读并编辑了每一篇文稿，逐字逐句对书中的事例进行了核实。在我内心动摇之际，他让我坚信把这些想法以文字呈现的努力是值得的，并为我提供了无尽的精神支持。但更重要的是，为了我们的家庭，他放弃了他在纽约曾经全身心投入的工作。在此过程中，他为我创造了这本书的创作空间。很少有人能像尼克那样无私地为家人奉献自己。他可能不记得，在我们的婚礼誓言中，我们发誓要"努力理解我们自己和对方"以及"帮助对方明白对彼此来说什么是重要的，并在这些价值观的基础上展开生活"。他向我做出的承诺在本书创作期间得到了证实。他的爱和他的生活方式每天都在提醒我，我自己想要拥有怎样的生活。我很幸运能拥有他这样的伴侣。

与我出色的代理人、经纪人马戈·贝丝·弗莱明一起工作，是本书的创作过程中最大的收获之一。从一开始，我们的关系就感觉是命中注定的，这也是社交算法的神奇产物之一。在创作过程中的每个阶段，从学习如何写作到在公共图书馆喝茶庆祝手稿完成，弗莱明的表现远远超出了人们对代理人的正常预期。本书中的某些部分我本来打算草草了事的，她敦促我补充了一些有说服力的案例；在我母亲去世后，她来看望我，给予我极大的安慰；她也曾在出租车的后座上与我共度了我人生中最快乐的时刻。她是一位难得的朋友，她能够与我分享所有类型的情感。她是一位才华横溢、充满爱心的支持者，她在本书中看到的东西比我看到的要多。我将永远感激她，因为她帮助我看到了她所看到的，并帮助我把它变成了现实。

我在创作本书过程中的另一收获，是发现了我对写作的热爱。事实证明，我的编辑斯蒂芬·莫罗对语言、文字和思想的那份热爱很有感染力。莫罗一直是一位体贴、耐心和善良的老师。在我为本书纠结的时候，莫罗展现了他的热情，他提到了丝绸之路乐团的音乐以及在地铁上听陌生人聊到的故事，帮助我坚持了下去。莫罗对社交世界的深刻理解、好奇心和文字的魔力都融入了这本书的每一页。

我的人生导师、老师、朋友彼得·比尔曼具有发现世界奇妙之处的非凡能力，并想方设法将其中一部分传授给了我。如果失去了比尔曼的影响，我的生活和工作就将变得非常无趣。

本书在很大程度上是一次中介和翻译的结果。本书所基于的研究，源于不计其数的同事、榜样和人际网学者的毕生努力。罗恩·伯特、罗宾·邓巴、蒂齐亚娜·卡夏罗、郑甜、马修·萨尔加尼克、戴维·奥布斯特费尔德、马汀·奇达夫、亚当·克莱因鲍姆、马克·格兰诺维特、尼古拉斯·克里斯塔基斯、桑原科、林南、彼得·马斯登、伊莎贝尔·费尔南德斯-马特奥、马里奥·斯莫尔、桑迪·彭特兰、保罗·英格拉姆、鲁本·托马斯、伊丽莎白·库里德-霍尔基特、雷·里根斯、比尔·麦克维利、马丁·加希乌洛、布赖恩·乌齐、彼得·比尔曼、詹姆斯·穆迪、米勒·麦克弗森、丹·麦克法兰、安德鲁·哈加登、邓肯·沃茨、鲍勃·萨顿、布莱恩·兰迪斯、斯特凡诺·塔塞利、戴维·克拉克哈特、斯科特·费尔德、诺姆·泽鲁巴维尔、罗布·克罗斯、内德·毕晓普·史密斯、塔尼娅·梅农、丹尼尔·莱文、豪尔赫·瓦尔特、J.基思·莫尼根和埃米尼亚·伊瓦拉等人的工作在本书中都非常重要。我要特别感谢 Teaching Social Networks PDW 论坛的工作成员，特别是亚当·克莱因鲍姆、伊莎贝尔·费尔南德斯–马特奥、比尔·麦克维利和马丁·加希乌洛，他们组织了这项活动。我对人际网的认识以及如何将对人际网的研究付诸实践的思考也受到了这个群体的深刻影响。心理学家亚当·格兰特、弗朗西斯卡·吉诺、达契尔·克特纳、米奇·普林斯汀、卡梅伦·安德森、凯茜·莫吉尔纳·霍姆斯、简·达顿、伊丽莎白·邓恩、埃米·埃德蒙森、克里斯蒂娜·波拉特、南希·罗斯巴德、特蕾西·杜马、凯瑟琳·菲利普斯和西尔维娅·安·休利特帮助将人类元素带入这本书。

我十分幸运，能够同一群致力于跨学科研究的社会学家和心理学家一道工作：吉姆·巴伦、罗布·巴塞洛缪、特里斯坦·博特略、托里·布雷斯科尔、海迪·布鲁克斯、罗德里戈·卡纳莱斯、朱莉娅·德贝尼尼奥、西德尼·杜普雷、伊万娜·卡季奇、巴拉日·科瓦奇、迈克尔·克劳斯、阿芒迪娜·奥迪-布拉西耶、杰弗里·索南费尔德、奥拉夫·索伦森和埃米·弗热斯涅夫斯基。在写这本书的时候，我与杰弗里·索南费尔德、迈克尔·克劳斯和海迪·布鲁克斯的长时间沟通形成了重要的见解。我不断地从维克托·弗鲁姆的教育学天赋中得到启发。自我来到耶鲁大学后，奥拉夫·索伦森帮助我成长为一名人际网学者和一名教师，他一直是一位难能可贵的导师。埃米·弗热斯涅夫斯基一直是我的榜样。吉姆·巴伦一直是一位不知疲倦、充满耐心的支持者，我非常感激他，是他的不懈努力让我们的团队不断成长和壮大。罗布·巴塞洛缪常常是把我们团结在一起的黏合剂，他是一名召集者，每个人都想成为他们团队的一员。除了塑造我的学术思维，我的同事们还教会了我如何创造一个互相尊重与坦诚、充满欢笑与智慧的工作环境。

英格丽德·内姆哈德是每一个学者梦寐以求的合作者，她使用这本书中提到的可穿戴传感器与我共同进行了这项研究。如果没有杰茜卡·霍尔顿及其团队的帮助，关于第九章的研究不可能完成。Lulu Change 团队提供了有益的研究帮助。塔尼娅·鲁绘制了这本书英文版的精巧插图。汉娜·芬尼在本书的整个编纂过程中都帮了大忙。希瑟·克赖德勒在核实这本书的事例方面发挥了不可估量的作用。在此，特别感谢阿曼达·沃克、纳塔莉·丘奇、莱拉·西迪基、斯蒂芬妮·库珀及达顿出版社的团队将本书送到读者们的手中。

感谢莉萨·乌伊莱因带领我踏上第四维度的非凡冒险之旅，我的心中没有一天不充满感激之情。她是我最伟大的老师，她拯救了我的生命，她教会我如何生活、如何去爱。我永远不会忘记在病房里朱莉·普赖斯告诉我，我永远也不会孤身一人。她一直信守诺言，在这本书的旅途中，无论高潮、低谷还是平凡的时刻都给予我支持。凯文·多德是一个榜样，也是讲故事的大师，他给我带来了无与伦比的信息。感谢他一直以来对我的关心、对我的嘘寒问暖，并且永葆纯真。娜塔莎·麦克莱恩使我能够坚定信念，并且在过去的两年里，她还给我带来了无数的欢笑。我尽我所能把乌伊莱因、普赖斯、多德和麦克莱恩在本书中与我分享的一些智慧传递下去。

我有幸拥有很多了不起的朋友，他们教会了我爱、付出以及生活的乐趣：安迪、安娜、安妮、鲍勃、查利、克里斯、克里斯蒂娜、查克、丹、戴夫、德布、黛安娜、唐、多琳、埃莉斯、乔治、赫布、伊利、简、贾尼斯、珍、珍妮、约翰尼、凯特、凯瑟琳、凯文、金、克里斯廷、劳伦、琳达、路易、马格斯、马克、梅、莫伊拉、娜奥米、尼尔、帕德里克、理查德、罗宾、露丝、萨拉、苏迪、特雷莎、特里、蒂姆、崔西、文尼和韦恩。

安德烈亚·米勒、卡米拉·博兰和珍妮弗·詹宁斯从一开始就陪伴在我身边。这是一趟奇妙的狂野之旅。在尽头路边安家颇有益处，我与米歇尔·洛佩斯、萨莎·鲁登斯基和伊莱·休奇的友谊就是社区力量的最好证明之一。本书始于我和埃玛·斯帕拉的一次谈话，在整个过程中，她一直充满爱心地支持我。

没有肖娜·麦克马洪，就不可能有这本书。我在写作和工作的时候，知道你在关爱和照顾我的孩子，这是一种无尽的安慰。我们全家人都很幸运，能够每天从你身上学习，并与你在一起。我们不仅把你当作家人，你也是我最亲爱的朋友之一。

本书反映了我父亲无尽的好奇心和旺盛的精力。感谢他无条件的支持，激励我不断探索。他和谢里尔·麦丘是我的生命线。他们是我在恐惧和悲伤的时候会伸出援手的人，也是唯一能让我安心问自己是不是疯了的人。谢谢你们一直让我相信我不是，我们可以一起渡过难关。我弟弟安德鲁，是我认识的人中心胸最宽广的人。他对我、母亲和我们家的爱让过去的一年变得没那么难以忍受。很多时候没有他我都撑不过去。我也要感谢罗杰、贾妮斯·卡普兰、佐耶、亨利、汉克·威德、盖伊、戴维·麦克唐纳、利兹、丹尼、林赛和 DJ 金，他们让我明白了家庭的意义。

我的孩子们向我展示了爱的深不可及之处：悉尼的同情心比我所知道的 11 岁孩子的同情心还要多。看着她克服恐惧去追求她的热爱，我也想这么做。人们永远不会被充分提醒，在任何场合突然出现歌曲或舞蹈都是更好的选择。格蕾丝的冒险、勇气和好奇使我们的世界变得更加神奇。朱利安就是纯粹的快乐。他们给我的生活带来了爱和光明，我的心每天都在舒展和软化。

家庭是我们第一个也是最深刻的联系。直到我失去了母亲，我才意识到这种联系的深度。从我记事起，母亲总是把一本书放在伸手可及的地方。我希望她去世前教会我的——从小事中寻找快乐，保护你所爱的人，全心全意地去爱——能够通过本书继续留存。

术语表

Social Chemistry	社交算法
Marissa King	玛丽萨·金
Network/Social Network（n）	人际网 / 网络
The nature of networks	人际网的本质
Convener（c）	召集者
Broker（b）	中介者
Expansionist（e）	扩张者
Invisible Threads	隐形的丝线
Dyad	二方组
Dense	稠密
Convening（cn）	召集式
Brokerage（bn）	中介式
Expansion（en）	扩张式
Convening（cv）	召集

Brokerage/Brokering（bv）	中介
Expansion（ev）	扩张
Personal Contact	个人关系
Social Connection	社会关系
Social Interaction	社会互动
Social Comparison	社会比较
Network Partner	人际网伙伴
Networking	交际
Relationship	关系
Spontaneous Networking	自发性交往
Instrumental Networking	工具性交往
Work a Room	四处结交他人
Social Life	社交生活
Social Intelligence	社交商
Moral Sentiment	道德情感
Envolve	发展
Acquaintance	熟人
Emotional Intensity	情绪强度
Community	社交圈
Attachment	依恋
Context	语境
Mix	混合

注释

第一章

1 Vernon E. Jordan Jr., "American Odyssey." *Newsweek,* October 29, 2001. https://www.newsweek.com /american-odyssey-154197.

2 Jeff Gerth, "The First Friend—A Secial Report. Being Intimate with Power, Vernon Jordan Can Wield It." *New York Times,* July 14, 1996. https://www.nytimes.com/1996/07/14/us/first-friend-special-report-being-intimate-with-power-vernon-jordan-can-wield-it.html.

3 Sujeet Indap, "Vernon Jordan: 'It's Not a Crime to Be Close to Wall St.' " *Financial Times,* August 17, 2018. https://www.ft.com/content/429c9540-9fd0-11e8-85da-eeb7a9ce36e4.

4 Michael Useem, *The Inner Circle: Large Corporations and the Rise of Business Political Activity in the U.S. and U.K.* New York: Oxford University Press, 1986.

5 Johan S. G. Chu and Gerald F. Davis, "Who Killed the Inner Circle? The Decline of the American Corporate Interlock Network." *American Journal of Sociology* 122, no. 3 (November 2016): 714–54. https://doi.org/10.1086/688650.

6 Indap, "Vernon Jordan: 'It's Not a Crime to Be Close to Wall St.' "

7 Ibid.

8   Patricia Sellers, "A Boss's Advice to Young Grads." *Fortune,* June 7, 2012. https://fortune.com/2012/06/07/a-bosss-advice-to-young-grads/.

9   James S. Coleman, *Foundations of Social Theory.* Cambridge, MA: Harvard University Press, 1990.

10   Nicholas A. Christakis, "Making Friends in New Places." *New York Times,* August 1, 2015. https://www.nytimes.com/2015/08/02/education/edlife/making-friends-in-new-places.html.

11   在本书中，我经常利用个体的故事来举例说明不同的人际网络结构。虽然我希望能够分析他们的实际人际网络，但不幸的是，我无法掌握到数据进行正式分析。除非另有说明，否则它们仅应作为中介者、召集者和扩张者的许多特征的示例。

12   Vernon E. Jordan Jr., "Veron Jordan, Living Self-Portrait." Interview by Marc Pachter. National Portrait Gallery, Smithsonian Institution, April 6, 2012. Video, 1:16:17. https://www.youtube.com/watch?v=chxO0gYrW4U.

13   Gerth, "The First Friend—A Special Report."

14   Ruolian Fang et al., "Integrating Personality and Social Networks: A Meta-Analysis of Persoality, Network Position, and Work Outcomes in Organizations." *Organizational Science* 26, no. 4 (July–August 2015): 1243–60. https://doi.org/10.1287/orsc.2015.0972.

15   Marissa King and Ingrid Nembhard, "Networks and Nonverbal Behavior." Academy of Management, 2015. Slides available at socialchemistry.com.

16   Jordan, "Vernon Jordan, Living Self-Portrait."

17   Stanford Center on Poverty and Inequality, "Social Networks and Getting a Job: Mark Granovetter." Video, 5:51. https://www.youtube.com/watch?v=g3bBajcR5fE.

18   Ibid.

19   Mark S. Granovetter, "The Strength of Weak Ties." *American*

Journal of Sociology 78, no. 6 (May 1973): 1360–80. https://doi. org/10.1086/225469.

20 Peter V. Marsden and Elizabeth E. Gorman, "Social Networks, Job Changes, and Recruitment." In *Sourcebook of Labor Markets,* eds. Ivar Berg and Arne L. Kalleberg, 467–502. New York: Springer, 2001; Emilio J. Castilla, George J. Lan, and Ben A. Rissing, "Social Networks and Employment: Outcomes (Part 2)." *Sociology Compass* 7, no. 12 (December 2013): 1013–26. https://doi.org/10.1111/soc4.12095.

21 Federico Cingano and Alfonso Rosolia, "People I Know: Job Search and Social Networks." *Journal of Labor Economics* 30, no. 2 (2012): 291–332.

22 Marsden and Gorman, "Social Networks, Job Changes, and Recruitment."

23 Nan Lin, "Social Networks and Status Attainment." *Annual Review of Sociology* 25, no. 1 (August 1999): 467–87. https://doi.org/10.1146/ annurev.soc.25.1.467.

24 Joel M. Podolny and James N. Baron, "Resources and Relationships: Social Networks and Mobility in the Workplace." *American Sociological Review* 62, no. 5 (October 1997): 673–93.

25 Ronald S. Burt, *Brokerage and Closure: An Introduction to Social Capital.* New York: Oxford University Press, 2005.

26 PricewaterhouseCoopers LLP, *The Economic Significance of Meetings to the U.S. Economy.* Tampa: PricewaterhouseCoopers, 2014.

27 Ronald S. Burt, *Structural Holes: The Social Structure of Competition.* Cambridge, MA: Harvard University Press, 1992.

28 Julianne Holt-Lunstad et al., "Loneliness and Social Isolation as Risk Factors for Mortality: A Meta-Analytic Review." *Perspectives on Psychological Science* 10, no. 2 (2015): 227–37. https://doi. org/10.1177/1745691614568352.

29 Vivek H. Murthy, "Emotional Well-Being Is the Missing Key to Better

Health." TEDMED, October 4, 2016. Accessed September 19, 2017. http://blog.tedmed.com/emotional-well-missing-key-better-health/.

30 Louise C. Hawkley and John T. Cacioppo, "Loneliness Matters: A Theoretical and Empirical Review of Consequences and Mechanisms." *Annals of Behavioral Medicine* 40, no. 2 (October 2010): 218–27. https://doi.org/10.1007/s12160-010-9210-8.

31 Stephen Marche, "Is Facebook Making Us Lonely?" *The Atlantic,* May 2012. https://www.theatlantic.com/magazine/archive/2012/05/is-facebook-making-us-lonely/308930/.

32 Evan Asano, "How Much Time Do People Spend On Social Media?" Social Media Today, January 4, 2017. http://www. socialmediatoday. com/marketing/how-much-time-do-people-spend-social-media-infographic.

33 "Facebook Market Cap 2009–2019,"Macrotrends 2019. https://www. macrotrends.net/stocks/charts/FB/facebook/market-cap.

34 "Norway GDP," Trading Economics, 2019. https:// tradingeconomics. com/norway/gdp.

35 Hacker Noon, "How Much Time Do People Spend on Their Mobile Phones in 2017?" Hacker Noon, May 9, 2017. https:// hackernoon.com/ how-much-time-do-people-spend-on-their-mobile-phones-in-2017-e5f90a0b10a6.

36 Jean M. Twenge, "Have Smartphones Destroyed a Generation?" *The Atlantic,* September 2017. https://www.theatlantic.com/magazine/archive/2017/09/has-the-smartphone -destroyed-a-generation/534198/.

37 Emily D. Heaphy and Jane E. Dutton,"Positive Social Interactions and the Human Body at Work: Linking Organizations and Physiology." *Academy of Management Review* 33, no. 1 (2008): 137–62. https://doi.org/10.5465/amr.2008.27749365.

38 Sally C. Curtin, Margaret Warner, and Holly Hedegaard, "Increase in Suicide in the United States, 1999–2014." NCHS Data Brief 241

(April 2016): 1–8; Kevin Eagan et al., *The American Freshman: Fifty-Year Trends: 1966–2015.* Los Angeles: Higher Education Research Institute, 2016; Ramin Mojtabai, Mark Olfson, and Beth Han, "National Trends in the Prevalence and Treatment of Depression in Adolescents and Young Adults." *Pediatrics* 138, no. 6 (2016): e20161878.

39   Joseph P. Stokes, "The Relation of Social Network and Individual Difference Variables to Loneliness." *Journal of Personality and Social Psychology* 48, no. 4 (1985): 981–90. http://dx.doi.org/10.1037/0022-3514.48.4.981.

40   Xi Zou, Paul Ingram, and E. Tory Higgins,"Social Networks and Life Satisfaction: The Interplay of Network Density and Regulatory Focus." *Motivation and Emotion* 39, no. 5 (October 2015): 693–713. https://doi:10.1007/s11031-015-9490-1.

41   Henk Flap and Beate Völker, "Goal Specific Social Capital and Job Satisfaction: Effects of Different Types of Networks on Instrumental and Social Aspects of Work." *Social Networks* 23, no. 4 (October 2001): 297–320. https:doi.org/10.1016/S0378-8733(01)00044-2.

42   Adam Ruben, "Nothing but Networking." *Science,* October 23, 2014. https://www.sciencemag.org/careers/2014/10/nothing-networking.

43   Ben M. Bensaou, Charles Galunic, and Claudia Jonczyk-Sédès, "Players and Purists: Networking Strategies and Agency of Service Professionals." *Organization Science* 25, no. 1 (January–February 2014): 29–56. https://doi.org/10.1287/orsc.2013.0826.

44   Ibid.

45   Tiziana Casciaro, Francesca Gino, and Maryam Kouchaki, "The Contaminating Effects of Building Instrumental Ties: How Networking Can Make Us Feel Dirty." *Administrative Science Quarterly* 59, no. 4 (October 2014): 705–35. https:// doi.org/10.1177/0001839214554990.

46   Francesca Gino, Maryam Kouchaki, and Adam D. Galinsky, "The Moral Virtue of Authenticity: How Inauthenticity Produces Feelings

of Immorality and Impurity." *Psychological Science* 26, no. 7 (May 2015): 983–96. https://doi.org/10.1177/0956797615575277.

47   Kathleen D. Vohs, Roy F. Baumeister, and Natalie J. Ciarocco, "Self-Regulation and Self-Presentation: Regulatory Resource Depletion Impairs Impression Management and Effortful Self-Presentation Depletes Regulatory Resources." *Journal of Personality and Social Psychology* 88, no. 4 (2005): 632–57. http://dx.doi.org/10.1037/0022-3514.88.4.632; Roy F. Baumeister, "Motives and Costs of Self-Presentation in Organizations." In *Impression Management in the Organization,* eds. Robert A. Giacalone and Paul Rosenfeld, 57–72. Hillsdale, NJ: Lawrence Erlbaum Associates, 1989.

48   Bruce J. Avolio and Ketan H. Mhatre, "Advances in Theory and Research on Authentic Leadership." In *The Oxford Handbook of Positive Organizational Scholarship,* eds. Kim S. Cameron and Gretchen M. Spreitzer, 773–83. New York: Oxford University Press, 2012.

49   Herminia Ibarra, "The Authenticity Paradox." In *HBR's 10 Must Reads of 2016: The Definitive μanagemen Ideas of the Year from Harvard Business Review.* Cambridge, MA: Harvard Business Review, 2016.

50   Jennifer S. Beer, "Implicit Self-Theories of Shyness." *Journal of Personality and Social Psychology* 83, no. 4 (October 2002): 1009–24. http://dx.doi.org/10.1037/0022-3514.83.4.1009.

51   Carol S. Dweck, *Mindset: The New Psychology of Success.* New York: Ballantine Books, 2016.

52   Beer, "Implicit Self-Theories of Shyness."

53   Daniel Goleman, *Social Intelligence: The New Science of Human Relationships.* New York: Bantam Books, 2006, 84.

54   Ko Kuwabara, Claudius A. Hildebrand, and Xi Zou, "Lay Theories of Networking How Laypeople's Beliefs About Networks Affect Their Attitudes and Engagement Toward Instrumental Networking." *Academy of Management Review* 43, no. 1 (April 2016): 50–64. https://

oi.org/10.5465/amr.2015.0076.

55   Erica Boothby et al., "The Liking Gap in Conversations: Do People Like Us More Than We Think?" *Psychologica Science* 29, no. 11 (2018): 1742–56. https://doi.org/10.1177/0956797618783714.

56   Ibid.

57   Yechiel Klar and Eilath E. Giladi, "Are Most People Happier Than Their Peers, or Are They Just Happy?" *Personality and Social Psychology Bulletin* 25, no. 5 (1999): 586–95. https://doi.org/10. 1177/0146167299025005004; Vera Hoorens and Peter Harris, "Distortions in Reports of Health Behaviors: The Time Span Effect and Illusory Superiority." *Psychology and Health* 13, no. 3 (1998): 451–66. https://doi.org/10.1080/08870449808407303; Jonathon D. Brown,"Understanding the Better Than Average Effect: Motives (Still) Matter."*Personality and Social Psychology Bulletin* 38, no. 2 (2012): 209–19. https://doi.org/10.1177/0146167211432763; Sebastian Deri, Shai Davidai, and Thomas Gilovich, "Home Alone: Why People Believe Others' Social Lives Are Richer Than Their Own." *Journal of Personality and Social Psychology* 113, no. 6 (2017): 858–77. http:// dx.doi.org/10.1037/pspa0000105; Mark D. Alicke, "Global Self-Evaluation as Determined by the Desirability and Controllability of Trait Adjectives." *Journal of Personality and Social Psychology* 49, no. 6 (1985): 1621–30. http://dx.doi.org/10.1037/0022-3514.49.6.1621.

58   Deri, Davidai, and Gilovich, "Home Alone: Why People Believe Others' Social Lives Are Richer Than Their Own."

59   Ibid.

60   Kuwabara, Hildebrand, and Xi Zou, "Lay Theories of Networking: How Laypeople's Beliefs About Networks Affect Their Attitudes and Engagement Toward Instrumental Networking."

61   Tiziana Casciaro, Francesca Gino, and Maryam Kouchaki, "Learn to Love Networking." *Harvard Business Review,* May 2016. https://hbr.

org/2016/05/learn-to-love-networking.

62   Howard Becker, *Man in Reciprocity: Introductory Lectures on Culture, Society, and Personality.* Oxford, England: Frederick A. Praeger, 1956.

63   Adam M. Grant, *Give and Take: A Revolutionary Approach to Success.* New York: Penguin Books, 2013, 59.

64   William T. Harbaugh, Ulrich Mayr, and Daniel R. Burghart, "Neural Responses to Taxation and Voluntary Giving Reveal Motives for Charitable Donations." *Science* 316, no. 5831 (June 2007): 1622–25. https:// doi.org/10.1126/science.1140738.

65   Heidi Roizen, "Interview with Heidi Roizen (Heroes)." Interview by Lucy Sanders, Larry Nelson, and Lee Kennedy, 2007. Entrepren eurial Heroes, National Center for Women & Information Technology. Audio, 34:33. https://www.ncwit.org/audio /interview-heidi-roizen-heroes.

66   Allan R. Cohen and David L. Bradford, *Influence Without Authority,* 2nd ed. Hoboken, NJ: John Wiley & Sons, 2005.

67   Sellers, "A Boss's Advice to Young Grads."

68   Barry Arons, "A Review of the Cocktail Party Effect." Cambridge, MA: MIT Media Lab, 1992.

69   Christopher McCarty et al., "Comparing Two Methods for Estimating Network Size." *Human Organization* 60, no. 1 (2001): 28–39. https:// doi.org/10.17730/humo.60.1.efx5t9gjtgmga73y.

70   Tian Zheng, Matthew J. Salganik, and Andrew Gelman, "How Many People Do You Know in Prison? Using Overdispersion in Count Data to Estimate Social Structure in Networks." *Journal of the American Statistical Association* 101, no. 474 (June 2006): 409–23. https://doi.org/10.1198/016214505000001168.

71   Tyler McCormick, Matthew Salganik, and Tian Zheng, "How Many People Do You Know? Efficiently Estimating Personal Network Size." *Journal of the American Statistical Association* 105 (2010): 59–70.

72 Author's calculations based on own survey of 513 respondents; see also Miller McPherson, Lynn Smith-Lovin, and James M. Cook, "Birds of a Feather: Homophily in Social Networks." *Annual Review of Sociology* 27 (August 2001): 415–44. https://doi.org /10.1146/annurev. soc.27.1.415.

73 David Obstfeld, "Social Networks, the Tertius Iungens Orientation, and Involvement in Innovation." *Administrative Science Quarterly* 50, no. 1 (March 2005): 100–30. https://doi.org/10.2189 /asqu.2005.50.1.100.

74 Sellers, "A Boss's Advice to Young Grads."

75 "Emotions Mapped by New Geography." *New York Times,* April 3, 1933. https://www.nytimes.com/1933/04/03/archives/emotions-mapped-by-new-geography-charts-seek-to-portray-the.html.

第二章

1 David Rockefeller *Memoirs.* New York: Random House, 2003.

2 Joann S. Lublin, "David Rockefeller's Rolodex Was the Stuff of Legend. Here's a First Peek." *Wall Street Journal,* December 5, 2017. https://www.wsj.com/articles/david-rockefellers-famous-rolodex-is-astonishing-heres-a-first-peek-1512494592.

3 Alan Fleischmann, "What David Rockefeller Taught Me About Life and Leadership." *Fortune,* March 21, 2017. https://fortune.com/2017/03/21/david-rockefeller-died-heart/.

4 David Rockefeller, *Memoirs.*

5 James R. Hagerty, "David Rockefeller Overcame Youthful Shyness and Insecurities." *Wall Street Journal,* March 24, 2017. https://www.wsj.com/articles/david-rockefeller-overcame-youthful-shyness-and-insecurities-1490347811.

6 David Rockefeller, *Memoirs.*

7 Ibid.

8 Robin Dunbar, *Grooming, Gossip, and the Evolution of Language.*

Cambridge, MA: Harvard University Press, 1996.

9   Robin I. M. Dunbar, "Coevolution of Neocortical Size, Group Size and Language in Humans." *Behavioral and Brain Sciences* 16, no. 4 (December 1993): 681–94.

10   Ibid.

11   Robin I. M. Dunbar et al., "The Structure of Online Social Networks Mirrors Those in the Offline World." *Social Networks* 43 (October 2015): 39–47. https://doi.org/10.1016/j.socnet.2015.04.005.

12   Bruno Gonçalves, Nicola Perra, and Alessandro Vespignani, "Modeling Users' Activity on Twitter Networks: Validation of Dunbar's Number." *PLoS One* 6, no. 8 (August 2011): e22656. https://doi.org/10.1371/journal.pone.0022656.

13   Thomas V. Pollet, Sam G. B. Roberts, and Robin I. M. Dunbar, "Use of Social Network Sites and Instant Messaging Does Not Lead to Increased Offline Social Network Size, or to Emotionally Closer Relationships with Offline Network Members." *Cyberpsychology, Behavior, and Social Networking* 14, no. 4 (April 2011): 253–58. https://doi.org/10.1089/cyber.2010.0161.

14   James Stiller and Robin I. M. Dunbar, "Perspective-Taking and Memory Capacity Predict Social Network Size." *Social Networks* 29, no. 1 (January 2007): 93–104. https://doi.org/10.1016/j.socnet.2006.04.001.

15   Wei-Xing Zhou et al., "Discrete Hierarchical Organization of Social Group Sizes." *Proceedings of the Royal Society B: Biological Sciences* 272, no. 1561 (February 22, 2005): 439–44. https://doi.org/10.1098/rspb.2004.2970.

16   Maria Konnikova, "The Limits of Friendship." *The New Yorker,* October 7, 2014. https://www.newyorker.com/science/maria-konnikova/social-media-affect-math-dunbar-number-friendships.

17   Bureau of Labor Statistics, "American Time Use Survey," 2017. Accessed July 24, 2019. https://www.bls.gov/tus/database.htm.

18 Peter V. Marsden and Karen E. Campbell, "Measuring Tie Strength." *Social Forces* 63, no. 2 (December 1984): 482–501. https://doi.org/10.1093/sf/63.2.482; Peter V. Marsden and Karen E. Campbell, "Reflections on Conceptualizing and Measuring Tie Strength." *Social Forces* 91, no. 1 (September 2012): 17–23. https://doi.org/10.1093/sf/sos112.

19 Jeffrey A. Hall, "How Many Hours Does It Take to Make a Friend?" *Journal of Social and Personal Relationship* 36, no. 4 (April 2010): 1278–96. https://doi.org/10.1177/0265407518761225.

20 Mark S. Granovetter, "The Strength of Weak Ties." *American Journal of Sociology* 78, no. 6 (May 1973): 1360–80. https://doi.org/10.1086/225469.

21 Marcia Ann Gillespie, "Maya Angelou on the Difference Between Acquaintances and Friends." Interview by Marcia Ann Gillespie, 2011. *Essence,* May 28, 2014. http://people.com/celebrity/maya-angelou-dies-read-her-thoughts-on -friendship/.

22 Catherine L. Bagwell and Michelle E. Schmidt, *Friendships in Childhood and Adolescence.* New York: Guilford Press, 2011.

23 Ronit Kark, "Workplace Intimacy in Leader-Follower Relationships." In *The Oxford Handbook of Positive Organizational Scholarship,* eds. Kim S. Cameron and Gretchen M. Spreitzer, 423–38. New York: Oxford University Press, 2012.

24 Nan Lin, Alfred Dean, and Walter M. Ensel, eds., *Social Support, Life Events, and Depression.* London: Academic Press, 1986.

25 Barry Wellman and Scot Wortley, "Different Strokes from Different Folks: Community Ties and Social Support." *American Journal of Sociology* 96, no. 3 (November 1990): 558–88. https://doi.org/10.1086/229572.

26 Mario L. Small and Christopher Sukhu, "Because They Were There: Access, Deliberation, and the Mobilization of Networks for Support."

Social Networks 47 (October 2016): 73–84. https://doi.org/10.1016/
j.socnet.2016.05.002; Alejandro Portes, "Social Capital: Its Origins
and Applications in Modern Sociology." *Annual Review of Sociolog* 24
(August 1998):1–24. https://doi.org/10.1146/annurev. oc.24.1.1.

27　Ester Villalonga-Olives and Ichiro Kawachi, "The Dark Side of Social
Capital: A Systematic Review of the Negative Health Effects of Social
Capital." *Social Science and Medicine* 194 (December 2017): 105–27.
https://doi.org/10.1016/j.socscimed.2017.10.020.

28　Mario Luis Small, "Weak Ties and the Core Discussion Network: Why
People Regularly Discuss Important Matters with Unimportant Alters."
Social Networks 35, no. 3 (July 2013): 470–83.

29　Mario Luis Small, *Unanticipated Gains: Origins of Networks Inequality
in Everyday Life.* New York: Oxford University Press, 2009.

30　Small and Sukhu, "Because They Were There: Access, Deliberation, and
the Mobilization of Networks for Support."

31　Matthew E. Brashears, "Small Networks and High Isolation? A Reexa
mination of American Discussion Networks." *Social Networks* 33, no. 4
(October 2011): 331–41.

32　Jari Saramäki et al., "Persistence of Social Signatures in Human
Communication." *Proceedings of the National Academy of Sciences of
the USA* 111, no. 3 (January 21, 2014): 942–47. https://doi.org/10.1073/
pnas.1308540110.

33　David Nield, "Humans Can Really Only Maintain Five Close Friends,
According to this Equation," May 5, 2016. https://www.sciencealert.
com/the-latest-data-suggests-you-can-only-keep-five-close-friends.

34　John Bowlby, *Attachment and Loss.* New York: Basic Books, 1969.

35　R. Chris Fraley et al., "Patterns of Stability in Adult Attachment: An
Empirical Test of Two Models of Continuity and Change." *Journal of
Personality and Social Psychology* 101, no. 5 (November 2011): 974–92.
http://dx.doi.org/10.1037/a0024150.

36 Bethany Saltman, "Can Attachment Theory Explain All Our Relationships?" The Cut, *New York*, July 5, 2016. https://www.thecut. com/2016/06/attachment-theory-motherhood-c-v-r.html.

37 Omri Gillath, Gery C. Karantzas, and Emre Selcuk, "A Net of Friends: Investigating Friendship by Integrating Attachment Theory and Social Network Analysis.*" Personality and Social Psychology Bulletin* 43, no. 11 (November 2017): 1546–65. https://doi. org/10.1177/0146167217719731.

38 O. Gillath et al., "Development and Validation of a State Adult Attachment Measure (SAAM).*" Journal of Researchin Personality* 43, no. 3 (2009): 362–73. http://dx.doi.org/10.1016/j.jrp.2008.12.009.

39 Elizabeth Laura Nelson, "What Your Relationship Attachment Style Says About You." SHE'SAID' , August 4, 2019. https://shesaid.com/ relationship-attachment-style/.

40 Gillath, Karantzas, and Selcuk"A Net of Friends: Investigating Friendship by Integrating Attachment Theory and Social Network Analysis."

41 Brittany Wright, "What It's Like to Have No Real Friends." *Cosmopolitan,* February 23, 2016. https://www.cosmopolitan.com/ lifestyle/ a53943/i-have-no-real-friends.

42 Amir Levine and Rachel S. F. Heller, *Attached: The New Science of Adult Attachment and How It Can Help You Find—and Keep—Love.* New York TarcherPerigee, 2012.

43 Elaine Scharfe, "Sex Differences in Attachment." In *Encyclopedia of Evolutionary Psychological Science*, eds. Todd K. Shackelford and Viviana A. Weekes-Shackelford. New York: Springer, 2017.

44 Marian J. Bakermans-Kranenburg, Marinus H. van IJzendoorn, and Pieter M. Kroonenberg, "Differences in Attachment Security Between African-American and White Children Ethnicity or Socio-Economic Status?" *Infant Behavior and Development* 27, no. 3

(October 2004): 417–33. https://doi.org/10.1016/j.infbeh.2004.02.002.

45 Gillath, Karantzas, and Selcuk, "A Net of Friends: Investigating Friendship by Integrating Attachment Theory and Social Network Analysis."

46 Chaoming Song et al., "Limits of Predictability in Human Mobility." *Science* 327, no. 5968 (February 19, 2010): 1018–21. https://doi.org/10.1126/science.1177170.

47 News@Northeastern, "Human Behavior Is 93 Percent Predictable, Research Says," February 19, 2010. https://news.northeastern.edu/2010/02/19/network_science-2/.

48 James H. S. Bossard, "Residential Propinquity as a Factor in Marriage Selection." *American Journal of Sociology* 38, no. 2 (September 1932): 219–24.

49 Leon Festinger, Stanley Schachter, and Kurt Back, *Social Pressures in Informal Groups: A Study of Human Factors in Housing*. New York: Harper, 1950.

50 Mady W. Segal, "Alphabet and Attraction: An Unobtrusive Measure of the Effect of Propinquity in a Field Setting." *Journal of Personality and Social Psychology* 30, no. 5 (1974): 654–57.

51 Ben Waber, *People Analytics: How Social Sensing Technology Will Transform Business and What It Tells Us About the New World of Work.* Upper Saddle River, NJ: FT Press, 2013.

52 Robert Zajonc, "Attitudinal Effects of Mere Exposure." *Journal of Personality and Social Psychology* 9, no. 9, pt. 2 (1968): 1–27. http://dx.doi.org/10.1037/h0025848.

53 Robert F. Bornstein, "Exposure and Affect: Overview and Meta-Analysis of Research, 1968–1987."*Psychological Bulletin* 106, no. 2 (1989): 265–89. http://dx.doi.org/10.1037/0033-2909.106.2.265.

54 Peter Dizikes, "The Office Next Door." *MIT Technology Review,* October 25, 2011. https://www.technologyreview.com/s/425881/the-

office-next-door/.

55 Maria Konnikova "The Open-Office Trap." *The New Yorker,* January 7, 2014. https://www.newyorker.com/business/currency/the-open-office-trap.

56 Todd C. Frankel, "What These Photos of Facebook's New Headquarters Say About the Future of Work." *Washington Post,* November 30, 2015. https://www.washingtonpost.com/news/the-switch /wp/2015/11/30/what-these-photos-of-facebooks-new-headquarters-say-about-the-future-of-work/.

57 Matthew C. Davis, Desmond J. Leach, and Chris W. Clegg, "The Physical Environment of the Office: Contemporary and Emerging Issues." In *International Review of Industrial and Organizational Psychology,* vol. 26, eds. Gerard P. Hodgkinson and J. Kevin Ford, 193–237. Hoboken, NJ: John Wiley & Sons, 2011.

58 Thomas R. Hochschild Jr., "The Cul-de-sac Effect: Relationship Between Street Design and Residential Social Cohesion." *Journal of Urban Planning and Development* 141, no. 2 (March 2015): 05014006. https://doi.org/10.1061/(ASCE)UP.1943-5444.0000192.

59 Thomas R. Hochschild Jr., "Cul-de-sac Kids."*Childhood* 20, no. 2 (May 2013): 229–43. https://doi.org/10.1177 /0907568212458128.

60 Mark Twain, *Mark Twain's Notebooks & Journals,* vol. I: 1855–1873. Berkeley: University of California Press, 1975.

61 Audrey Gillan, "Body of Woman, 40, Lay Unmissed in Flat for More Than Two Years." *The Guardian*, April 13, 2006. https://www.theguardian.com/uk/2006/apr/14/audreygillan.uknews2.

62 Edward L. Glaeser and Bruce Sacerdote, "The Social Consequences of Housing." *Journal of Housing Economics* 9, no. 1/2 (2000): 1–23.

63 G. C. Homans, *Social Behavior: Its Elementary Forms.* Oxford, England: Harcourt, Brace, 1961.

64 Kunal Bhattacharya et al., "Sex Differences in Social Focus Across the

Life Cycle in Humans." *Royal Society Open Science* 3, no. 4 (2016): https://doi.org/10.1098/rsos.160097.

65 Ibid.

66 Ronald S. Burt, "Decay Functions." *Social Networks* 22, no. 1 (2000): 1–28. http://dx.doi.org/10.1016/S0378-8733(99)00015-5.

67 Robert Faris and Diane H. Felmlee, "Best Friends for Now: Friendship Network Stability and Adolescents' Life Course Goals." In *Social Networks and the Life Course: Integrating the Development of Human lives and Social Relational Networks,* eds. Duane F. Alwin, Diane H. Felmlee, and Derek A. Kreager, 185–203. Cham, Switzerland: Springer, 2018.

68 H. G. Wolff and K. Moser, "Effects of Networking on Career Success A Longitudinal Study." *Journal of Applied Psychology* 94, no. 1 (2009): 196–206. http://dx.doi.org/10.1037/a0013350.

69 Xiumei Zhu et al., "Pathways to Happiness: From Personality to Social Networks and Perceived Support." *Social Networks* 35, no. 5 (July 2013): 382–93. https://doi.org/10.1016/j.socnet.2013.04.005.

70 Hyo Jung Lee and Maximiliane E. Szinovacz, "Positive, Negative, and Ambivalent Interactions with Family and Friends: Associations with Well-Being." *Journal of Marriage and Family* 78, no. 3 (June 2016): 660–79.

71 Paul Ingram and Michael W. Morris, "Do People Mix at Mixers? Structure, Homophily, and the 'Life of the Party.'"*Administrative Science Quarterly* 52, no. 4 (December 2007): 558–85. https://doi.org/10.2189/asqu.52.4.558.

72 Ronald C. Kessler et al., "Lifetime Prevalence and Age-of-Onset Distributions of DSM-IV Disorders in the National Comorbidity Survey Replication." *Archives of General Psychiatry* 62, no. 6 (2005): 593–602.

73 Olga Khazan, "The Strange, Surprisingly Effective Cure for Social Anxiety." *The Atlantic,* October 22, 2015. https://www.theatlantic.com/

health/archive/2015/10/what-is-social -anxiety/411556/.

74 Melissa Dahl, "The Best Way to Get Over Social Anxiety Is by Embarrassing Yourself in Public." The Cut, *New York*, November 14, 2016. https://www.thecut.com/2016/11/how-to-get-over-social-anxiety.html.

75 Jennifer L. Trew and Lynn E. Alden, "Kindness Reduces Avoidance Goals in Socially Anxious Individuals." *Motivation and Emotion* 39, no. 6 (December 2015): 892–907.

76 Nan Lin, "Social Networks and Status Attainment." *Annual Review of Sociology* 25, no. 1 (1999): 467–87.

77 Alex Williams, "Why Is It Hard to Make Friends Over 30?" *New York Times,* July 13, 2012. https://www.nytimes.com/2012 /07/15/fashion/the-challenge-of-making-friends-as-an-adult. html.

78 Sam G. B. Roberts and Robin I. M. Dunbar, "Communication in Social Networks: Effects of Kinship, Network Size, and Emotional Closeness." *Personal Relationships* 18, no. 3 (September 2011): 439–52. https://doi.org/10.1111/j.1475-6811. 2010.01310.x.

79 Giovanna Miritello et al., "Limited Communication Capacity Unveils Strategies for Human Interaction." *Scientific Reports* 3, no. 1950 (January 2013). https://doi.org/10.1038/srep01950.

80 K. Bhattacharya et al., "Sex Differences in Social Focus Across the Life Cycle in Humans." *Royal Society Open Science* 3, no. 4 (2016). https:// doi.org/ 10.1098/ rsos.160097.

81 Cornelia Wrzus et al., "Social Network Changes and Life Events Across the Life Span: A Meta-Analysis."*Psychological Bulletin* 139, no. 1 (January 2013): 53–80. https://doi.org/10.1037/a0028601.

82 Gerald Mollenhorst, Beate Volker, and Henk Flap, "Changes in Personal Relationships: How Social Contexts Affect the Emergence and Discontinuation of Relationships." *Social Networks* 37 (May 2014): 65–80. https://doi.org/10.1016/j.socnet.2013.12.003.

83 Shira Offer and Claude S. Fischer, "Difficult People: Who Is Perceived to Be Demanding in Personal Networks and Why Are They There?" *American Sociological Review* 83, no. 1 (February 2018): 111–42. https://doi.org/10.1177/0003122417737951.

第三章

1 Vanessa Friedman, "It's Called the Met Gala, but It's Definitely Anna Wintour's Party." *New York Times,* May 2, 2015. https://www.nytimes.com/2015/05/03/style/its-called-the-met-gala-but-its-definitely-anna-wintours-party.html.

2 Krissah Thompson, "Michelle Obama and Anna Wintour's Mutual Admiration Society." *Washington Post,* May 5, 2014. https://www.washingtonpost.com/news/arts-and-entertainment/wp/2014/05/05/michelle-obama-and-anna-wintours-mutual-admiration-society.

3 参见 https://www.commonobjective.co/article/the-size-of-the-global-fashion-retail-market.

4 "GDP-Brazil." The World Bank, 2019. https://data.worldbank.org/indicator/NY.GDP.MKTP.CD?locations=BR.

5 Natalie Robehmed, "From Beyonce to Shonda Rhimes, the Most Powerful Women in Entertainment 2018." *Forbes,* December 4, 2018. https://www.forbes.com/sites/natalierobehmed/2018/12/04/from-beyonce-to-shonda-rhimes-the-most-powerful-women-in-entertainment-2018/#557bfa0b1110.

6 Madeline Stone and Rachel Askinasi, "Vogue's Editor-in-Chief Anna Wintour Is Worth an Estimated $35 Million." Business Insider, May 6, 2019. https://www.businessinsider.com/the-fabulous-life-of-anna-wintour-2016-9.

7 Stephen M. Silverman, "The Day Anna Wintour Told Oprah Winfrey to Lose Weight." *People,* May 19, 2009. https://people.com/bodies/the-day-anna-wintour-told-oprah-winfrey-to-lose-weight/.

8   Joshua Levine, "Brand Anna." *Wall Street Journal,* March 24, 2011. https://www.wsj.com/articles/SB1000142405274870489 3604576200722939264658.

9   Lydia Dishman, "I've Planned the Met Gala for the Last 8 Years. Here's What I've Learned." *Fast Company,* May 1, 2017. https://www. fastcompany.com/40415014/ive-planned-the-met-gala-for-the-last-8-years-heres-what-ive-learned.

10   Levine, "Brand Anna."

11   Amy Larocca, "In Conversation with Anna Wintour." The Cut, *New York*, May 4, 2015. https://www.thecut.com /2015/05/anna-wintour-amy-larocca-in-conversation.html.

12   Sophia Money-Coutts, "Vogue Documentary Tries to Get a Read on the Chilly Wintour." The National, August 3, 2009. https://www.thenational. ae/arts-culture/vogue-documentary-tries-to-get-a-read-on-the-chilly-wintour-1.549892.

13   Elizabeth Currid-Halkett, *Starstruck: The Business of Celebrity.* New York: Farrar, Straus, and Giroux, 2011.

14   Levine, "Brand Anna."

15   World Values Survey, 2019. http://www.worldvaluessurvey.org/.

16   General Social Survey, 2019. https:// gssdataexplorer.norc.org.

17   World Values Survey, 2019. http://www.worldvaluessurvey.org/.

18   George Gao, "Americans Divided on How Much They Trust Their Neighbors." April 13, 2016. Washington, DC: Pew Research Center. http://www.pewresearch.org/fact-tank/2016/04/13/americans-divided-on-how-much-they-trust-their-neighbors/.

19   Karyn Twaronite, "A Global Survey on the Ambiguous State of Employee Trust." *Harvard Business Review*, July 22, 2016. https://hbr. org/2016/07/a-global-survey-on-the-ambiguous-state-of-employee-trust.

20   Ronald S. Burt, Brokerage and Closure: *An Introduction to Social Capital.* New York: Oxford University Press, 2005.

21 Bureau of Labor Statistics, "Employee Tenure Survey." BLS Economic News Release, September 20, 2018. https://www.bls.gov/news.release/tenure.nr0.htm.

22 Anton Chekhov, *Uncle Vanya. Plays by Anton Tchekoff*, translated from the Russian by Marian Fell. New York Charles Scribner's Sons, 1916. Translation revised and notes added 1998 by James Rusk and A. S. Man. https://www.ibiblio.org/eldritch/ac/vanya.htm.

23 Carolyn E. Cutrona, *Social Support in Couples: Marriage as a Resource in Times of Stress,* vol. 13. Thousand Oaks, CA: SAGE Publications, 1996.

24 Iris K. Schneider et al.,"A Healthy Dose of Trust: The Relationship Between Interpersonal Trust and Health." *Personal Relationships* 18, no. 4 (December 2011): 668–76. https://doi.org/10.1111/j.1475-6811.2010.01338.x.

25 University of Chicago, Urban Education Institute, "Fostering Student-Teache Trust: New Knowledge," 2017. Accessed July 30, 2019. https://uei.uchicago.edu/sites/default/files /documents/UEI%202017%20New%20Knowledge%20-%20Fostering%20Student-Teacher%20Trust.pdf.

26 Paul A. M. Van Lange,"Generalized Trust: Four Lessons from Genetics and Culture." *Current Directions in Psychological Science* 24, no. 1 (February 2015): 71–76. https:// doi.org/10.1177/0963721414552473; B. A. De Jong, K. T. Dirks, and N. Gillespie, "Trust and Team Performance: A Meta-Analysis of Main Effects, Moderators and Covariates." *Journal of Applied Psychology* 101, no. 8 (2016), 1134–50. http://dx.doi.org/10.1037/apl0000110.

27 Paul J. Zak, "The Neuroscience of Trust: Management Behaviors That Foster Employee Engagement."*Harvard Business Review*, January–February 2017.

28 David DeSteno, *The Truth About Trust: How It Determines Success in*

Life, Love, Learning, and More. New York: Plume, 2015.

29 Francesca Gino, Michael I. Norton, and Dan Ariely, "The Counterfeit Self: The Deceptive Costs of Faking It." *Psychological Science* 21, no. 5 (May 2010): 712–20. https://doi.org/10.1177/0956797610366545.

30 Denise M. Rousseau et al., "Not So Different After All: A Cross-Discipline View of Trust." *Academy of Management Review* 23, no. 3 (1998): 393–404. https://doi.org/10.5465/amr.1998.926617.

31 B. von Dawans et al., "The Social Dimension of Stress Reactivity: Acute Stress Increases Prosocial Behavior in Humans." *Psychological Science* 23, no. 6 (2012): 651–60. https://doi.org/10.1177/0956797611431576.

32 Daniel Coyle, "How Showing Vulnerability Helps Build a Stronger Team." Ideas. Ted. Com, February 20, 2018. https://ideas.ted.com/how-showing-vulnerability-helps-build-a-stronger-team/.

33 Jeffrey A. Sonnenfeld, "The Jamie Dimon Witch Hunt." *New York Times,* May 8, 2013. https://www.nytimes.com/2013/05/09/opinion/the-jamie-dimon-witch-hunt.html.

34 Jeffrey Pfeffer, Kimberly D. Elsbach, and Victoria Chang, "Jeffrey Sonnenfeld (A): The Fall from Grace." Stanford Graduate School of Business Cases, OB-34A. Stanford: Stanford Graduate School of Business, 2000.

35 "The Scuffed Halls of Ivy: Emory University," *60 Minutes.* Aired on July 23, 2000. New York: Columbia Broadcasting System.

36 Josh Barro, "Black Mark for Fiorina Campaign in Criticizing Yale Dean." *New York Times*, September 23, 2015. https://www.nytimes.com/2015/09/24/upshot/black-mark-for-fiorina-campaign-in-criticizing-yale-dean.html.

37 "The Scuffed Halls of Ivy: Emory University."

38 Philip Weiss, "Is Emory Prof Jeffrey Sonnenfeld Caught in a New Dreyfus Affair?" *Observer*, May 17, 1999. https://observer.com/1999/05/

is-emory-prof-jeffrey-sonnenfeld-caught-in-a-new-dreyfus-affair/.

39 Kevin Sack, "Adviser to Chief Executives Finds Himself in Odd Swirl." *New York Times,* December 22, 1997. https//www.nytimes. com/1997/12/22/us/adviser-to-chief-executives-finds-himself-in-odd-swirl.html.

40 "The Scuffed Halls of Ivy: Emory University."

41 Jeffrey Pfeffer, Kimberly D. Elsbach, and Victoria Chang, "Jeffrey Sonnenfeld (B): The Road to Redemption." Stanford Graduate School of Business Cases, OB-34B. Stanford: Stanford Graduate School of Business, 2000.

42 Jeffrey A. Sonnenfeld and Andrew J. Ward, "Firing Back: How Great Leaders Rebound After Career Disasters." *Harvard Business Review,* January 2007. https://hbr.org/2007/01/firing -back-how-great-leaders-rebound-after-career-disasters.

43 Pfeffer, "Jeffrey Sonnenfeld (B): The Road to Redemption."

44 Ronald S. Burt, Yanjie Bian, and Sonja Opper, "More or Less *Guanxi*: Trust Is 60% Network Context, 10% Individual Difference." *Social Networks* 54 (July 2018): 12–25. https://doi.org/10.1016/ j.socnet.2017.12.001.

45 Ronald S. Burt, *Brokerage and Closure: An Introduction to Social Capital.* New York: Oxford University Press, 2005; James S. Coleman, "Social Capital in the Creation of Human Capital." In *Knowledge and Social Capital: Foundations and Applications*, ed. Eric L. Lesser, 17–41. Woburn, MA: Butterworth-Heinemann, 2000; Avner Greif, "Reputation and Coalitions in Medieval Trade: Evidence on the Maghribi Traders." *Journal of Economic History* 49, no. 4 (December 1989) 857–82.

46 Anette Eva Fasang, William Mangino, and Hannah Brückner, "Social Closure and Educational Attainment." *Sociological Forum* 29, no. 1 (March 2014): 137–64. https://doi.org/10.1111/socf.12073.

47 Alexandra Cheney, "Changing Facets of the Diamond District."

Wall Street Journal, July 23, 2011. https:// www.wsj.com/articles/ SB10001424053111903554904576462291635801406.

48 Pratt Center for Community Development, "The Perfect Setting: Economic Impact of the Diamond and Jewelry Industry in New York City," January 21, 2009. https://prattcenter.net/research/perfect-setting-economic-impact-diamond-and-jewelry-industry-new-york-city.

49 Roger Starr, "The Real Treasure of 47th Street." *New York Times,* March 26, 1984.

50 Tamar Skolnick, "New York's Diamond District and Jewish Tradition." The Algemeiner, May 21, 2014. https://www.algemeiner. com/2014/05/21/new-yorks.

51 Sally D. Farley, "Is Gossip Power? The Inverse Relationships Between Gossip, Power, and Likability." *European Journal of Social Psychology* 41, no. 5 (August 2011): 574–79. https://doi.org/10.1002/ejsp.821.

52 Robin I. M. Dunbar, "Gossip in Evolutionary Perspective." *Review of General Psychology* 8, no. 2 (June 2004): 100–10. https://doi.org/10.1037/1089-2680.8.2.100.

53 Dunbar, "Gossip in Evolutionary Perspective"; Robin I. M. Dunbar, Anna Marriott, and N. D. C. Duncan, "Human Conversational Behavior." *Human Nature* 8, no. 3 (September 1997): 231–46. https:// doi.org/10.1007/BF02912493.

54 Matthew Feinberg et al., "The Virtues of Gossip: Reputational Information Sharing as Prosocial Behavior." *Journal of Personality and Social Psychology* 102, no. 5 (May 2012): 1015–30; Matthew Feinberg, Joey T. Cheng, and Robb Willer, "Gossip as an Effective and Low-Cost Form of Punishment." *Behavioral and Brain Sciences* 35, no. 1 (February 2012): 25. https://doi.org/10.1017/S0140525X11001233.

55 Ray Reagans and Bill McEvily, "Network Structure and Knowledge Transfer: The Effects of Cohesion and Range." *Administrative*

Science Quarterly 48, no. 2 (June 2003): 240–67. https://doi. org/10.2307/3556658.

56 Marco Tortoriello, Ray Reagans, and Bill McEvily, "Bridging the Knowledge Gap: The Influence of Strong Ties, Network Cohesion, and Network Range on the Transfer of Knowledge Between Organizational Units." *Organizational Science* 23, no. 4 (July–August 2012): 907–1211. https://doi.org/10.1287/orsc.1110.0688.

57 Amandine Ody-Brasier and Isabel Fernandez-Mateo, "When Being in the Minority Pays Off: Relationships Among Sellers and Price Setting in the Champagne Industry." *American Sociological Review* 82, no. 1 (2017): 147–78. https://doi.org/10.1177 /0003122416683394.

58 Ibid.

59 Paul Ingram and Peter W. Roberts, "Friendships Among Competitors in the Sydney Hotel Industry." *American Journal of Sociology* 106, no. 2 (September 2000): 387–423. https://doi.org/10.1086/316965. Figure of $390,000 in revenue arises from $268,000 given in the original paper adjusted for inflation through 2019.

60 Martin Gargiulo, Gokhan Ertug, and Charles Galunic, "The Two Faces of Control: Network Closure and Individual Performance Among Knowledge Workers." *Administrative Science Quarterly* 54, no. 2 (2009 299–333. https://doi.org/10.2189 /asqu.2009.54.2.299.

61 Joel M. Podolny and James N. Baron, "Resources and Relationsh ps: Social Networks and Mobility in the Workplace." *American Sociological Review* 62, no. 5 (October 1997): 673–93. https://doi. org/10.2307/2657354.

62 Mark S. Mizruchi, Linda Brewster Stearns, and Anne Fleischer, "Getting a Bonus: Social Networks, Performance, and Reward Among Commercial Bankers." *Organization Science* 22, no. 1 (January–February 2011): 42–59. https://doi.org/10.1287 /orsc.1090.0516.

63 Monique Valcour, "What We Can Learn About Resilience from Female

Leaders of the UN." *Harvard Business Review,* September 28, 2017. https://hbr.org/2017/09/what-we-can-learn -about-resilience-from-female-leaders-of-the-un.

64   Tuan Q. Phan and Edoardo M. Airoldi, "A Natural Experiment of Social Network Formation and Dynamics." *Proceedings of the National Academy of Sciences of the USA* 112, no. 21 (2015): 6595–600. https://doi.org/10.1073/pnas.1404770112.

65   Valcour, "What We Can Learn About Resilience from Female Leaders of the UN."

66   Interview with author. October 31, 2018.

67   Catherine Bagwell and Michelle Schmidt, *Friendships in Childhood and Adolescence.* New York: Guilford Press, 2011.

68   Julie Suratt, "The Terrifyingly Nasty, Backstabbing, and Altogether Miserable World of the Suburban Mom." *Boston*, March 25, 2014. https://www.bostonmagazine.com/news/2014/03/25/mean-moms-suburbs/.

69   Amy Sohn, "The Bitch on the Playground." *New York*, April 28, 2005. http://nymag.com/nymetro/nightlife/sex/columns/mating/11881/.

70   CareerBuilder, "Forty-Three Percent of Workers Say Their Office Has Cliques, Finds CareerBuilder Survey." Press release, July 24, 2013. http://www.careerbuilder.com/share/aboutus/pressreleasesdetail.aspx?sd=7%2F24%2F2013&id=pr773&ed=12% F31%2F2013.

71   Paula Span, Mean Girls in Assisted Living." The New Old Age, May 31, 2011. https://newoldage.blogs.nytimes.com/2011/05/31/mean-girls-in-the-nursing-home/.

72   Eleanor Feldman Barbera,"Senior Bullying: How to Recognize It, How to Handle It." McKnight's Long-Term Care News, March 4, 2015. https://www.mcknights.com/the-world-according-to-dr-el/senior-bullying-how-to-recognize-it-how-to-handle-it/article/401679/.

73   Deborah Lessne and Christina Yanez, "Student Reports of Bullying:

Results from the 2015 School Crime Supplement to the National Crime Victimization Survey. Web Tables. NCES 2017-015." Washington, DC: National Center for Education Statistics, 2016.

74 Henri Tajfel et al., "Social Categorization and Intergro Behaviour." *European Journal of Social Psychology* 1, no. 2 (April–June 1971): 149–78. https://doi.org/10.1002/ejsp.2420010202.

75 Michael Billig and Henri Tajfel, "Social Categorization and Similarity in Intergroup Behavior." *European Journal of Social Psychology* 3, no. 1 (January–March 1973): 27–52. https://doi.org/10.1002/ejsp.2420030103.

76 Carlos David Navarrete et al., "Fear Is Readily Associated with an Out-Group Face in a Minimal Group Context." *Evolution and Human Behavior* 33, no. 5 (September 2012): 590–93.

77 Lorenz Goette, David Huffman, and Stephan Meier, "The Impact of Social Ties on Group Interactions: Evidence from Minimal Groups and Randomly Assigned Real Groups." *American Economic Journal: Microeconomics* 4, no. 1 (February 2012): 101–15.

78 Jing Yang et al., "The Brief Implicit Association Test Is Valid: Experimental Evidence." *Social Cognition* 32, no. 5 (2014): 449–65. https://doi.org/10.1521/soco.2014.32.5.449.

79 Jolanda Jetten et al., "Having a Lot of a Good Thing: Multiple Important Group Memberships as a Source of Self-Esteem." *PLoS One* 10, no. 6 (2015): e0124609. https://doi.org/10.1371/journal.pone.0124609.

80 Peter S. Bearman and James Moody, "Suicide and Friendships Among American Adolescents." *American Journal of Public Health* 94, no. 1 (January 2004): 89–95. https://doi.org/10.2105/AJPH.94.1.89.

81 Joseph Bonanno and Sergio Lalli, *A Man of Honor: The Autobiography of Joseph Bonanno.* New York: Simon & Schuster, 1983.

82 John T. Jones et al., "How Do I Love Thee? Let Me Count the Js: Implicit Egotism and Interpersonal Attraction." *Journal of Personality*

and Social Psychology 87, no. 5 (2004): 665–83. http://dx.doi. org/10.1037/0022-3514.87.5.665.

83 Kaitlin Woolley and Ayelet Fishbach, "A Recipe for Friendship: Similar Food Consumption Promotes Trust and Cooperation." *Journal of Consumer Psychology* 27, no. 1 (January 2017): 1–10. https://doi. org/10.1016/j.jcps. 2016.06.003.

84 Miller McPherson, Lynn Smith-Lovin, and Matthew E. Brashears, "Social Isolation in America: Changes in Core Discussion Networks over Two Decades." *American Sociological Review* 71, no. 3 (June 2006): 353–75. https://d oi.org/10.1177/000312240607100301.

85 Mark T. Rivera, Sara B. Soderstrom, and Brian Uzzi, "Dynamics of Dyads in Social Networks: Assortive, Relational, and Proximity Mechanisms." *Annual Review of Sociology* 36, no. 1 (August 11, 2010): 91–115. https:// doi .org/10.1146/annurev.soc.34.040507.134743.

86 Daniel Cox, Juhem Navarro-Rivera, and Robert P. Jones, "Race, Religion, and Political Affiliation of Americans'Core Social Networks." Public Religion Research Institute, August 3, 2016. https: //www.prri. org/research/poll-race-religion-politics-americans-social-networks/.

87 Ibid.

88 Daniel A. McFarland et al., "Network Ecology and Adolescent Social Structure." *American Sociological Review* 79, no. 6 (December 25, 2014): 1088–121. https://doi.org/10.1177 /0003122414554001.

89 Brian Uzzi and Shannon Dunlap, "How to Build Your Network." *Harvard Business Review,* December 2005. https://hbr.org/2005/12/how-to-build-your-network.

90 Hugh Louch, "Personal Network Integration: Transitivity and Homophily in Strong-Tie Relations." *Social Networks* 22, no. 1 (May 2000): 45–64.

91 A. W. Kruglanski, D. M. Webster, and A. Klem, "Motivated Resistance and Openness to Persuasion in the Presence or Absence of Prior

Information." *Journal of Personality and Social Psychology* 65, no. 5 (1993): 861–76. http://dx.doi.org/10.1037/0022-3514.65.5.861.

92 Francis J. Flynn, Ray E. Reagans, and Lucia Guillory, "Do You Two Know Each Other? Transitivity, Homophily, and the Need for (Network) Closure." *Journal of Personality and Social Psychology* 99, no. 5 (2010): 855–69. http://dx.doi.org/10.1037/a0020961. Quote lightly edited for grammar and formal consistency.

93 Joseph B. Bayer et al., "Brain Sensitivity to Exclusion Is Associated with Core Network Closure." *Scientific Reports* 8 (2018): article ID 16037.

94 Naomi I. Eisenberger, "Social Ties and Health: A Social Neuroscience Perspective." *Current Opinion in Neurobiology* 23, no. 3 (February 8, 2013): 407–13. https://doi.org/10.1016 /j.conb.2013.01.006.

95 James Stiller and Robin I. M. Dunbar, "Perspective-Taking and Memory Capacity Predict Social Network Size." *Social Networks* 29, no. 1 (January 2007): 93–104. https://doi.org/10.1016/j.socnet.2006.04.001.

96 Ibid. Quote lightly edited for grammar and formal consistency.

97 Michelle Williams, "Perspective Taking: Building Positive Interpe rsonal Connections and Trustworthiness One Interaction at a Time." In *The Oxford Handbook of Positive Organizational Scholarship,* eds. Kim S. Cameron and Gretchen M. Spreitzer, 462–73. New York: Oxford University Press, 2013.

98 Adam D. Galinsky, Gillian Ku, and Cynthia S. Wang,"Perspective-Taking and Self-Other Overlap: Fostering Social Bonds and Facilitating Social Coordination." *Group Processes & Intergroup Relations* 8, no. 2 (April 2005): 109–24. https://doi.org/10.1177 /1368430205051060.

99 Peter Boyd. Yale School of Management Case Study.

100 Mandy Len Catron, "To Fall in Love with Anyone, Do This." *New York Times,* January 9, 2015. https://www.nytimes.com/... /modern-love-to-fall-in-love-with-anyone-do-this.html.

101 Arthur Aron et al., "The Experimental Generation of Interpersonal

Closeness: A Procedure and Some Preliminary Findings." *Personality and Social Psychology Bulletin* 23, no. 4 (1997): 363–77. https://doi.org/10.1177/0146167297234003.

102 Ibid.

103 Nancy L. Collins and Lynn Carol Miller, "Self-Disclosure and Liking: A Meta-Analytic Review." *Psychological Bulletin* 116, no. 3 (1994): 457–75. http://dx.doi.org/10.1037/0033-2909.116.3.457.

104 Sue Shellenbarger, "How to Curb Office Oversharing: Co-Workers Who Talk Too Much Often Need Clear Feedback." *Wall Street Journal,* June 24, 2014. https://www.wsj.com /articles/how-to-stop-office-oversharing-1403650837.

105 Collins and Miller, "Self-Disclosure and Liking: A Meta-Analytic Review."

106 Susan Sprecher et al., "Taking Turns: Reciprocal Self-Disclosure Promotes Liking in Initial Interactions." *Journal of Experimental Social Psychology* 49, no. 5 (September 2013): 860–66. https://doi.org/10.1016/j.jesp.2013.03.017.

107 R. J. Cutler, *The September Issue.* Documentary, September 25, 2009. Roadside Attractions. Quote lightly edited for grammar.

108 Burt, *Brokerage and Closure: An Introduction to Social Capital.*

第四章

1 Arthur Lubow, "A Laboratory of Taste." *New York Times,* August 10, 2003. https://www.nytimes.com/2003/08/10/magazine/a-laboratory-of-taste.html.

2 "Spark Creates Gastronomic Storm." CNN.com, June 27, 2005. http://www.cnn.com/2005/TECH/06/27/spark.elbulli/index.html.

3 "El Bulli, 'World's Best Restaurant,' Closes." BBC.com, July 30, 2011. https://www.bbc.com/news/world-europe-14352973.

4 Anthony Bourdain, "Decoding Ferran Adrià: Hosted by Anthony

Bourdain." *No Reservations,* season 2, episode 13, March 28, 2006.

5 Andrew Hargadon, *How Breakthroughs Happen: The Surprising Truth About How Companies Innovate.* Cambridge, MA, Harvard University Press, 2003.

6 Bourdain, "Decoding Ferran Adrià: Hosted by Anthony Bourdain."

7 Co.Create Staff, "Chef/Innovator Ferran Adrià on elBullifoundation and Feeding Creativity,"March 19, 2014. https://www.fastcompany.com/3027889/chef-innovator-ferran-adria-on-the-elbulli-foundation-and-feeding-creativity; "Ferran Adrià Teams Up with Barack Obama Advisor." September 12, 2011. https://www.phaidon.com/agenda/food/articles/2011/september/12/ferran-adria-teams-up-with-barack-obama-advisor/.

8 Alison Beard and Sara Silver, "Life's Work: Ferran Adrià." *Harvard Business Review,* June 2011. https://hbr.org /2011/06/lifes-work-ferran-adria.

9 Gueorgi Kossinets and Duncan J. Watts, "Empirical Analysis of an Evolving Social Network." *Science* 311, no. 5757 (January 2006): 88–90. https://www.jstor.org/stable/3843310.

10 Georg Simmel, *Soziologie: Untersuchungen über die Formen der Vergesellschaftung.* Berlin: Duncker & Humblot, 1908.

11 Louch, "Personal Network Integration: Transitivity and Homophily in Strong-Tie Relations."

12 Jinseok Kim and Jana Diesner, "Over-Time Measurement of Triadic Closure in Coauthorship Networks." *Social Network Analysis and Mining* 7, no. 9 (December 2017). https://doi.org /10.1007/s13278-017-0428-3.

13 James A. Davis, "Clustering and Hierarchy in Interpersonal Relations: Testing Two Graph Theoretical Models on 742 Sociomatrices." *American Sociological Review* 35, no. 5 October 1970): 843–51. https://doi.org/10.2307/2093295; Hugh Louch, "Personal Network

Integration: Transitivity and Homophily in Strong-Tie Relations ." *Social Networks* 22, no. 1 (May 2000): 45–64. https:// doi.org/10.1016/ S0378-8733(00)00015-0; Brandon Brooks et al., "Assessing Structural Correlates to Social Capital in Facebook Ego Networks." *Social Networks* 38 (July 2004): 1–15; Aneeq Hashmi et al., "Are All Social Networks Structurally Similar?" IEEE/ACM International Conference on Advances in Social Networks Analysis and Mining, 2012. https://doi. org/10.1109 /ASONAM.2012.59.

14   Richard B. Freeman and Wei Huang, "Collaborating with People Like Me: Ethnic Coauthorship Within the United States." *Journal of Labor Economics* 33, S1, pt. 2 (July 2015): S289—S318. https://doi. org/10.1086/678973.

15   Richard B. Freeman, "The Edge Effect." Hosted by Shankar Vedantam. *Hidden Brain*, NPR, July 2, 2018. Audio, 38:21. https://www.npr. org/2018/07/02/625426015/the-edge-effect.

16   Ray Reagans, Ezra Zuckerman, and Bill McEvily, "How to Make the Team: Social Networks vs. Demography as Criteria for Designing Effective Teams." *Administrative Science Quarterly* 49, no. 1 (March 2004): 101–33. https://doi.org/10.2307/4131457.

17   Ronald S. Burt, *Brokerage and Closure: An Introduction to Social Capital.* New York: Oxford University Press, 2005.

18   Michael Erard, "THINK TANK; Where to Get a Good Idea: Steal It Outside Your Group." *New York Times,* May 22, 2004. https://www. nytimes.com/2004/05/22/arts/think-tank -where-to-get-a-good-idea-steal-it-outside-your-group.html.

19   IDEO, "Work." Accessed July 30, 2019. https://www.ideo.com/work.

20   Lee Fleming, Santiago Mingo, and David Chen, "Collaborative Brokerage, Generative Creativity, and Creative Success." *Administrative Science Quarterly* 52, no. 3 (September 2007): 443–75. https://doi. org/10.2189/asqu.52.3.443.

21 Andrew Hargadon and Robert I. Sutton, "Technology Brokering and Innovation in a Product Development Firm." *Administrative Science Quarterly* 42, no. 4 (December 1997): 716–49. https://doi.org/10.2307/2393655.

22 Erard, "THINK TANK; Where to Get a Good Idea: Steal It Outside Your Group."

23 Yo-Yo Ma, "Behind the Cello." HuffPost, January 21, 2014. https://www.huffpost.com/entry/behind-the-cello-b-4603748.

24 Recording Academy, "Silk Road Ensemble." Accessed July 30, 2019. https://www.grammy.com/grammys/artists/silk-road-ensemble.

25 Cristina Pato, "The Edge Effect." Hosted by Shankar Vedantam. *Hidden Brain*, NPR, July 2, 2018. Audio, 38:21. https://www.npr.org/2018/07/02/625426015/the-edge-effec.

26 Richard Hamilton and Ferran Adrià, "Ferran Adrià: Notes on Creativity." Drawing Center's Drawing Papers, vol. 110. New York: Drawing Center, 2014. Accessed July 30, 2019. https://issuu.com/drawingcenter/docs/drawingpapers110 adria.

27 Adam M. Kleinbaum, "Organizational Misfits and the Origins of Brokerage in Intrafirm Networks." *Administrative Science Quarterly* 57, no. 3 (2012): 407–52. https://doi.org/10.1177/0001839212461141.

28 Melissa Dahl, "Can You Blend in Anywhere? Or Are You Always the Same You ?" The Cut, *New York*, March 15, 2017. https://www.thecut.com/2017/03/heres-a-test-to-tell-you-if-you-are-a-high-self-monitor.html.

29 Mark Snyder, "Self-Monitoring of Expressive Behavior." *Journal of Personality and Social Psychology* 30, no. 4 (1974): 526–37. http://dx.doi.org/10.1037/h0037039.

30 Dahl, "Can You Blend in Anywhere? Or Are You Always the Same You?"

31 Hongseok Oh and Martin Kilduff, "The Ripple Effect of Personality on Social Structure: Self-Monitoring Origins of Network Brokerage." *Journal of Applied Psychology* 93, no. 5 (2008): 1155–64. http://dx.doi.org/10.1037/0021-9010.93.5.1155.

32 William Ickes and Richard D. Barnes, "The Role of Sex and Self-Monitoring in Unstructured Dyadic Interactions." *Journal of Personality and Social Psychology* 35, no. 5 (1977): 315–30. http://dx.doi.org/10.1037/0022-3514.35.5.315.

33 Robert G. Turner, "Self-Monitoring and Humor Production." *Journal of Personality* 48, no. 2 (1980): 163–72. http:// dx.doi.org/10.1111/j.1467-6494.1980.tb00825.x.

34 David R. Shaffer, Jonathan E. Smith, and Michele Tomarelli, "Self-Monitoring as a Determinant of Self-Disclosure Reciprocity During the Acquaintance Process." *Journal of Personality and Social Psychology* 43, no. 1 (1982): 163–75. http://dx.doi.org/10.1037/0022-3514.43.1.163.

35 I. M. Jawahar, "Attitudes, Self-Monitors, and Appraisal Behaviors." *Journal of Applied Psychology* 86, no. 5 (2001):875–83. http://dx.doi.org/10.1037/0021-9010.86.5.875.

36 Ronald S. Burt, Martin Kilduff, and Stefano Tasselli, "Social Network Analysis: Foundations and Frontiers on Advantage." *Annual Review of Psychology* 64 (January 2013): 527–47. https://doi.org/10.1146/annurev-psych-113011-143828.

37 Dahl, "Can You Blend in Anywhere? Or Are You Always the Same You?"

38 David V. Day and Deidra J. Schleicher, "Self-Monitoring at Work: A Motive-Based Perspective." *Journal of Personality* 74, no. 3 (June 2006): 685–714. https:/ doi.org /10.1111/j.1467-6494.2006.00389.x.

39 Oh and Kilduff, "The Ripple Effect of Personality on Social Structure:

Self- Monitoring Origins of Network Brokerage."

40　Dacher Keltner, Deborah Gruenfeld, and Cameron Anderson, "Power, Approach, and Inhibition." *Psychological Review* 110, no. 2 (2003): 265–84. http://dx.doi.org/10.1037/0033-295X.110.2.265.

41　Blaine Landis et al., "The Paradox of Agency: Feeling Powerful Reduces Brokerage Opportunity Recognition Yet Increases Willingness to Broker." *Journal of Applied Psychology* 103, no. 8 (2018): 929–38. https://doi.org/10.1037/apl0000299.

42　Jeremy Hogeveen, Michael Inzlicht, and Sukhvinder S. Obhi, "Power Changes How the Brain Responds to Others." *Journal of Experimental Psychology: General* 143, no. 2 (April 2014): 755–62. https://doi. org/10.1037/a0033477.

43　Pamela K. Smith and Yaacov Trope, "You Focus on the Forest When You're in Charge of the Trees: Power Priming and Abstract Information Processing." *Journal of Personality and Social Psychology* 90, no. 4 (April 2006): 578–96. https://doi.org/10.1037/0022-3514.90.4.578. Quote lightly edited for formal consistency.

44　Brent Simpson, Barry Markovsky, and Mike Steketee, "Power and the Perception of Social Networks." *Social Networks* 33, no. 2 (May 2011): 166–71. https://doi.org/10.1016/j.socnet.2010.10.007.

45　Martin Kilduff et al., "Organizational Network Perceptions Versus Reality: A Small World After All?" *Organizational Behavior and Human Decision Processes* 107, no. 1 (September 2008): 15–28. https://doi. org/10.1016/j.obhdp.2007.12.003.

46　Landis et al., "The Paradox of Agency: Feeling Powerful Reduces Brokerage Opportunity Recognition Yet Increases Willingness to Broker."

47　Ferran Adrià, "The New Culinary Think Tank: elBulli 2.0." Science & Culture Lecture Series, Harvard University, 2011. Video, 1:50:55. https://www.youtube.com /watch?v=dr1O3xQY8VA.

48 John Hendrickson, "Anthony Bourdain's Obama Episode Was a Proud American Moment." *Rolling Stone,* June 8, 2018. https://www. rollingstone.com/culture/culture-news/anthony-bourdains-meal-with-obama-was-a-proud-american-moment-629690/.

49 Christopher Beam, "Code Black." Slate, January 11, 2010. http://www. slate.com/articles/news_and_politics/politics/2010/01/code_black.html.

50 Christian R. Grose, Neil Malhotra, and Robert Parks Van Houweling, "Explaining Explanations: How Legislators Explain Their Policy Positions and How Citizens React." *American Journal of Political Science* 59, no. 3 (July 2015): 724–43. https://doi.org/10.1111/ ajps.12164.

51 John F. Padgett and Christopher K. Ansell, "Robust Action and the Rise of the Medici, 1400–1434." *American Journal of Sociol*ogy 98, no. 6 (May 1993): 1259–1319. https://doi.org/10.1086/230190.

52 Niccolo Machiavelli and Ellis Farneworth, *The Art of War.* Cambridge, MA, Da Capo Press: 2001[1521].

53 Richard Christie and Florence L. Geis, *Studies in Machia vellianism.* New York: Academic Press, 1970.

54 Terry Haward, "To All the Working Moms Suffering from PTA PTSD." *Working Mother,* January 11, 2017, updated January 11, 2019. https:// www.workingmother.com/good-riddance-to-pta-power-moms.

55 Jordan Rosenfeld, "Not a 'PTA Mom.'" *New York Times,* October 2, 2014. https://parenting.blogs.nytimes.com /2014/10/03/not-a-pta-mom/.

56 Correspondence with author. June 11, 2018.

57 Chris Winters, "GHS Headmaster: Consider Common Sense Compromise for School Start and End Time." *Greenwich Free Press,* Letter to the Editor, May 14, 2018. https:// greenwichfreepress. com/letter-to-the-editor/ghs-headmaster-consider-common-sense-compromise-for-school-start-and-end-time-106384/.

58 Julie Battilana and Tiziana Casciaro, "The Network Secrets of Great Change Agents." *Harvard Business Review,* July–August 2013, 62–68.

59 Giuseppe Soda, Marco Tortoriello, and Alessandro Iorio, "Harvesting Value from Brokerage: Individual Strategic Orientation, Structural Holes, and Performance." *Academy of Management Journal* 61, no. 3 (2018): 896–918.

60 Ronald S. Burt, *Structural Holes: The Social Structure of Competition.* Cambridge, MA: Harvard University Press, 1995.

61 David Obstfeld, "Social Networks, the Tertius Iungens Orientation, and Involvement in Innovation." *Administrative Science Quarterly* 50, no. 1 (March 2005): 100–30. https://doi.org/10.2189/asqu.2005.50.1.100.

62 Ronald S. Burt and Jar-Der Luo, "Angry Entrepreneurs: A Note on Networks Prone to Character Assassination." In *Social Networks at Work* (SIOP Organizational Frontiers Series), eds. Daniel J. Brass and Stephen P. Borgatti. New York: Routledge-Taylor Francis, 2020.

63 David Krackhardt, "The Ties That Torture: Simmelian Tie Analysis in Organizations." *Research in the Sociology of Organizations* 16, no. 1 (1999): 183–210.

64 Stefano Tasselli and Martin Kilduff, "When Brokerage Between Friendship Cliques Endangers Trust: A Personality–Network Fit Perspective." *Academy of Management Journal* 61, no. 3 (2018): 802–25. https://doi.org/10.5465/amj. 2015.0856.

65 William B. Swann Jr. and Peter J. Rentfrow, "Blirtatiousness: Cognitive Behavioral, and Physiological Consequences of Rapid Responding." *Journal of Personality and Social Psychology* 81, no. 6 (2001): 1160–75. http://dx.doi.org/10.1037/0022-3514.81.6.1160.

66 Tasselli and Kilduff, "When Brokerage Between Friendship Cliques Endangers Trust: A Personality–Network Fit Perspective."

67 Annelisa Stephan, "The Silk Road Ensemtle Interprets Dunhuang Through Spontaneous Live Music." The Iris, June 13, 2016. http://blogs.

getty.edu/iris/the-silk-road-ensemble-interprets-dunhuang-through-spontaneous-live-music/.

68   Yo-Yo Ma, "A Letter from Yo-Yo Ma," 2016. Accessed September 5, 2018. https://www.silkroad.org/posts/a-letter-from-yo-yo-ma.

第五章

1   Mike Myers and Beth Aala, directors, *Supermensch: The Legend of Shep Gordon.* A&E IndieFilms. Documentary, June 6, 2014.

2   Shep Gordon, "Invisible 'Supermensch' Avoided the Spotlight While Making Others Famous." Interview by Terry Gross. *Fresh Air,* NPR, June 9, 2014. Audio, 44:38. https://www.npr.org/2014/06/09/320319268/invisible-supermensch-avoided-the-spotlight-while-making-others-famous.

3   Tim O'Shei, "Celebrity-Maker Shep Gordon Mulls the Reality He's Helped Create." *Buffalo News,* September 17, 2016. https://buffalonews.com/2016/09/17/celebrity-maker-shep-gordon-mulls-reality-hes-helped-create/.

4   Myers and Aala, *Supermensch: The Legend of Shep Gordon.*

5   Shep Gordon, *They Call Me Supermensch: A Backstage Pass to the Amazing Worlds of Film, Food, and Rock'n'Roll.* New York: HarperCollins, 2016.

6   Myers and Aala, *Supermensch: The Legend of Shep Gordon.*

7   Ibid.

8   Robin I. M. Dunbar, "Coevolution of Neocortical Size, Group Size and Language in Humans." *Behavioral and Brain Sciences* 16, no. 4 (December 1993): 681–94. https://doi.org/10.1017/S0140525X00032325.

9   Tian Zheng, Matthew J. Salganik, and Andrew Gelman, "How Many People Do You Know in Prison? Using Overdispersion in Count Data to Estimate Social Structure in Networks." *Journal of the American*

Statistical Association 101, no. 474 (2006): 409–23. https://doi. org/10.1198/016214505000001168.

10 Albert-László Barabási, *Linked: The New Science of Networks.* Cambridge, MA: Perseus Publishing, 2002.

11 Twitter, "Barack Obama." Accessed August 2, 2019. https://twitter.com/ BarackObama.

12 Ben Guarino, "Sheep Learned to Recognize Photos of Obama and Other Celebrities, Neuroscientists Say." *Washington Post* November 7, 2017. https://www.washingtonpost.com/news/speaking-of-science/ wp/2017/11/07/sheep-learn-to-recognize-photos-of-obama-and-other-celebrities-neuroscientists-say/.

13 Howard L. Rosenthal, "Acquaintances and Contacts of Franklin Roosevelt: The First 86 Days of 1934." PhD dissertation, Massachusetts Institute of Technology, 1960; Ithiel de Sola Pool, *Humane Politics and Methods of Inquiry,* ed. Lloyd S. Etheredge. New York: Routledge, 2017.

14 Statista Research Department, "Number of 1st Level Connections of LinkedIn Users as of March 2016." Accessed August 2, 2019. https:// www.statista.com/statistics/264097/number-of-1st-level-connections-of-linkedin-users/.

15 Gabriella Conti et al., "Popularity." *Journal of Human Resources* 48, no. 4 (Fall 2013): 1072–94. https://doi.org/10.3368 /jhr.48.4.1072.

16 Ruolain Fang et al., "Integrating Personality and Social Networks: A Meta-Analysis of Personality, Network Position, and Work Outcomes in Organizations." *Organizational Science* 26, no. 4 (April 2015): 1243–60. https://doi.org/10.1287/orsc.2015.0972.

17 Brent A. Scott and Timothy A. Judge, "The Popularity Contest at Work: Who Wins, Why, and What Do They Receive?" *Journal of Applied Psychology* 94, no. 1 (2009): 20–33. http:// dx.doi.org/10.1037/ a0012951.

18 Matthew J. Salganik and Duncan J. Watts, "Leading the Herd

Astray: An Experimental Study of Self-Fulfilling Prophecies in an Artificial Cultural Market." *Social Psychology Quarterly* 71, no. 4 (December 2008): 338–55. https://doi.org/10.1177/019027250807 100404.

19　Robert K. Merton, "The Matthew Effect in Science." *Science* 159, no. 3810 (January 5, 1968): 56–63. 10.1126/science.159.3810.56.

20　George Udny Yule, "A Mathematical Theory of Evolution Based on the Conclusions of Dr. J. C. Willis, F.R.S." *Philosophical Transactions of the Royal Society of London. Series B, Containing Papers of a Biological Character* 213, issue 402–410 (January 1, 1925): 21–87. https://doi.org/10.1098/rstb.1925 .0002.

21　Herbert A. Simon, "On a Class of Skew Distribution Functions." *Biometrika* 42, no. 3/4 (December 1955): 425–40.

22　Derek de Solla Price, "A General Theory of Bibliometric and Other Cumulative Advantage Processes." *Journal of the Association for Information Technology and Science* 27, no. 5 (1976): 292–306. https://doi.org/10.1002/asi.4630270505.

23　Réka Albert and Albert-László Barabási, "Statistical Mechanics of Complex Networks." *Reviews of Modern Physics* 74, no. 1 (January 2002): 47–97.

24　Ibid.

25　Baruch Fischhoff and Ruth Beyth, "I Knew It Would Happen: Remembered Probabilities of Once-Future Things."*Organizational Behavior and Human Performance* 13, no. 1 (February 1975): 1–16. https://doi.org/10.1016/0030-5073(75)90002-1.

26　Giordano Contestabile, "Influencer Marketing in 2018: Becoming an Efficient Marketplace." *AdWeek,* January 15, 2018. Accessed September 27, 2019. https://www.adweek.com/digital/giordano-contestabile-activate-by-bloglovin-guest-post-influencer-marketing-in-2018/.

27 Mitch Prinstein, "Popular People Live Longer." *New York Times,* June 1, 2017. https://www.nytimes.com/2017/06/01/opinion/sunday/popular-people-live-longer.html.

28 Lyle Lovett, "The Truck Song," from *My Baby Don't Tolerate,* September 30, 2003.

29 Diane Clehane, "15 Celebrities Who Were Nerds in High School." Best Life, July 27, 2018. Accessed August 3, 2019. https://bestlifeonline.com/celebrity-nerds/.

30 Jan Kornelis Dijkstra et al., "The Secret Ingredient for Social Success of Young Males: A Functional Polymorphism in the *5HT2A* Serotonin Receptor Gene." *PLoS One* 8, no. 2 (2013): e54821. https://doi.org/10.1371/journal.pone.0054821.

31 James H. Fowler, Christopher T. Dawes, and Nicholas A. Christakis, "Model of Genetic Variation in Human Social Networks." *Proceedings of the National Academy of Sciences of the USA* 106, no. 6 (February 10, 2009): 1720–24. https://doi.org/10.1073/pnas.0806746106.

32 Judith H. Langlois et al., "Maxims or Myths of Beauty? A Meta-Analytic and Theoretical Review." *Psychological Bulletin* 126, no. 3 (May 2000): 390–423. http://dx.doi.org/10.1037/0033-2909.126.3.390.

33 Judith Langlois and Lori A. Roggman, "Attractive Faces Are Only Average." *Psychological Science* 1, no. 2 (March 1990): 115–21. https://doi.org/10.1111/j.1467-9280.1990.tb00079.x.

34 Rebecca A. Hoss and Judith H. Langlois, "Infants Prefer Attractive Faces." In *The Development of Face Processing in Infancy and Early Childhood: Current Perspectives,* eds. Olivier Pascalis and Alan Slater, 27–38. New York: Nova Science Publishers, 2003; Judith H. Langlois et al., "Infant Preferences for Attractive Faces." *Developmental Psychology* 23, no. 3 (May 1987): 363–69; Judith, H. Langlois et al., "Infants' Differential Social Responses to Attractive and Unattractive

Faces." *Developmental Psychology* 26, no. 1 (January 1990) 153–59.

35 Robert O. Deaner, Amit V. Khera, and Michael L. Platt, "Monkeys Pay Per View: Adaptive Valuation of Social Images by Rhesus Macaques." *Current Biology* 15, no. 6 (March 2005): 543–48. https://doi.org/10.1016/j.cub.2005.01.044.

36 Peter La Freniere and William R. Charlesworth, "Dominance, Attention, and Affiliation in a Preschool Group: A Nine-Month Longitudinal Study." *Ethology and Sociobiology* 4, no. 2 (1983): 55–67. https://doi.org/10.1016/0162-3095(83)90030-4.

37 Tessa A. M. Lansu, Antonius H. N. Cillessen, and Johan C. Karremans, "Adolescents' Selective Visual Attention for High-Status Peers: The Role of Perceiver Status and Gender." *Child Development* 85, no. 2 (March/April 2014): 421–28. https://doi.org/10.1111 /cdev.12139.

38 Noam Zerubavel et al., "Neural Mechanisms Tracking Popularity in Real-World Social Networks." *Proceedings of the National Academy of Sciences of the USA* 112, no. 49 (December 8, 2015): 15072–77. https://doi.org/10.1073/pnas.1511477112.

39 Jeffery Klein and Michael Platt, "Social Information Signaling by Neurons in Primate Striatum." *Current Biology*, no. 23 (April 22, 2013): 691–96.

40 Scott L. Feld, "Why Your Friends Have More Friends Than You Do." *American Journal of Sociology* 96, no. 6 (May 1991): 1464–77.

41 Nathan O. Hodas, Farshad Kooti, and Kristina Lerman, "Friendship Paradox Redux: Your Friends Are More Interesting Than You." In *Proceedings of the Seventh International AAAI Conference on Weblogs and Social Media*. Palo Alto, CA: AAAI Press, 2013, 225–33.

42 Birgitte Freiesleben de Blasio, Åke Svensson, and Fredrik Liljeros, "Preferential Attachment in Sexual Networks." *Proceedings of the National Academy of Sciences of the USA* 104, no. 26 (June 26, 2007): 10762–67. https://doi.org/10.1073/pnas.0611337104.

43 Young-Ho Eom and Hang-Hyun Jo, "Generalized Friendship Paradox in Complex Networks: The Case of Scientific Collaboration." *Scientific Reports* 4, article ID 4603 (2014).

44 Johan Ugander et al., "The Anatomy of the Facebook Social Graph." arXiv preprint, November 18, 2011. https:// arxiv.org/abs/1111.4503.

45 Myers and Aala *Supermensch: The Legend of Shep Gordon.*

46 Ibid.

47 Nalini Ambady, Frank J. Bernieri, and Jennifer A. Richeson, "Toward a Histology of Social Behavior: Judgmental Accuracy from Thin Slices of the Behavioral Stream." *Advances in Experimental Social Psychology* 32 (2000): 201–71. https://doi.org/10.1016/S0065-2601(00)80006-4.

48 Dan McFarland, Dan Jurafsky, and Craig Rawlings, "Making the Connection: Social Bonding in Courtship Situations." *American Journal of Sociology* 118, no. 6 (May 2013): 1596–649. https://doi.org/10.1086/670240.

49 Alex (Sandy) Pentland, *Honest Signals: How They Shape Our World.* Cambridge, MA: MIT Press, 2008.

50 Marissa King and Ingrid Nembhard, "Networks and Nonverbal Behavior." Academy of Management, 2015. Slides available at socialchemistry.com.

51 Fang et al., "Integrating Personality and Social Networks: A Meta-Analysis of Personality, Network Position, and Work Outcomes in Organizations."

52 Daniel C. Feiler and Adam M. Kleinbaum, "Popularity, Similarity, and the Network Extraversion Bias." *Psychological Science* 26, no. 5 (2015): 593–603. https://doi.org /10.1177/0956797615569580.

53 Dana Carney, C. Randall Colvin, and Judith Hall, "A Thin Slice Perspective on the Accuracy of First Impressions." *Journal of Research in Personality* 41, no. 5 (October 2007): 1054–72.

54 Ville-Juhani Ilmarinen et al., "Why Are Extraverts More Popular? Oral

Fluency Mediates the Effect of Extraversion on Popularity in Middle Childhood." *European Journal of Personality* 29, no. 2 (2015): 138–51. https://doi.org/10.1002/per.1982.

55 Cameron Anderson et al., "A Status-Enhancement Account of Overconfidence." *Journal of Personality and Social Psychology* 103, no. 4 (2012): 718–35. http://dx.doi.org/10.1037/a0029395.

56 "Mad Money Host Jim Cramer Don't Be Silly on Bear Stearns!" YouTube, 2013. Video, 0:27. https://www. youtube.com/ watch?v=V9EbPxTm5_s.

57 Andrew Ross Sorkin, "JP Morgan Pays $2 a Share for Bear Stearns." *New York Times,* March 17, 2008. https://www.nytimes.com/2008/03/07/ business/17 bear.html.

58 Wikipedia, n.d., *"Mad Money."* Accessed July 25, 2019. https:// en.wikipedia.org/wiki/Mad_Money.

59 Ben Smith and Jadrian Wooten, "Pundits: The Confidence Trick: Better Confident Than Right?" *Significance* 10, no. 4 (August 2013): 15–18. https://doi.org/10.1111/j.1740-9713.2013.00675.x.

60 Anderson et al., "A Status-Enhancement Account of Overconfidence."

61 Jessica A. Kennedy, Cameron Anderson, and Don A. Moore, "When Overconfidence Is Revealed to Others: Testing the Status-Enhancement Theory of Overconfidence." *Organizationel Behavior and Human Decision Processes* 122, no. 2 (November 2013): 266–79. https://doi. org/10.1016/j.obhdp.2013.08.005.

62 Accessed October 3, 2019. https:// www.ycombinator.com/.

63 Michael Seibel, "Michael Seibel." Twitter, February 13, 2018. https:// twitter.com/mwseibel/status/963600732992647168?lang=en. Lightly edited for grammar and consistency.

64 Adam M. Grant, *Give and Take: A Revolutionary Approach to Success.* New York: Viking Penguin, 2013. Emphasis removed.

65 Jessica Shambora, "Fortune's Best Networker." *Fortune,* February 9,

2011. https://fortune.com/2011/02/09/fortunes-best-networker/.

66 Adam M. Grant, *Give and Take: A Revolutionary Approach to Success.*

67 Keith Ferrazzi and Tahl Raz, *Never Eat Alone: And Other Secrets to Success, One Relationship at a Time.* New York: Currency Books, 2005.

68 Gordon, *They Call Me Supermensch: A Backstage Pass to the Amazing Worlds of Film, Food, and Rock'n'Roll.* Emphasis removed.

69 Grant, *Give and Take*; A. James O'Malley et al., "Egocentric Social Network Structure, Health, and Pro-Social Behaviors in a National Panel Study of Americans." *PLoS One* 7, no. 5 (2012): e36250. https://doi.org/10.1371/journal.pone.0036250.

70 René Bekkers, Beate Völker, and Gerald Mollenhorst, "Social Networks and Prosocial Behavior." *Marktdag Sociologie* 2, January 5, 2006.

71 Jingnan Chen et al., "Beware of Popular Kids Bearing Gifts: A Framed Field Experiment." *Journal of Economic Behavior & Organization* 132, part A (December 2016): 104–20. https://doi.org/10.1016/j.jebo.2016.10.001.

72 Woods Bowman,"Confidence in Charitable Institutions and Volunteering." *Nonprofit and Voluntary Sector Quarterly* 33, no. 2 (June 2004): 247–70.

73 Kim Klein, *Fundraising for Social Change,* 7th ed. Hoboken, NJ: John Wiley & Sons, 2016.

74 Grant, *Give and Take.*

75 Cassie Mogilner, Zoë Chance, and Michael I. Norton, "Giving Time Gives You Time." *Psychological Science* 23, no. 10 (2012): 1233–38. https://doi.org/10.1177/0956797612442551.

76 Ronald Reagan, *The Notes: Ronald Reagan's Private Collection of Stories and Wisdom.* New York: HarperCollins, 2011.

77 Annabel Acton, "How to Stop Wasting 2.5 Hours on Email very Day." *Forbes,* July 13, 2017. https://www.forbes.com/sites/annabelacton/2017/07/13/innovators-challenge-how-to-stop-wasting-time-on-emails/#77a3831b9788.

78 Saima Salim, "How Much Time Do You Spend on Social Media? Research Says 142 Minutes Per Day." Digital Information World, January 4, 2019. https://www.digitalinformationworld.com/2019/01/how-much-time-do-people-spend-social-media-infographic.html.

79 Interview with author. March 23, 2018.

80 Tahl Raz, "The 10 Secrets of a Master Networker." Inc., January 2003. https://www.inc.com/magazine/20030101/25049.html.

81 Social Register Association, "About Us," 2019. Accessed August 5, 2019. https://www.socialregisteronline.com/home2.

82 Liddie Widdicombe, "Original." *The New Yorker,* March 12, 2012. https://www.newyorker.com/magazine/2012/03/26/original.

83 Allison Ijams Sargent, "The Social Register: Just a Circle of Friends." *New York Times,* December 21, 1997. https://www.ny times.com/1997/12/21/style/the-social-register-just-a-circle-of-friends.html.

84 Myers and Aala, *Supermensch: The Legend of Shep Gordon.*

85 Christina Falci and Clea McNeely, "Too Many Friends: Social Integration, Network Cohesion and Adolescent Depressive Symptoms." *Social Forces* 87, no. 4 (June 2009): 2031–61. https://doi.org/10.1353/sof.0.0189.

86 A. James O'Malley et al., "Egocentric Social Network Structure, Health, and Pro-Social Behaviors in a National Panel Study of Americans"; Sam G. B. Roberts et al., "Exploring Variation in Active Network Size: Constraints and Ego Characteristics." *Social Networks* 31, no. 2 (May 2009): 138–46. https://doi.org/10.1016/j.socnet.2008.12.002.

87 Luke Morgan Britton, "Selena Gomez on Loneliness of Fame and Social Media: 'I Know Everybody but Have No Friends.' " NME, September 11, 2017. http://www.nme.com/news/music/selena-gomez-loneliness-fame-social-media-2139499.

88 Rob Cross, Reb Rebele and Adam Grant, "Collaboration Overload." *Harvard Business Review* , January–February 2016. https://hbr.

org/2016/01/collaborative-overload.

89　Mitch Prinstein, *Popular: The Power of Likability in a Status-Obsessed World*. New York: Viking, 2017.

90　Ibid.

91　Ylva Almquist and Lars Brännström, "Childhood Peer Status and the Clustering of Social, Economic, and Health-Related Circumstances in Adulthood." *Social Science and Medicine* 105 (March 2014): 67–75.

92　Tim Ferriss, "The Tim Ferriss Show Transcripts: Shep Gordon (#184)." Accessed August 5, 2019. https://tim.blog/2018/06/06/the-tim-ferriss-show-transcripts-shep-gordon/.

93　Ibid.

94　Gordon, *They Call Me Supermensch: A Backstage Pass to the Amazing Worlds of Film, Food, and Rock'n'Roll*.

第六章

1　Rob Blackhurst, "Mass Appeal: The Secret to Rick Warren's Success." Slate, August 14, 2011. https://slate.com/human-interest/2011/08/how-rick-warren-made-it-big.html.

2　Ibid.

3　Richard Abanes, *Rick Warren and the Purpose That Drives Him*. Eugene, OR: Harvest House, 2005.

4　Barbara Bradley-Hagerty, "Rick Warren: The Purpose-Driven Pastor." NPR, January 18, 2009. Audio, 5:52. https://www.npr.org/templates/story/story.php?storyId=99529977.

5　Saddleback Church, "Our Church." Accessed August 6, 2019. https://saddleback.com/visit/about/our-church.

6　Rick Warren, *The Purpose Driven Life: What on Earth Am I Here For?* Grand Rapids: Zondervan, 2002.

7　Zondervan, "The Purpose Driven Life." Accessed August 5, 2019. https://www.zondervan.com/9780310329060/the-purpose-driven-life/.

8   Malcolm Gladwell, "The Cellular Church." *The New Yorker,* September 12, 2005. https://www.newyorker.com/magazine/2005/09/12/the-cellular-church.

9   Saddleback Church, "Small Groups." Accessed August 6, 2019. https://saddleback.com/connect/smallgroups.

10 Blackhurst, "Mass Appeal: The Secret to Rick Warren's Success."

11 Glad well, "The Cellular Church."

12 Alcoholics Anonymous, *Twelve Steps and Twelve Traditions.* New York: Alcoholics Anonymous World Services, 1981.

13 Jonathan Mahler "G.M., Detroit and the Fall of the Black Middle Class." *New York Times Magazine,* June 24, 2009. https://www.nytimes.com/2009/06/28/magazine/28detroit-t.html.

14 Ibid.

15 Michael Winerip, "Résumé Writing for C.E.O.'s." *New York Times,* April 10, 2009. https://www.nytimes.com /2009/04/12/fashion/12genb.html.

16 Edward Bishop Smith, Tanya Menon, and Leigh Thompson, "Status Differences in the Cognitive Activation of Social Networks." *Organization Science* 23, no. 1 (January–February 2012): 67–82. https://doi.org/10.1287/orsc.1100.0643.

17 Catherine T. Shea et al., "The Affective Antecedents of Cognitive Social Network Activation." *Social Networks* 43 (October 2015): 91–99. https://doi.org/10.1016/j.socnet.2015.01.003.

18 Daniel M. Romero, Brian Uzzi, and Jon Kleinberg, "Social Networks Under Stress." *Proceedings of the 25th International Conference on World Wide Web*: 9–20. arXiv:1602.00572.

19 Tanya Menon and Edward Bishop Smith, "Identities in Flux: Cognitive Network Activation in Times of Change." *Social Science Research* 45 (May 2014): 117–30. https://doi.org /10.1016/j.ssresearch.2014.01.001.

20 Menon and Bishop Smith, "Identities in Flux: Cognitive Network

Activation in Times of Change."

21 Ronald S. Burt, "Life Course and Network Advantage: Peak Periods, Turning Points, and Transition Ages." In *Social Networks and the Life Course: Integrating the Development of Human Lives and Social Relational Networks,* eds. Duane F. Alwin, Diane Helen Felmlee, and Derek A. Kreager, 67–87. Cham, Switzerland: Springer, 2018.

22 Nan Lin, "Social Networks and Status Attainment." *Annual Review of Sociology* 25, no. 1 (1999): 467–87. https://doi.org/10.1146/annurev. soc.25.1.467.

23 Rob Cross and Robert J. Thomas, "Managing Yourself: A Smarter Way to Network." *Harvard Business Review,* July–August 2011. https://hbr. org/2011/07/managing-yourself-a-smarter-way-to-network.

24 Kathleen L. McGinn and Nicole Tempest, "Heidi Roizen." Harvard Business School Case Study, January 18, 2000 (revised April 2010). Lightly edited for grammar and formal consistency.

25 Ibid. Emphasis removed.

26 Heidi Roizen, Francis Flynn, and Brian Lowery, "Best Practices for Building a Meaningful Network." Stanford Graduate School of Business, October 18, 2006. Video, 1:04:36. https://www.youtube.com/ watch?v=56C8l4klXUg&t=1s. Lightly edited for grammar and formal consistency.

27 McGinn and Tempest, "Heidi Roizen."

28 Ronald S. Burt and Jennifer Merluzzi, "Network Oscillation." *Academy of Management Discoveries* 2, no. 4 (March 2016): 368–91. https://doi. org/10.5465/amd.2015.0108.

29 Ibid.

30 Daniel Z. Levin, Jorge Walter, and J. Keith Murnighan, "Dormant Ties: The Value of Reconnecting." *Organization Science* 22, no. 4 (July–August 2011): 923–39. https://doi.org/10.1287/orsc.1100.0576.

31 Daniel Z. Levin, Jorge Walter, and J. Keith Murnighan, "The Power

of Reconnection—How Dormant Ties Can Surprise You." *MIT Sloan Management Review* 52, no. 3 (Spring 2011): 45–50.

32 Jorge Walter, Daniel Z. Levin, and J. Keith Murnighan, "Reconnection Choices: Selecting the Most Valuable (vs. Most Preferred) Dormant Ties." *Organization Science* 26, no. 5 (2015): 1447–65. https://doi.org/10.1287/orsc.2015.0996.

33 Ibid.

34 Ibid.

35 Robert Cialdini, "Indirect Tactics of Image Management: Beyond Basking." In *Impression Management in the Organization*, eds. Robert A. Giacalone and Paul Rosenfeld. Hillsdale, NJ: Lawrence Erlbaum Associates, 1989.

36 Harold Sigall and David Landy, "Radiating Beauty: Effects of Having a Physically Attractive Partner on Person Perception." *Journal of Personality and Social Psychology* 28, no. 2 (1973): 218–24. http://dx.doi.org/10.1037/h0035740.

37 Robert B. Cialdini et al., "Basking in Reflected Glory: Three (Football) Field Studies." *Journal of Personality and Social Psychology* 34, no. 3 (1976): 366–75. http://dx.doi.org/10.1037/0022-3514.34.3.366.

38 Paul C. Bernhardt, Samantha J. Calhoun, and Emily B. Creegan, "Resolving Divergent Findings on Basking in Reflected Glory with Political Yard Signs." *North American Journal of Psychology* 16, no. 3 (January 2014): 507–18.

39 Norbert Elias and John L. Scotson, *The Established and the Outsiders.* Thousand Oaks, CA: SAGE Publications, 1994.

40 Raymond T. Sparrowe and Robert C. Liden "Two Routes to Influence: Integrating Leader-Member Exchange and Social Network Perspectives." *Administrative Science Quarterly* 50, no. 4 (December 2005): 505–35. https://doi.org/10.2189/asqu.50.4.505.

41 Martin Kilduff and David Krackhardt, "Bringing the Individual

Back In: A Structural Analysis of the Internal Market for Reputation in Organizations." *Academy of Management Journal* 37, no. 1 (1994): 87–108. https://doi.org/10.5465/256771.

42   Dora C. Lau and Robert C. Liden, "Antecedents of Coworker Trust: Leaders' Blessings." *Journal of Applied Psychology* 93, no. 5 (2008): 1130–38. http://dx.doi.org/10.1037/0021-9010.93.5.1130.

43   Sze-Sze Wong and Wai Fong Boh, "Leveraging the Ties of Others to Build a Reputation for Trustworthiness Among Peers." *Academy of Management Journal* 53, no. 1 (2010): 129–48. https://doi.org/10.5465/amj.2010.48037265.

44   Russell James Funk, "Essays on Collaboration, Innovation, and Network Change in Organizations." PhD dissertation, University of Michigan, 2014.

45   Isabel Fernandez-Mateo, "Who Pays the Price of Brokerage? Transferring Constraint Through Price Setting in the Staffing Sector." *American Sociological Review* 72, no. 2 (April 2007): 291–317. https://doi.org/10.1177/000312240707200208.

46   Ronald S. Burt, "Secondhand Brokerage: Evidence on the Importance of Local Structure for Managers, Bankers, and Analysts." *Academy of Management Journal* 50, no. 1 (2007): 119–48. https://doi.org/10.5465/amj.2007.24162082.

47   Charles Galunic, Gokhan Ertug, and Martin Gargiulo, "The Positive Externalities of Social Capital: Benefiting from Senior Brokers." *Academy of Management Journal* 55, no. 5 (2012): 1213–31. https://doi.org/10.5465/amj.2010.0827.

48   Katherine Stovel, Benjamin Golub, and Eva M. Meyersson Milgrom, "Stabilizing Brokerage." *Proceedings of the National Academy of Sciences of the USA* 108, suppl. 4 (December 27, 2011): 21326–32. https://doi.org/10.1073/pnas.1100920108.

49   Cathy Pryor, "Language Brokering: When You're the Only One in the

House Who Speaks English." Life Matters, August 9, 2017. https://www. abc.net.au/news/2017-08-10/when-kids-translate-for-their-migrant-parents/8767820. Lightly edited for grammar.

50 Rob Cross and Robert J. Thomas, "Managing Yourself: A Smarter Way to Network." *Harvard Business Review,* July–August 2011. https://hbr. org/2011/07/managing-yourself-a-smarter-way-to-network.

第七章

1 Malia Wollan, "How to Make Soulful Eye Contact." *New York Times,* April 28, 2017. https://www.nytimes.com/2017/04/28/magazine/how-to-make-soulful-eye-contact.html.

2 Marina Abramović", "The Artist Is Present," 2010.Accessed August 7, 2019. https://www.moma.org/learn/moma learning/marina-abramovic-marina-abramovic-the-artist-is-present-2010/.

3 Elizabeth Greenwood, "Wait, Why Did That Woman Sit in the MoMA for 750 Hours?" *The Atlantic,* July 2, 2012. https://www.theatlantic.com/ entertainment/archive/2012/07/wait-why-did-that-woman-sit-in-the-moma-for-750-hours/259069/.

4 Marina Abramović, "An Art Made of Trust, Vulnerability, and Connection." TED Talks, March 2015. Video, 15:44. https:// www.ted. com/talks/marina_abramovic_an_art_made_of_trust_vulnerability and connection?language=en#t-128356.

5 Wollan, "How to Make Soulful Eye Contact."

6 Marina Abramović, "The Artist Is Present." Marina Abramović Institute, 2019. Video, 3:07. https://mai.art/about-mai.

7 Matthew Akers and Jeff Dupre, directors, *Marina Abramović: The Artist Is Present.* Music Box Films. Documentary, October 16, 2012. Quote lightly edited for clarity.

8 Barbara L. Fredrickson, *Love 2.0: Finding Happiness and Health in Moments of Connection.* New York: Plume, 2013.

9   John Paul Stephens, Emily D. Heaphy, and Jane E. Dutton, "High-Quality Connections." In *The Oxford Handbook of Positive Organizational Scholarship,* eds. Kim S. Cameron and Gretchen M. Spreitzer, 385–99. New York: Oxford University Press, 2012.

10   Interview with author. October 8, 2018.

11   Belle Rose Ragins, "Relational Mentoring: A Positive Approach to Mentoring at Work." In *The Oxford Handbook of Positive Organizational Scholarship,* eds. Kim S. Cameron and Gretchen M. Spreitzer, 519–536. New York: Oxford University Press, 2012.

12   Emily D. Heaphy and Jane E. Dutton, "Positive Social Interactions and the Human Body at Work: Linking Organizations and Physiology." *Academy of Management Review* 33, no. 1 (2008): 137–62. https://doi.org/10.5465/amr.2008.27749365.

13   Gillian M. Sandstrom and Elizabeth W. Dunn, "Is Efficiency Overrated? Minimal Social Interactions Lead to Belonging and Positive Affect." *Social Psychological and Personality Science* 5, no. 4 (2014): 437–42. https://doi.org/10.1177/ 1948550613502990.

14   Eric D. Wesselmann et al., "To Be Looked at as Though Air: Civil Attention Matters."*Psychological Science* 23, no. 2 (2012): 166–68. https://doi.org/10.1177/0956797611427921.

15   Elizabeth W.Dunn et al., "Misunderstanding the Affective Consequences of Everyday Social Interactions: The Hidden Benefits of Putting One's Best Face Forward." *Journal of Personality and Social Psychology* 92, no. 6 (June 2007): 990–1005. http://dx.doi.org/10.1037/0022-3514.92.6.990.

16   Luke 10: 25–37.

17   John M. Darley and C. Daniel Batson, "From Jerusalem to Jericho: A Study of Situational and Dispositional Variables in Helping Behavior."*Journal of Personality and Social Psychology* 27, no. 1 (1973): 100–108. http:/ dx.doi.org/10.1037/h0034449.

18 Pew Research Center, "Nearly a Quarter of Americans Always Feel Rushed." November 4, 2010. https://www.pewsocialtrends. org/2006/02/28/whos-feeling-rushed/50-3/.

19 Akers and Dupre, *Marina Abramović: The Artist Is Present.*

20 Silke Paulmann et al., "How Psychological Stress Affects Emotional Prosody." *PLoS One* 11 (2016): e0165022. https://doi.org/10.1371/ journal.pone.0165022; Matt L.Herridge et al., "Hostility and Facial Affect Recognition: Effects of a Cold Pressor Stressor on Accuracy and Cardiovascular Reactivity." *Brain and Cognition* 55, no.3 (August 2004): 564–71. https://doi.org/10.1016/j.bandc.2004.04.004.

21 Nicholas Epley et al., "Perspective Taking as Egocentric Anchoring and Adjustment." *Journal of Personality and Social Psychology* 87, no. 3 (September 2004): 327–39; Andrew R. Todd et al.,"Anxious and Egocentric: How Specific Emotions Influence Perspective Taking." *Journal of Experimental Psychology: General* 144, no. 2 (April 2015): 374–91.

22 Ira E.Hyman Jr. et al., "Did You See the Unicycling Clown? Inattentional Blindness While Walking and Talking on a Cell Phone." *Applied Cognitive Psychology* 24, no. 5 (July 2009): 597–607. https:// doi.org/10.1002/acp.1638.

23 Lee Rainie and Kathryn Zickuhr, "Americans' Views on Mobile Etiquette." August 26, 2015. Washington, DC: Pew Research Center. http://www.pewinternet.org/2015/08/26/americans-views-on-mobile-etiquette/.

24 Eileen Brown, "Phone Sex: Using Our Smartphones from the Shower to the Sack." ZDNet, July 11, 2013. Accessed August 7, 2019. https://www. zdnet.com/article/phone-sex-using-our-smartphones-from-the-shower-to-the-sack/.

25 Kostadin Kushlev, Jason Proulx, and Elizabeth W. Dunn, " 'Silence Your Phones':Smartphone Notifications Increase Inattention and

Hyperactivity Symptoms." In *Proceedings of the 2016 CHI Conference on Human Factorsin Computing Systems,* 1011–20. https://doi.org/10.1145/2858036.2858359.

26　Kostadin Kushlev and Elizabeth W. Dunn, "Smartphones Distract Parents from Cultivating Feelings of Connection When Spending Time with Their Children." *Journal of Social and Personal Relationships* 36, no. 6 (2018): 1619–39. https://doi.org/10.1177/0265407518769387.

27　Ryan J. Dwyer, Kostadin Kushlev, and Elizabeth W. Dunn, "Smartphone Use Undermines Enjoyment of Face-to-Face Social Interactions." *Journal of Experimental Social Psychology* 78 (September 2018): 233–39. https://doi.org/10.1016/j.jesp.2017.10.007.

28　Andrew K. Przybylski and Netta Weinstein, "Can You Connect with Me Now? How the Presence of Mobile Communication Technology Influences Face-to-Face Conversation Quality." *Journal of Social and Personal Relationships* 30, no. 3 (2013): 237–46. https://doi.org/10.1177/0265407512453827.

29　James A. Roberts and Meredith E. David, "My Life Has Become a Major Distraction from My Cell Phone: Partner Phubbing and Relationship Satisfaction Among Romantic Partners." *Computers in Human Behavior* 54 (January 2016): 134–41. https://doi.org/10.1016/j.chb.2015.07.058.

30　Xingchao Wang et al., "Partner Phubbing and Depression Among Married Chinese Adults: The Roles of Relationship Satisfaction and Relationship Length." *Personality and Individual Differences* 110, no. 1 (May 2017): 12–17. https://doi.org/10.1016/j.paid.2017.01.014.

31　Jamie E.Guillory et al., "Text Messaging Reduces Analgesic Requirements During Surgery." *Pain Medicine* 16, no. 4 (April 2015): 667–72. https://doi.org/10.1111/pme.12610.

32　Kushlev and Dunn, "Smartphones Distract Parents from Cultivating Feelings of Connection When Spending Time with Their Children";

Roberts and David, "My Life Has Become a Major Distraction from My Cell Phone: Partner Phubbing and Relationship Satisfaction Among Romantic Partners."

33 Miles L. Patterson and Mark E. Tubbs, "Through a Glass Darkly: Effects of Smiling and Visibility on Recognition and Avoidance in Passing Encounters." *Western Journal of Communication* 69, no. 3 (2005): 219–31. https://doi.org/10.1080/10570310500202389.

34 Miles L. Patterson et al., "Passing Encounters East and West: Comparing Japanese and American Pedestrian Interactions." *Journal of Nonverbal Behavior* 31, no. 3 (September 2007): 155–66. https://doi.org/10.1007/s10919-007-0028-4.

35 R. Matthew Montoya, Christine Kershaw and Julie L. Prosser, "A Meta-Analytic Investigation of the Relation Between Interpersonal Attraction and Enacted Behavior." *Psychological Bulletin* 144, no. 7 (July 2018): 673–709. http://dx.doi.org/10.1037/bul0000148.

36 Michael Argyle and Janet Dean, "Eye-Contact, Distance and Affiliation." *Sociomet* 28, no. 3 (September 1965): 289–304; Nicola Binetti et al., "Pupil Dilation as an Index of Preferred Mutual Gaze Duration." *Royal Society Open Science* 3, no. 7 (July 2016): 160086. https://doi.org/10.1098/rsos.160086.

37 Argyle and Dean, "Eye-Contact, Distance and Affiliation."

38 Teresa Farroni et al., "Eye Contact Detection in Humans from Birth." *Proceedings of the National Academy of Sciences of the USA* 99, no. 14 (July 9, 2002): 9602–605. https://doi.org/10.1073/pnas.152159999.

39 Zick Rubin, "Measurement of Romantic Love." *Journal of Personality and Social Psychology* 16, no. 2 (1970): 265–73.

40 Joan Kellerman, James Lewis, and James D. Laird, "Looking and Loving: The Effects of Mutual Gaze on Feelings of Romantic Love." *Journal of Research in Personality* 23, no. 2 (1989): 145–61. https://doi.org/10.1016/0092-6566(89)90020-2.

41 Simon Baron-Cohen et al., "The 'Reading the Mind in the Eyes' Test Revised Version: A Study with Normal Adults, and Adults with Asperger Syndrome or High-Functioning Autism." *Journal of Child Psychology and Psychiatry* 42, no. 2 (2001): 241–251. http://dx.doi.org/10.1111/1469-7610.00715.

42 Giovanni B. Caputo, "Dissociation and Hallucinations in Dyads Engaged Through Interpersonal Gazing." *Psychiatry Research* 228, no. 3 (August 2015): 659–63. https://doi.org /10.1016/j.psychres.2015.04.050.

43 Dale Carnegie, *How to Win Friends & Influence People.* New York: Simon & Schuster, 1936.

44 Karen Huang et al., "It Doesn't Hurt to Ask: Question-Asking Increases Liking." *Journal of Personality and Social Psychology* 113, no. 3 (2017): 430–52. http://dx.doi.org/10.1037/pspi0000097.

45 Molly E. Ireland et al., "Language Style Matching Predicts Relationship Initiation and Stability." *Psychological Science* 22, no. 1 (2011): 39–44. https://doi.org/10.1177/0956797610392928.

46 Diana I. Tamir and Jason P. Mitchell, "Disclosing Information About the Self Is Intrinsically Rewarding." *Proceedings of the National Academy of Sciences of the USA* 109, no. 21 (May 22, 2012): 8038–43. https://doi.org/10.1073/pnas.1202129109.

47 Arthur Aron et al., "The Experimental Generation of Interpersonal Closeness: A Procedure and Some Preliminary Findings." *Personality and Social Psychology Bulletin* 23, no. 4 (April 1, 1997): 363–77. https://doi.org/10.1177/0146167297234003.

48 Mandy Len Catron, "To Fall in Love with Anyone, Do This." *New York Times,* January 9, 2015. https://www.nytimes.com/.../modern-love-to-fall-in-love-with-anyone-do-this.html.

49 Laura Janusik, "Listening Facts."International Listening Association, n.d. Accessed October 12, 2018. https://www.listen. org/Listening-Facts.

50 Carmelene Siani, "Deep Listening: A Simple Way to Make a Difference."

Sivana East, n.d. Accessed October 5, 2018. https:// blog.sivanaspirit. com/mf-gn-deep-listening/.

51 Vinicius C. Oliveira et al., "Effectiveness of Training Clinicians' Communication Skills on Patients' Clinical Outcomes: A Systematic Review." *Journal of Manipulative and Physiological Therapeutics* 38, no. 8 (October 2015): 601–16. https://doi.org/10.1016/j.jmpt.2015.08.002.

52 Jan Flynn, Tuula-Riitta Valikoski, and Jennie Grau, "Listening in the Business Context: Reviewing the State of Research." *International Journal of Listening* 22, no. 2 (2008): 141–51. https://doi.org/10.1080/ 10904010802174800; Harry Weger Jr., Gina R. Castle, and Melissa C. Emmett, "Active Listening in Peer Interviews: The Influence of Message Paraphrasing on Perceptions of Listening Skill." *International Journal of Listening* 24, no. 1 (2010): 34–49. https://doi.org/ 10.1080/10904010903466311.

53 Karina J. Lloyd et al., 2015. "Is My Boss Really Listening to Me? The Impact of Perceived Supervisor Listening on Emotional Exhaustion, Turnover Intention, and Organizational Citizenship Behavior." *Journal of Business Ethics* 130, no. 3 (September 2015): 509–24. https://doi. org/10.1007/s10551-014-2242-4.

54 Niels Van Quaquebeke and Will Felps, "Respectful Inquiry: A Motivational Account of Leading Through Asking Questions and Listening." *Academy of Management Review* 43, no. 1 (2018): 5–27. https://doi.org/10.5465/amr.2014.0537.

55 Richard Schuster, "Empathy and Mindfulness." *Journal of Humanistic Psychology* 19, no. 1 (1979): 71–77. https://doi.org/10.1177/0022167 87901900107.

56 Scott Williams, "Listening Effectively." Raj Soin College of Business, Wright State University, n.d. Accessed ctober 5, 2018. http://www. wright.edu/~scott.williams/skills/listening. htm.

57 Accenture, "Accenture Research Finds Listening More Difficult in

Today's Digital Workplace." Accenture Newsroom, February 26, 2015. https://newsroom.accenture.com/industries/global-media-industry-analyst-relations/accenture-research-finds-listening-more-difficult-in-todays-digital-workplace.htm.

58 John Stauffer, Richard Frost, and William Rybolt, "The Attention Factor in Recalli ng Network News." *Journal of Communication* 33, no. 1 (March 1983): 29–37.

59 Arthur Wingfield, "Cognitive Factors in Auditory Performance: Context, Speed of Processing, and Constraints of Memory." *Journal of the Amrican Academy of Audiology* 7, no. 3 (June 1996): 175–82; Ronald P. Carver, Raymond L. Johnson, and Herbert L. Friedman, "Factor Analysis of the Ability to Comprehend Time Compressed Speech." *Journal of Reading Behavior* 4, no. 1 (March 1971): 40–49. https://doi.org/10.1080/10862967109546974.

60 Matthew A. Killingsworth and Daniel T. Gilbert, "A Wandering Mind Is an Unhappy Mind." *Science* 330, no. 6006 (November 12, 2010): 932. https://doi.org/10.1126/science.1192439.

61 Ralph G. Nichols and Leonard A. Stevens, *Are You Listening?* New York: McGraw-Hill, 1957.

62 Carol K. Sigelman and Elizabeth A. Rider, *Life-Span Human Development,* 9th ed. Boston: Cengage Learning, 2018.

63 Interview by Rick Bommelje, Listening Post, Summer 2003, vol. 84. Reproduced at International Listening Association, "Listening Legend Interview, Dr. Ralph Nichols. https:// listen.org/Legend-Interview".

64 Carolyn Coakley, Kelby Halone, and Andrew Wolvin, "Perceptions of Listening Ability Across the Life-Span: Implications for Understanding Listening Competence." *International Journal of Listening* 10, no. 1 (1996): 21–48. https://doi.org /10.1207/s1932586xijl1001_2.

65 Alison Gopnik, Thomas L. Griffiths, and Christopher G. Lucas, "When Younger Learners Can Be Better (Or at Least More Open-Minded) Than

Older Ones." *Current Directions in Psychological Science* 24, no. 2 (April 2015): 87–92. https://doi.org/10.1177 /0963721414556653.

66　Ralph G. Nichols and Leonard A. Stevens, "Listening to People." *Harvard Business Review*, September 1957.

67　Debra L. Worthington and Graham D. Bodie, *The Sourcebook of Listening Research: Methodology and Measures.* Hoboken, NJ: John Wiley & Sons, 2017.

68　Andrew D. Wolvin and Steven D. Cohen, "An Inventory of Listening Competency Dimensions." *International Journal of Listening* 26, no. 2 (2012): 64–66. https://doi.org/10.1080/10904018.2012.677665.

69　Kathleen S. Verderber, Deanna D. Sellnow, and Rudolph F. Verderber, *Communicate!*, 15th ed. Boston: Cengage Learning, 2013.

70　Earl E. Bakken Center for Spirituality and Healing at the University of Minnesota, "Deep Listening," n.d. Accessed October 14, 2018. https:// www.csh.umn.edu/education/focus-areas/whole-systems-healing/ leadership/deep-listening.

71　Iris W. Johnson et al., "Self-Imposed Silence and Perceived Listening Effectiveness." *Business and Professional Communication Quartely* 66, no. 2 (June 2003): 23–38. https://doi.org/10.1177/108056990306600203.

72　Thích Nhất Hanh, "Thích Nhất Hanh on Compassionate Listening." Oprah Winfrey Network, May 6, 2012. Video, 3:21. https://www.youtube. com/watch?v=lyUxYflkhzo&feature=youtu.be.

73　Greg J. Stephens, Lauren J. Silbert, and Uri Hasson, "Speaker–Listener Neural Coupling Underlies Successful Communication." *Proceedings of the National Academy of Sciences of the USA* 107, no. 32 (August 10, 2010): 14425–30. https://doi.org/10.1073/pnas.1008662107.

74　Adam Gopnik, "Feel Me: What the Science of Touch Says About Us." *The New Yorker,* May 16, 2016. https:// www.newyorker.com/ magazine/2016/05/16/what-the-science-of-touch-says-about-us.

75　Ibid.

76 Ibid.

77 "Skin." *National Geographic,* January 17, 2017. https://www.
nationalgeographic.com/science/health-and-human-body/human-body/
skin/.

78 Gopnik, "Feel Me: What the Science of Touch Says About Us."

79 Matthew J. Hertenstein et al., "Touch Communicates Distinct
Emotions." *Emotion* 6, no. 3 (August 2006): 528–33. https://doi.
org/10.1037/1528-3542.6.3.528; Matthew J. Hertenstein et al.,
"The Communication of Emotion via Touch." *Emotion* 9, no. 4
(August 2009): 566–73. https://doi.org/10.1037/a0016108.

80 Nicolas Guéguen, "Courtship Compliance: The Effect of Touch on
Women's Behavior." *Social Influence* 2, no. 2 (2007): 81–97. https://doi.
org/10.1080/15534510701316177.

81 Chris L. Kleinke, "Compliance to Requests Made by Gazing and
Touching Experimenters in Field Settings." *Journal of Experimental
Social Psychology* 13, no 3 (May 1977): 218–23. https://doi.org/10.1016/
0022-1031(77)90044-0.

82 Nicolas Guéguen, "Status, Apparel and Touch: Their Joint Effects on
Compliance to a Request." *North American Journal of Psychology* 4,
no. 2 (2002): 279–86.

83 Nicolas Guéguen and Céline Jacob, "The Effect of Touch on Tipping:
An Evaluation in a French Bar." *International Journal of Hospitality
Management* 24, no. 2 (2005): 295–99. https://doi.org/10.1016/
j.ijhm.2004.06.004.

84 David E. Smith, Joseph A. Gier, and Frank N. Willis, "Interpersonal
Touch and Compliance with a Marketing Request." *Basic and Applied
Social Psychology* 3, no. 1 (1982) 35–38. https://doi.org/10.1207/
s15324834basp0301_3.

85 Damien Erceau and Nicolas Guéguen, "Tactile Contact and Evaluation
of the Toucher." *Journal of Social Psychology* 147, no. 4 (2007): 441–44.

https://doi.org/10.3200 /SOCP.147.4.441-444.

86 Tiffany Field, "Touch for Socioemotional and Physical Well-Being: A Review." *Developmental Review* 30, no. 4 (December 2010): 367–83. https://doi.org/10.1016/j.dr.2011.01.001.

87 Sheldon Cohen et al., "Does Hugging Provide Stress-Buffering Social Support? A Study of Susceptibility to Upper Respiratory Infection and Illness." *Psychological Science* 26, no. 2 (2015): 135–47. https://doi.org/10.1177 /0956797614559284.

88 Lisa Marshall, "Just the Two of Us: Holding Hands Can Ease Pain, Sync Brainwaves." CU Boulder Today, February 28, 2018. https://www.colorado.edu/today/2018/02/28/just-two-us-holding-hands-can-ease-pain-sync-brainwaves.

89 Pavel Goldstein, Irit Weissman-Fogel, and Simone G. Shamay-Tsoory, "The Role of Touch in Regulating Inter-Partner Physiological Coupling During Empathy for Pain." *Scientific Reports* 7 (June 12, 2017): 3252. https://doi.org/10.1038/s41598-017-03627-7; Pavel Goldstein et al., "Brain-to-Brain Coupling During Handholding Is Associated with Pain Reduction." *Proceedings of the National Academy of Sciences of the USA* 115, no. 11 (March 13, 2018): e2528—e2537. https://doi.org/10.1073/pnas.1703643115.

90 Mark H. Davis, "A Multidimensional Approach to Individual Differences in Empathy." JSAS *Catalog of Selected Documents in Psychology* 10 (1980): 85.

91 Pavel Goldstein et al., "Brain-to-Brain Coupling During Handholding Is Associated with Pain Reduction."; Goldstein, Weissman-Fogel, and Shamay-Tsoory, "The Role of Touch in Regulating Inter-Partner Physiological Coupling During Empathy for Pain."

92 Lisa Marshall, "Just the Two of Us: Holding Hands Can Ease Pain, Sync Brainwaves." CU Boulder Today, February 28, 2018. https://www.colorado.edu/today/2018/02/28/just-two-us-holdin-hands-can-ease-pain-

sync-brainwaves.

93   David J. Linden, "A Loving Touch: Neurobiology Recommends Warm
     Skin and Moderate Pressure, Moving at 1 Inch per Second." Slate,
     February 12, 2015. http://www.slate.com/articles/health _and_science/
     science/2015/02/touch research how to perform the_ideal_caress_for_
     valentine_s_day.html.

94   Sabrina Richards, "Pleasant to the Touch." *The Scientist*, September 1,
     2012. https://www.the-scientist.com/features /pleasant-to-the-
     touch-40534.

95   David J. Linden, *Touch: The Science of Hand, Heart, and Mind.* New
     York: Penguin Books, 2016; India Morrison, Line S. Löken, and
     Håkan Olausson "The Skin as a Social Organ." *Experimental Brain
     Research* 204 no. 3 (July 2010): 305–14. https://doi.org/10.1007/
     s00221-009-2007-y.

96   Sidney Jourard, "An Exploratory Study of Body-Accessibility." *British
     Journal of Social & Clinical Psychology* 5, no. 3（1966）: 221–31.
     http://dx.doi.org/10.1111/j.2044-8260.1966.tb00978.x.

97   Juulia T. Suvilehto et al., "Topography of Social Touching Depends
     on Emotional Bonds Between Humans." *Proceedings of the National
     Academy of Sciences of the USA* 112, no. 45 (November 10,
     2015): 13811–816. https://doi.org/10.1073/pnas.1519231112.

98   Shane Snow, "Hug vs. Handshake." Medium, May 15, 2013. https://
     medium.com/@shanesnow /hug-vs-handshake-1c4f35dec45b.

99   Tiffany Field, *Touch.* Cambridge, MA: MIT Press, 2014.

100 Matthew Akers and Jeff Dupre, directors. *Marina Abramović: The Artist
     Is Present.*

第八章

1   Ben Truslove, "Kegworth Air Disaster: Plane Crash Survivors' Stories."
     BBC News, January 8, 2014. https://www.bbc.com/news/uk-england-

leicestershire-25548016.

2   Air Accidents Investigation Branch, "Aircraft Accident Report 4/90. Report on the Accident to Boeing 737-400, G-OBME, near Kegworth, Leicestershire on 8 January 1989." Accessed August 9, 2019. https:// assets.publishing.service.gov.uk/media/5422fefeed915d13710009 ed/4-1990_G-OBME.pdf.

3   National Research Council, *Improving the Continued Airworthiness of Civil Aircraft: A Strategy for the FAA's Aircraft Certification Service.* Washington, DC: National Academies Press, 1998. https://doi. org/10.17226/6265.

4   "Safety Study: A Review of Flightcrew-Involved Major Accidents of U.S. Air Carriers 1978 Through 1990." Washington, DC: National Transportation Safety Board, 1994.

5   Nadine Bienefeld and Gudela Grote, "Silence That May Kill: When Aircrew Members Don't Speak up and Why." *Aviation Psychology and Applied Human Factors* 2, no. 1 (2012): 1–10. http://dx.doi. org/10.1027/2192-0923/a000021.

6   "Safety Study: A Review of Flightcrew-Involved Major Accidents of U.S. Air Carriers 1978 Through 1990."

7   Frances J. Milliken, Elizabeth W. Morrison, and Patricia F. Hewlin, "An Exploratory Study of Employee Silence: Issues that Employees Don't Commnicate Upward and Why." *Journal of Management Studies* 40 no. 6 (September 2003): 1453–76. https://doi.org/10.1111/ 1467-6486.00387.

8   re:Work, "Introduction." withgoogle.com, 2013. Accessed August 12, 2019. https://rework.withgoogle.com/print /guides/5721312655835136/. Emphasis added.

9   Julia Rozovsky, "The Five Keys to a Successful Google Team." re:Work, November 17, 2015. https://rework.withgoogle.com/blog/five-keys-to-a-successful-google-team/. Emphasis removed.

10 Charles Duhigg, "What Google Learned from Its Quest to Build the Perfect Team." *New York Times Magazine*, February 25, 2016.

11 Julia Rozovsky, "The Five Keys to a Successful Google Team."

12 Amy Edmondson, "Psychological Safety and Learning Behavior in Work Teams." *Administrative Science Quarterly* 44, no. 2 (June 1999): 350–83. https://doi.org/10.2307/2666999; Amy Edmondson, "Learning from Mistakes Is Easier Said Than Done: Group and Organizational Influences on the Detection and Correction of Human Error." *Journal of Applied Behavioral Science* 32, no. 1 (1996): 5–20.

13 Amy Edmondson, "Creating Psychological Safety in the Workplace." Interview by Curt Nickisch. HBR Ideacast, January 22, 2019. Audio, 26:48. https://hbr.org/ideacast/2019/01/creating-psychological-safety-in-the-workplace.

14 Amy C. Edmondson, *The Fearless Organization: Creating Psychological Safety in the Workplace for Learning, Innovation, and Growth*. Hoboken, NJ: John Wiley & Sons, 2018.

15 Jake Herway, "How to Create a Culture of Psychological Safety." Gallup Workplace, December 7, 2017. https://www.gallup.com/workplace/236198/create-culture-psychological-safety.aspx.

16 Edmondson, *The Fearless Organization*.

17 JoNel Aleccia, "Nurse's Suicide Highlights Twin Tragedies of Medical Errors." NBC News, June 27, 2011. http://www.nbcnews.com/id/43529641/ns/health-health care/t/nurses-suicide-highlights-twin-tragedies-medical-errors/#.XVGzn-hKjb0.

18 Ingrid M. Nembhard and Amy C. Edmondson, "Making It Safe: The ffects of Leader Inclusiveness and Professional Status on Psychological Safety and Improvement Efforts in Health Care Teams." *Journal of Organizational Behavior* 27, no. 7 (November 2006): 941–66. http://dx.doi.org/10.1002/job.413.

19 Amy C. Edmonson, "The Three Pillars of a Teaming Culture." *Harvard*

Business Review, December 17, 2013. https://hbr.org/2013/12/the-three-pillars-of-a-teaming-culture.

20 Edmondson, *The Fearless Organization.*

21 Amy C. Edmondson, "Strategies for Learning from Failure." *Harvard Business Review*, April 2011. https://hbr.org/2011/04/strategies-for-learning-from-failure.

22 Mathis Schulte, N. Andrew Cohen, and Katherine J. Klein, "The Coevolution of Network Ties and Perceptions of Team Psychological Safety." *Organization Science* 23, no. 2 (2012): 564–81. http://dx.doi.org/10.1287/orsc.1100.0582.

23 Edmondson, *The Fearless Organization.*

24 Schulte, "The Coevolution of Network Ties and Perceptions of Team Psychological Safety."

25 Jaclyn Koopmann et al., "Nonlinear Effects of Team Tenure on Team Psychological Safety Climate and Climate Strength: Implications for Average Team Member Performance." *Journal of Applied Psychology* 101, no. 7 (2016): 940–57. http://dx.doi.org/10.1037/apl0000097.

26 Arieh Riskin et al., "The Impact of Rudeness on Medical Team Performance: A Randomized Trial." *Pediatrics* 136, no. 3 (2015): 487–95.

27 Ingrid Philibert, "Sleep Loss and Performance in Residents and Nonphysicians: A Meta-Analytic Examination." *Sleep* 28, no. 11 (2005): 1392–1402.

28 Christine L. Porath, "Make Civility the Norm on Your Team." *Harvard Business Review,* January 2, 2018. https:// hbr.org/2018/01/make-civility-the-norm-on-your-team.

29 Christine L. Porath and Amir Erez, "How Rudeness Takes Its Toll." *Psychologist* 24, no. 7 (2011): 508–11; Christine Pearson and Christine Porath, *The Cost of Bad Behavior: How Incivility Is Damaging Your Business and What to Do About It.* New York: Portfolio, 2009.

30   Christine L. Porath and Christine M. Pearson, "Emotional and Behavioral Responses to Workplace Incivility and the Impact of Hierarchical Status." *Journal of Applied Social Psychology* 42, suppl. 1 (December 2012): e326–e357. https://doi.org/10.1111/j.1559-1816.2012.01020.x.

31   Christine L. Porath and Christine M. Pearson, "The Price of Incivility." *Harvard Business Review*, February 2013: 114. https://hbr.org/2013/01/the-price-of-incivility.

32   Christine L. Porath and Amir Erez, "Does Rudeness Really Matter? The Effects of Rudeness on Task Performance and Helpfulness." *Academy of Management Journal* 50, no. 5 (2007): 1181–97. https://doi.org/10.5465/amj.2007.20159919. Quote lightly edited for readability.

33   Sigal G. Barsade, Constantinos G. V. Coutifaris, and Julianna Pillemer, "Emotional Contagion in Organizational Life." *Research in Organizational Behavior* 38 (2018): 137–51.

34   Christine L. Porath, "The Incivility Bug." *Psychology Today,* September 27, 2017. https://www.psychologytoday.com/us/blog/thriving-work/201709/the-incivility-bug.

35   Ira Glass, "Ruining It for the Rest of Us." *This American Life,* Deember 19, 2008. https://www.thisamericanlife.org/370/ruining-it-for-the-rest-of-us. Lightly edited for grammar and formal consistency.

36   Christine L. Porath, "No Time to Be Nice at Work." *New York Times,* June 19, 2015. https://www.nytimes.com/2015/06/21/opinion/sunday/is-your-boss-mean.html.

37   Ibid.

38   Thomas W. H. Ng et al., "Predictors of Objective and Subjective Career Success: A Meta-Analysis." *Personnel Psychology* 58, no. 2 (Junc 2005): 367–408. https://doi.org/10.1111/j.1744-6570.2005.00515.x.

39   Samuel T. Hunter and Lily Cushenbery, "Is Being a Jerk Necessary for Originality? Examining the Role of Disagreeableness in the Sharing and Utilization of Original Ideas." *Journal of Business and Psychology* 30, no. 4

(December 2015): 621–39. http://dx.doi.org/10.1007/s10869-014-9386-1.

40　Christine L. Porath, Alexandra Gerbasi, and Sebastian L. Schorch, "The Effects of Civility on Advice, Leadership, and Performance." *Journal of Applied Psychology* 100, no. 5 (2015): 1527–41. http://dx.doi. org/10.1037/apl0000016.

41　Arijit Chatterjee and Donald C. Hambrick, "It's All About Me: Narcissistic Chief Executive Officers and Their Effects on Company Strategy and Performance." *Administrative Science Quarterly* 52, no. 3 (December 2007): 351–86. https://doi.org/10.2189/asqu.52.3.351.

42　Dacher Keltner, *The Power Paradox: How We Gain and Lose Influence.* New York: Penguin Books, 2017.

43　Adam D. Galinsky et al., "Power and Perspectives Not Taken." *Psychological Science* 17, no. 12 (2006): 1068–74. https://doi.org/10.1111/ j.1467-9280.2006. 01824.x.

44　Dacher Keltner, How Power Makes People Selfish." University of California, January 13, 2015. Video 2:03. https:// www.youtube.com/ watch?v=0vvl46PmCfE#t=13.

45　Dacher Keltner, "Don't Let Power Corrupt You." *Harvard Business Review,* October 2016. https://hbr.org/2016/10/dont-let-power-corrupt-you.

46　Giuseppe Labianca and Daniel Brass, "Exploring the Social Ledger: Negative Relationships and Negative Asymmetry in Social Networks in Organizations." *Academy of Management Review* 31, no. 3 (July 2006): 596–614.

47　Roy F. Baumeister et al., "Bad Is Stronger Than Good." *Review of General Psychology* 5, no. 4 (2001): 323–70. https://doi.org/10. 1037/1089-2680.5.4.323.

48　James R. Averill, "On the Paucity of Positive Emotions." In *Assessment and Modification of Emotional Behavior. Advances in the Study of Communication and Affect,* ed. Kirk R. Blankstein, 7–45. New York:

Springer, 1980.

49 John Gottman, *Why Marriages Succeed or Fail.* New York: Simon & Schuster, 1994.

50 Baumeister et al., "Bad Is Stronger Than Good."

51 Natalie Slopen et al., 2012. "Job Strain, Job Insecurity, and Incident Cardiovascular Disease in the Women's Health Study: Results from a 10-Year Prospective Study." *PLoS One* 7, no. 7 (2012): e40512. https:// doi.org/10.1371/journal.pone.0040512.

52 Kathryn Dill, "Survey: 42% of Employees Have Changed Jobs Due to Stress." *Forbes,* April 18, 2014. https://www.forbes.com/sites/ kathryndill/2014/04/18/survey-42-of-employees-have-changed-jobs-due-to-stress/#223792263380.

53 Zameena Mejia, "4 Steps to Productively Talk to Your Boss About a Toxic Co-Worker." CNBC, August 24, 2017. Available at https:// www. cnbc.com/2017/08/24/4-steps-to-speak-with-your-boss-about-a-toxic-co-worker.html.

54 Michael Szell and Stefan Thurner, "Measuring Social Dynamics in a Massive Multiplayer Online Game." *Social Networks* 32, no. 4 (October 2010): 313–29. https://doi.org/10.1016/j.socnet.2010.06.001; Nicholas Harrigan and Janice Yap, "Avoidance in Negative Ties: Inhibiting Closure, Reciprocity, and Homophily." *Social Networks* 48 (January 2017): 126–41. https://doi.org/10.1016/j.socnet.2016.07.003.

55 Reed Hastings and Patty McCord, "Netflix Culture: Freedom and Responsibility," 2009. Accessed August 13, 2019. https://www. slideshare.net/reed2001/culture-1798664/2-Netflix_CultureFreedom_ Responsibility2. Emphasis removed.

56 Patty McCord, "How Netflix Reinvented HR." *Harvard Business Review,* January–February 2014. https://hbr.org/2014/01/how-netflix-reinvented-hr.

57 Jim Schleckser, "Why Netflix Doesn't Tolerate Brilliant Jerks," Inc.,

February 2, 2016. https://www.inc.com/jim-schleckser/why-netflix-doesn-t-tolerate-brilliant-jerks.html.

58 Robert I. Sutton, *The No Asshole Rule: Building a Civilized Workplace and Surviving One That Isn't.* New York: Hachette, 2007.

59 Cameron Sepah, "Your Company Culture Is Who You Hire, Fire, and Promote." Medium, March 3, 2017. https:// medium.com/s/company-culture/your-companys-culture-is-who-you-hire-fire-and-promote-c69f84902983.

60 Netflix Jobs "Netflix Culture." Accessed August 13, 2019. https://jobs.netflix.com/culture.

61 Patty McCord, "How the Architect of Netflix's Innovative Culture Lost Her Job to the System." Interview by Steve Henn. *All Things Considered,* NPR, September 3, 2015. Audio, 5:15. https://www.npr.org/2015/09/03/437291792/how-the-architect-of-netflixs-innovative-culture-lost-her-job-to-the-system.

62 Porath and Pearson, "The Price of Incivility."

63 Sutton, *The No Asshole Rule.* Updated from Workplace Bullying Institute, "2017 WBI U.S. Workplace Bullying Survey." June 2017.

64 Sutton, *The No Asshole Rule.*

65 Porath, Gerbasi, and Schorch, "The Effects of Civility on Advice, Leadership, and Performance."

66 Christine Pearson and Christine Porath, "On the Nature, Consequences, and Remedies of Workplace Incivility: No Time for 'Nice'? Think Again." *Academy of Management Perspectives* 19, no. 1 (2005): 7–18.

67 Susan T. Fiske, Amy J. C. Cuddy, and Peter Glick, "Universal Dimensions of Social Cognition: Warmth and Competence." *Trends in Cognitive Sciences* 11, no. 7 (February 2007): 77–83.

68 Porath, "No Time to Be Nice at Work."

69 Current Employee, "Viking Cruises: Employee Review." Glassdoor, May 16, 2016. https://www.glassdoor.com/Reviews/Employee-Review-

Viking-Cruises-RVW10617717.htm.

70 Adam Grant, "Adam Grant: Don't Underestimate the Power of Appreciation." Interview by Jocelyn K. Glei. Hurry Slowly, October 9, 2018. Audio, 48:20. https:// hurryslowly.co/adam-grant/. Quote lightly edited for grammar and clarity.

71 Robert I. Sutton, *The Asshole Survival Guide: How to Deal with People Who Treat You Like Dirt.* New York: Houghton Mifflin Harcourt, 2017.

72 Andy Newman and Ray, Rivera "Fed-Up Flight Attendant Makes Sliding Exit." *New York Time*, August 9, 2010.

73 "US Steward's 'Exit' Inspires Harassed Desi Counterparts." *The Times of India*, August 11, 2010.

第九章

1 Elizabeth Gilbert, *Eat, Pray, Love: One Woman's Search for Everything Across Italy, India and Indonesia.* New York: Viking, 2006.

2 Sharon Lerner, "The Real War on Families: Why the U.S. Needs Paid Leave Now." *In These Times,* August 18, 2015. http://inthesetimes.com/article/18151/the-real-war-on-families.

3 Indra Nooyi, "Parting Words as I Step Down as CEO." LinkedIn, 2018. https://www.linkedin.com/pulse/parting-words-i-step-down-ceo-indra-nooyi/.

4 Marilyn Haigh, "Indra Nooyi Shared a Work Regret on Her Last Day as PepsiCo CEO." CNBC, October 3, 2018. https:// www.cnbc. com/2018/10/03/indra-nooyi-shares-a-work-regret-on-her-last-day-as-pepsico-ceo.html.

5 Ina Yalof, *Life and Death: The Story of a Hospital.* New York: Fawcett Crest, 1988.

6 Christena E. Nippert-Eng, *Home and Work: Negotiating Boundaries Through Everyday Life.* Chicago: University of Chicago Press, 1996.

7 Glen E. Kreiner, "Consequences of Work-Home Segmentation or

Integration: A Person-Environment Fit Perspective." *Journal of Organizational Behavior* 27, no. 4 (June 2006): 485–507. https:// doi. org/10.1002/job.386.

8   Blake E. Ashforth et al., "All in a Day's Work: Boundaries and Micro Role Transitions." *Academy of Management Review* 25, no. 3 (2000): 472–91.

9   Laszlo Bock, "Google's Scientific Approach to Work-Life Balance (and Much More)." *Harvard Business Review,* March 27, 2014. https://hbr. org/2014/03/googles-scientific-approach-to-work-life-balance-and-much-more.

10   Nancy P. Rothbard and Ariane Ollier-Malaterre, "Boundary Management." In *The Oxford Handbook of Work and Family,* eds. Tammy D. Allen and Lillian T. Eby, 109–22. New York: Oxford University Press, 2016.

11   Sheryl Sandberg, "Sheryl Sandberg Addresses the Class of 2012." Harvard Business School, May 24, 2012. Video, 22:25. https://www. youtube.com/watch?v=2Db0_RafutM.

12   Nancy P. Rothbard, "Enriching or Depleting? The Dynamics of Engagement in Work and Family Roles." *Administrative Science Quarterly* 46, no. 4 (December 2001) 655–84.https://doi.org/10.2307/3094827.

13   Adam Grant, "WorkLife with Adam Grant: When Work Takes Over Your Life." Ted Original Podcast, April 26, 2018. Audio, 37:40. https:// www.ted.com/talks/worklife_with_adam_grant _when_work_takes_ over_your_life?languag =enhttps://www.ted.com /talks/worklife_with_ adam grant when_work_takes_over_your_life? language=en.

14   Nippert-Eng, *Home and Work.*

15   Ellen Ernst Kossek, Raymond A. Noe, and Beverly J. DeMarr, "Work-Family Role Synthesis: Individual and Organizational Determinants." *International Journal of Conflict Management* 10, no. 2 (1999): 102–29. https://doi.org/10.1108 /eb022820.

16   Henna Inam, "Bring Your Whole Self to Work." *Forbes,* May 10, 2018.

https://www.forbes.com/sites/hennainam/2018/05/10/bring-your-whole-self-to-work/#d2c27ce6291a.

17 Olivet Nazarene University, "Research on Friends at Work." 2018. Accessed December 11, 2018. https://graduate.olivet.edu/news-events/news/research-friends-work.

18 Julianna Pillemer and Nancy P. Rothbard, "Friends Without Benefits: Understanding the Dark Sides of Workplace Friendship." *Academy of Management Review* 43, no. 4 (2018): 635–60. https://doi.org/10.5465/amr.2016.0309.

19 Frederick M. E. Grouzet et al., "The Structure of Goal Contents Across 15 Cultures." *Journal of Personality and Social Psychology* 89, no. 5 (2005): 800–16. http://dx.doi.org/10.1037/0022-3514.89.5.800.

20 K. D. Vohs, "Money Priming Can Change People's Thoughts, Feelings, Motivations, and Behaviors: An Update on 10 Years of Experiments." *Journal of Experimental Psychology: General* 144, no. 4 (2015): e86–e93.

21 Daniel Kahneman et al., "A Survey Method for Characterizing Daily Life Experience: The Day Reconstruction Method." *Science* 306, no. 5702 (December 2004) : 1776–1780.

22 Cassie Mogilner, "The Pursuit of Happiness: Time, Money, and Social Connection." *Psychological Science* 21, no. 9 (2010): 1348–54. https://doi.org/10.1177/0956797610380696.

23 Adam Grant, "Friends at Work? Not So Much." *New York Times,* September 4, 2015. https://www. nytimes.com/2015/09/06/opinion/sunday/adam-grant-friends-at-work-not-so-much.html.

24 Bernie DeGroat, "Do Co-Workers Engage or Estrange After Hours?" *Michigan News*, February 11, 2008. https://news.umich.edu/do-co-workers-engage-or-estrange-after-hours/.

25 Jean M. Twenge et al., "Generational Differences in Work Values: Leisure and Extrinsic Values Increasing, Social and Intrinsic Values

Decreasing." *Journal of Management* 36, no. 5 (2010): 1117–42. https://doi.org/10.1177/0149206309352246.

26 Grant, "Friends at Work? Not So Much." Emphasis added.

27 Herminia Ibarra, "Homophily and Differential Returns: Sex Differences in Network Structure and Access in an Advertising Firm." *Administrative Science Quarterly* 37, no. 3 (September 992): 422–47. https://doi.org/10.2307/2393451.

28 Herminia Ibarra, "Why Strategic Networks Are Important for Women and How to Build Them." September 27, 2017. Accessed December 12, 2018. https://herminiaibarra.com/why-strategic-networks-are-important-for-women-and-how-to -build-them/.

29 Ibid. Lightly edited for formal consistency.

30 Claire Cain Miller, "It's Not Just Mike Pence. Americans Are Wary of Being Alone with the Opposite Sex." *New York Times,* July 1, 2017. https://www.nytimes.com/2017/07/01/upshot /members-of-the-opposite-sex-at-work-gender-study.html.

31 April Bleske-Rechek et al., "Benefit or Burden? Attraction in Cross-Sex Friendship." *Journal of Social and Personal Relationships* 29, no. 5 (2012): 569–96. https://doi.org/10.1177/0265407512443611.

32 Miller, "It's Not Just Mike Pence. Americans Are Wary of Being Alone With the Opposite Sex." Lightly edited for formal consistency.

33 Tracy L. Dumas, Katherine W. Phillips, and Nancy P. Rothbard, "Getting Closer at the Company Party: Integration Experiences, Racial Dissimilarity, and Workplace Relationships." *Organization Science* 24, no. 5 (September–October 2013): 1377–1401. https://doi.org/10.1287/orsc.1120.0808.

34 Renuka Rayasam, "Having a 'Work Spouse' Makes You Happier." BBC Worklife, November 7, 2016. https://www.bbc.com/worklife/article/20161106-having-a-work-spouse-makes-you-happier.

35 "Gentlemen's Intermission." *30 Rock,* season 5, episode 6, November 4,

2010.

36 Seunghoo Chung et al., "Friends with Performance Benefits: A Meta-Analysis on the Relationship Between Friendship and Group Performance." *Personality and Social Psychology Bulletin* 44, no. 1 (2018): 63–79. https://doi.org/10.1177/014616721733069.

37 Oliver Hämmig, Health and Well-Being at Work: The Key Role of Supervisor Support." *SSM—Population Health* 3 (April 9, 2017): 393–402. https://doi.org/10.1016/j.ssmph.2017.04.002; T. T. Selvarajan, Peggy A. Cloninger, and Barjinder Singh "Social Support and Work–Family Conflict: A Test of an Indirect Effects Model." *Journal of Vocational Behavior* 83, no. 3 (December 2013): 486–99. https://doi.org /10.1016/j.jvb.2013.07.004; Terry A. Beehr et al., "The Enigma of Social Support and Occupational Stress: Source Congruence and Gender Role Effects." *Journal of Occupational Health Psychology* 8, no. 3 (2003): 220–31. http://dx.doi.org/10.1037/1076-8998.8.3 .220.

38 Tom Rath, Vital Friends: *The People You Can't Afford to Live Without.* New York: Gallup Press, 2005.

39 Jessica R. Methot et al., "Are Workplace Friendships a Mixed Blessing Exploring Tradeoffs of Multiplex Relationships and Their Associations with Job Performance." *Personnel Psychology* 69, no. 2 (Spring 2016): 311–55. https://doi.org/10.1111/peps.12109.

40 Rob Cross, Reb Rebele and Adam Grant, "Collaborative Overload." *Harvard Business Review* January–February 2016. https://hbr. org/2016/01/collaborative-overload.

41 Nancy P. Rothbard, Katherine W. Phillips, and Tracy L. Dumas, "Managing Multiple Roles: Work-Family Policies and Individuals' Desires for Segmentation." *Organization Science* 16, no. 3 (May– June 2005): 243–58. https://doi.org /10.1287/orsc.1050.0124.

42 Bock, "Google's Scientific Approach to Work-Life Balance (and Much More)."

43 Megan Gibson, "Here's a Radical Way to End Vacation Email Overload." *Time,* August 15, 2014. https://time.com/3116424/daimler-vacation-email-out-of-office/.

44 Leslie Perlow, *Sleeping with Your Smartphone: How to Break the 24/7 Habit and Change the Way You Work.* Boston: Harvard Business Review Press, 2012.

45 Nancy P. Rothbard and Ariane Ollier-Malaterre, "Boundary Management." In *The Oxford Handbook of Work and Family,* eds. Tammy D. Allen and Lillian T. Eby, 109–22. New York: Oxford University Press, 2015.

46 Sylvia Ann Hewlett, Carolyn Buck Luce, and Cornel West, "Leadership in Your Midst: Tapping the Hidden Strengths of Minority Executives." *Harvard Business Review,* November 2005.

47 Katherine W. Phillips, Tracy L. Dumas, and Nancy P. Rothbard, "Diversity and Authenticity: Why Black Employees Hesitate to Open Up About Themselves." *Harvard Business Review,* March–April 2018. https://hbr.org/2018/03/diversity-and-authenticity.

48 Adam Grant, "How to Trust People You Don't Like." A Ted Original Podcast, 2018. Video, 34:19. https://www.ted.com/talks/worklife_with_adam_grant_how_astronauts_build_trust?language=en#t-5691.

49 Rayasam, Having a 'Work Spouse' Makes You Happier."

50 Phillips, Dumas, and Rothbard, "Diversity and Authenticity: Why Black Employees Hesitate to Open Up About Themselves."

51 Reuben J. Thomas, "Sources of Friendship and Structurally Induced Homophily Across the Life Course." *Sociological Perspectives,* February 11, 2019. https://doi.org/10.1177/0731121419828399.

52 Herminia Ibarra, Nancy M. Carter, and Christine Silva, "Why Men Still Get More Promotions Than Women." *Harvard Business Review*, September 2010.

53 Stacy Blake-Beard, "Mentoring: Creating Mutually Empowering

Relationships." VMware Women's Leadership Innovation Lab. Video. https://womensleadership.stanford.edu/mentoring-creating-mutually-empowering-relationships.

54 George F. Dreher and Taylor H. Cox Jr., "Race, Gender, and Opportunity: A Study of Compensation Attainment and the Establishment of Mentoring Relationships." *Journal of Applied Psychology* 81, no. 3 (1996): 297–308. http://dx.doi.org/10.1037/0021-9010.81.3.297. Dollar amount is inflation adjusted to 2019.

55 Sylvia Ann Hewlett et al., "The Sponsor Effect: Breaking Through the Last Glass Ceiling." Harvard Business Review Research Report, December 2010. https://30percentclub.org/wp-content/uploads/2014/08/The-Sponsor-Effect.pdf.

56 Lean In, "Men, Commit to Mentor Women." Accessed July 27, 2019. https://leanin.org/mentor-her.

57 Daniel B. Turban, Thomas W. Dougherty, and Felissa K. Lee, "Gender, Race, and Perceived Similarity Effects in Developmental Relationships: The Moderating Role of Relationship Duration." *Journal of Vocational Behavior* 61, no. 2 (October 2002): 240–62. https://doi.org/10.1006/jvbe.2001.1855.

58 Ibarra, Carter, and Silva, "Why Men Still Get More Promotions Than Women."

59 Sameer B. Srivastava, "Network Intervention: Assessing the Effects of Formal Mentoring on Workplace Networks." *Social Forces* 94, no. 1 (September 2015): 427–52. https://doi.org/10.1093/sf/sov041.

60 Forrest Briscoe and Katherine C. Kellogg, "The Initial Assignment Effect: Local Employer Practices and Positive Career Outcomes for Work-Family Program Users." *American Sociological Review* 76, no. 2 (2011): 291–319. https://doi.org/10.1177/0003122411401250.

61 Ibarra, Carter, and Silva, "Why Men Still Get More Promotions Than Women."

62 B. R. J. O'Donnell, "When Mentorship Goes Off Track." *The Atlantic,* July 28, 2017. https://www.theatlantic.com /business/archive/2017/07/mentorship-fails-psychology/535125/.

63 Hewlett et al., "The Sponsor Effect: Breaking Through the Last Glass Ceiling."

64 Ibid.

65 Thomas W. H. Ng et al., "Predictors of Objective and Subjective Career Success: A Meta-Analysis." *Personnel Psychology* 58, no. 2 (June 2005): 367–408. https://doi.org /10.1111/j.1744-6570.2005.00515.x.

66 Sylvia Ann Hewlett, "Make Yourself Sponsor-Worthy." *Harvard Business Review,* February 6, 2014. https://hbr.org/2014/02/make-yourself-sponsor-worthy.

67 Ibid.

68 Indra Nooyi, "Priyanka Chopra and Indra Nooyi on Breaking Barriers and Engaging Billions." Forbes Live, July 3, 2018. Video, 51:01. https://www.youtube.com/watch?v=dQzvkvMl9tE.

第十章

1 John Guare, *Six Degrees of Separation: A Play.* New York: Penguin Random House, 1990, 81.

2 Stanley Milgram, "The Small World Problem." *Psychology Today* 1 (May 1967): 61–67.

3 Brian Uzzi, "Keys to Understanding Your Social Capital." *Journal of Microfinance/ESR Review* 10, no. 2 (2008): 3.

4 Jeffrey Travers and Stanley Milgram, "An Experimental Study of the Small World Problem." *Sociometry* 32, no. 4 (December 1969): 425–43.

5 Peter Sheridan Dodds, Roby Muhamad, and Duncan J. Watts, "An Experimental Study of Search in Global Social Networks." *Science* 301, no. 5634 (August 8, 2003): 827–29. https://doi.org/10.1126/science.1081058.

6   Duncan J. Watts, *Six Degrees: The Science of a Connected Age.* New York: W. W. Norton, 2003.

7   Duncan J. Watts, *Everything Is Obvious: Once You Know the Answer.* New York: Crown Business, 2011.

8   Duncan J. Watts and Steven H. Strogatz, "Collective Dynamics of 'Small-World' Networks." *Nature* 393 (June 1998): 440–42.

9   David Burkus, *Friend of a Friend: Understanding the Hidden Networks That Can Transform Your Life and Your Care*er. New York: Houghton Mifflin Harcourt, 2018.